십자가형을 당하고도 굽혀지지 않은 몸은 그가 여전히 왕이심을 상기시켜 준다.
"십자가에 못 박힌 그리스도"를 새긴 책 표지 명판, 아이보리 판지,
약 870-880년경, 볼티모어, 월터스 미술관

중세의 예술, 신비, 신학 속에 비친 그리스도

율법 제정자가 높은 보좌에 앉아 심판을 내릴 준비를 하고 있다.
"위엄 있는 그리스도", 〈애설스탠 시편집〉중 채색 사본,
약 9세기경, Cotton MS Galba A.XVIII f.2v, 런던, 영국 국립 도서관

심판 날, 성도들과 죄인들이 그리스도 아래로 모여든다.
이 최후의 심판 장면은, 교회당 아래에 앉은 신자들에게 자기 성찰을 촉구한다.
"세인트 토마스 교회에 있는 최후의 심판도",
회반죽 벽화, 약 1470-1500년경, 솔즈베리, 윌트셔, 영국,
세인트 토마스 교회

무덤이 비워지고, 모든 이가 심판자 예수 앞에 나아온다. 그의 상처는 인류가 저지른 일을 기억하게 할 뿐 아니라, 인류를 향한 그분의 사랑이 어떤 것이었는지를 보여 준다. 프라 안젤리코, "최후의 심판", 패널에 그린 템페라, 약 1425-1430년경, 피렌체, 산 마르코 미술관
Alfredo Dagli Orti/Shutterstock

그리스도는 심판자이자 자비의 주로 오시며,
자신의 상처를 보는 이에게 드러내신다.
페트루스 크리스투스, "슬픔의 사람이신 그리스도",
또는 "구세주이자 심판자이신 그리스도", 패널 유화,
1450년, 영국, 버밍엄 미술관

예수의 상처 입은 심장에서 꽃들이 피어난다.
이는 그분의 사랑이 지닌 생명력과 풍요로움을 상징한다.
"생명의 우물로서의 그리스도의 상처 입은 마음", 약 1500년경,
MS Taylor 17, f.10v, 프린스턴 대학교 도서관

그리스도의 옆구리 상처를 여성의 신체 구조처럼
예술적으로 묘사한 이미지다.
"그리스도의 옆구리 상처", 장 르 누아르 작품으로 추정,
노르망디 공작부인 〈룩셈부르크의 본의 기도서〉 중 채색 사본, 1349년 이전,
331r면, 클로이스터즈 컬렉션, 뉴욕, 메트로폴리탄 미술관

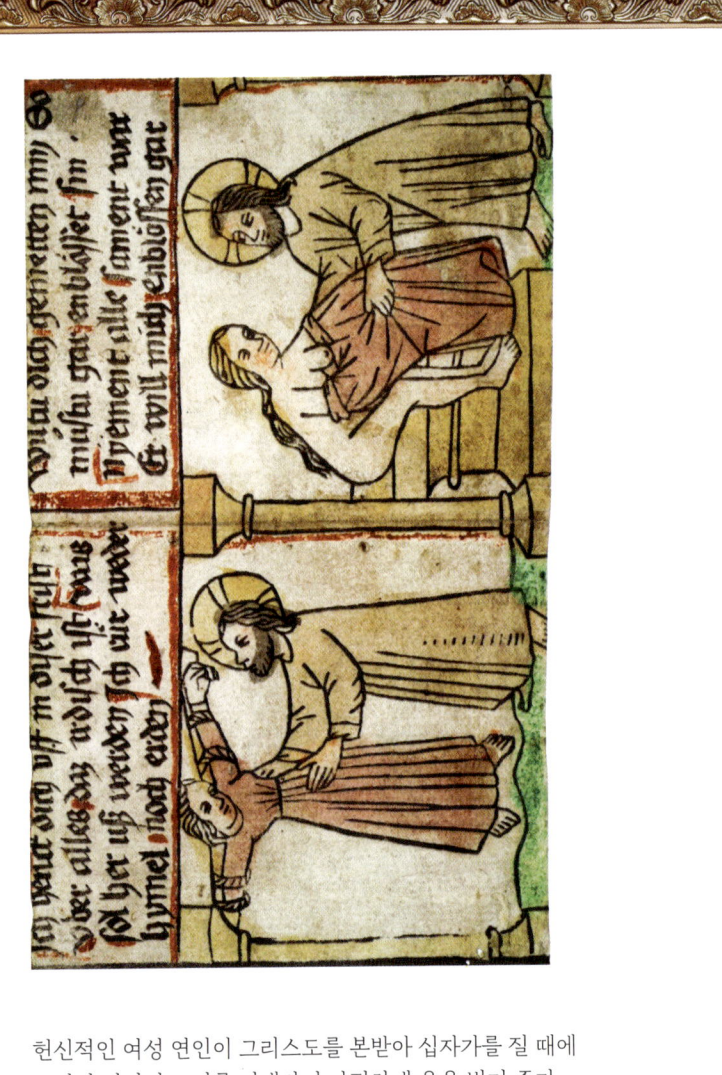

헌신적인 여성 연인이 그리스도를 본받아 십자가를 질 때에
그녀의 연인이 그녀를 지탱하며 다정하게 옷을 벗겨 준다.
그리스도께서 영혼을 그 십자가 위에서 붙드시고, 다정히 옷을 벗겨 주신다.
"그리스도와 사랑에 빠진 영혼", 목판화, 약 1460년경,
DG1930/198/6-7, 비엔나, 알베르티나 미술관

그리스도의 부르심에 응답하여 충실한 남성 연인이 십자가를 향해 나아가고 있다.
"신실한 자들을 그분의 심장으로 이끄시는 예수", 수채로 채색된 목판화,
약 1480/1490년경, 1943.3.853, 로젠월드 컬렉션,
워싱턴 D.C., 미국 국립 미술관

예수는 자신이 몸소 당한 고통의 고뇌 속에서 교회를 낳으신다.
"교회의 탄생", 채색 사본, 약 1225-1249년경,
ONB Han. Cod. 2554, 2v면(디테일), 비엔나,
오스트리아 국립 도서관

그녀의 기도를 통해 한 여인이 천사 가브리엘과 함께 수태고지 장면에 참여하게 된다. "수태고지 장면에 등장하는, 이 그림의 소유자", 채색 사본, 약 1450-1460년경, MS 267, 13v-14쪽, 볼티모어, 월터스 미술관

최후의 만찬을 묘사한 삽화 장면은 성찬의 요소들과
베드로의 제사장적 소명을 강조한다.
"최후의 만찬", 〈홀컴 성경 그림책〉 중 채색 사본, 약 1327-1335년경,
Add. MS 47682, f. 28r, 런던, 영국 국립 도서관

사람들이 반원 형태로 예수님을 에워싸고 있으며, 그들의 몸짓과 얼굴은 고통에 대한 다양한 반응을 드러낸다. 프라 안젤리코, "십자가 처형", 금빛 바탕 목판에 그린 템페라, 약 1420-1423년경, 뉴욕, 메트로폴리탄 미술관

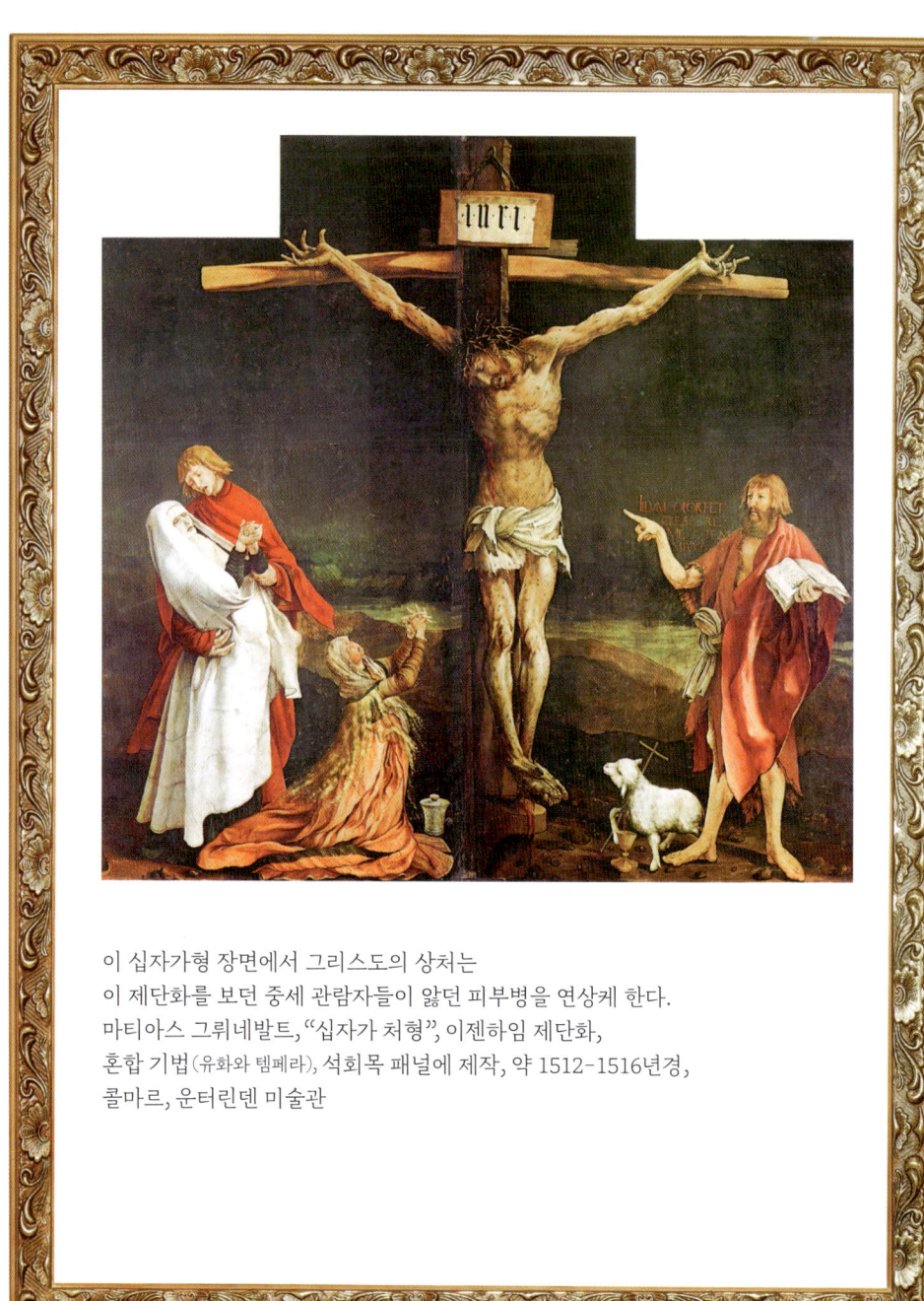

이 십자가형 장면에서 그리스도의 상처는
이 제단화를 보던 중세 관람자들이 앓던 피부병을 연상케 한다.
마티아스 그뤼네발트, "십자가 처형", 이젠하임 제단화,
혼합 기법(유화와 템페라), 석회목 패널에 제작, 약 1512-1516년경,
콜마르, 운터린덴 미술관

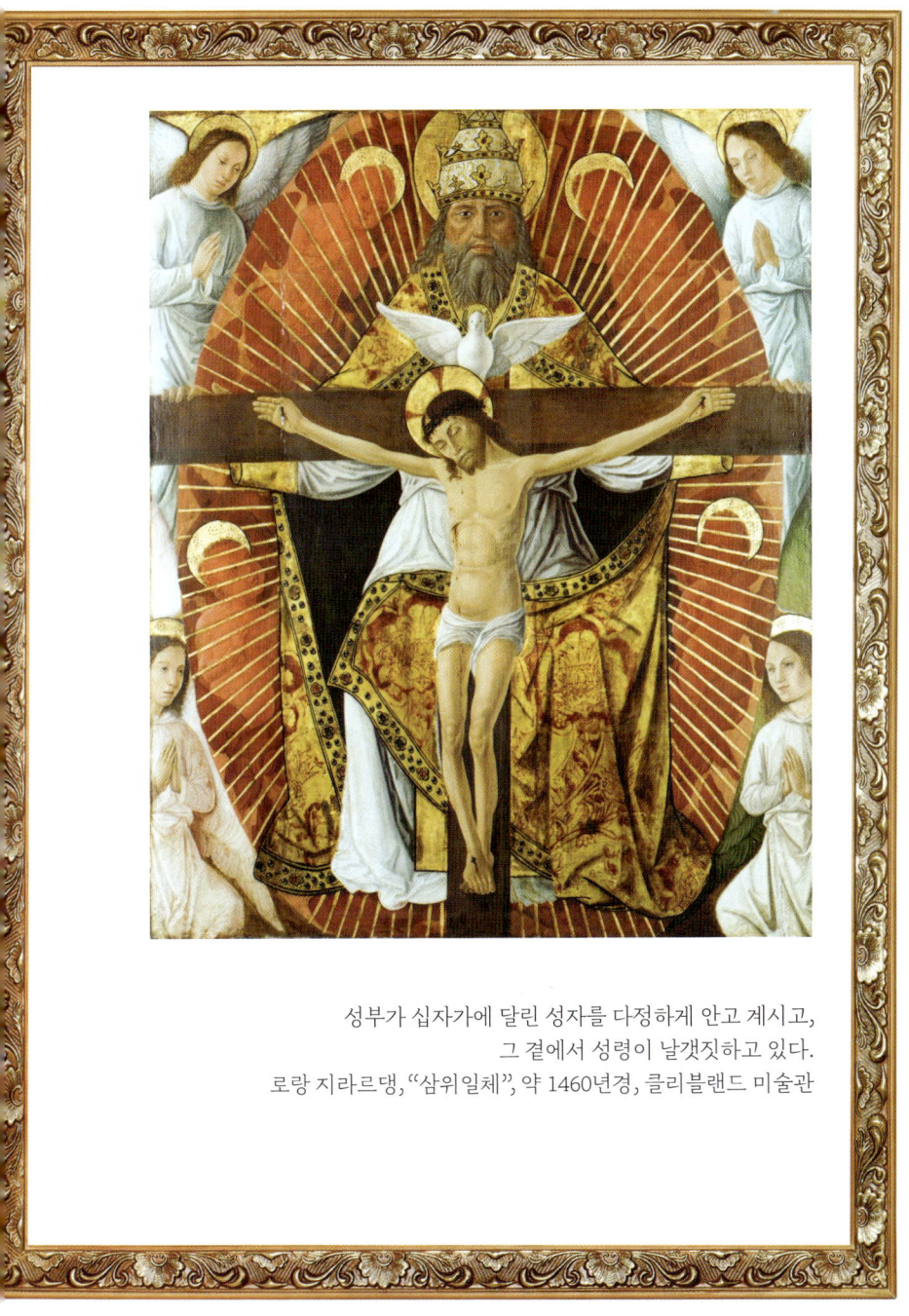

성부가 십자가에 달린 성자를 다정하게 안고 계시고,
그 곁에서 성령이 날갯짓하고 있다.
로랑 지라르댕, "삼위일체", 약 1460년경, 클리블랜드 미술관

그리스도의 성체를 따라 무리가 성체 축일 행렬에 나선다.
"성체 축일 행렬", 스코틀랜드의 제임스 4세 화가, 삽화,
약 1510-1520년경, MS Ludwig IX 18(83.ML.114), 48v쪽,
로스앤젤레스, 게티 미술관

그레이스 해먼의 가르침 아래, 우리는 "사랑의 학교"에 들어선다. 『중세의 눈으로 본 예수』는 예수에 대한 우리의 기존 관념에 도전을 가하고, 중세의 이미지들을 통해 그분에 대한 우리의 시야를 확장시킨다. 이 책을 읽고 나면, 우리는 예수를 심판자, 연인, 어머니 등 다양한 모습으로 알게 된다. 현대가 마주하고 있는 문제에 대해 현대적 해법을 제시하는 책들과 달리, 이 책은 시대를 초월한 영원하신 구세주를 분명하게 보여 준다.

제시카 후튼 윌슨(Jessica Hooten Wilson)
페퍼다인 대학교의 플레처 존스 고전 석좌교수
Reading for the Love of God 저자

『중세의 눈으로 본 예수』에서 그레이스 해먼은 학문적인 것과 실제적인 것을 정말 흔치 않은 방식으로 결합한다. 그녀는 중세에 대한 광범위하고 깊은 지식을 효율적으로 활용해서 평범한 그리스도인들이 그리스도를 더 잘 알고 더욱 충실히 사랑할 수 있도록 돕는다. 아름답고 매력적으로 쓰인 이 책은 놀라울 만큼 낯설면서도 이상하리만치 익숙한 세상에 살았던 그리스도인 동료들을 우리에게 소개함으로써, 우리 자신을 더 잘 이해할 수 있도록 이끌어 준다.

프레데릭 바우에른슈미트(Fritz Bauerschmidt)
로욜라 대학교 신학 교수
메릴랜드 볼티모어 대교구 부제

『중세의 눈으로 본 예수』는 우리보다 앞서 이 신앙의 여정을 걸어간 자들의 삶과 사고를 통해 바라본 예수에 대한 생생하고, 현실적이며, 때로는 충격적인 통찰을 제공한다. 그들이 이해한 예수는, 어떤 면에서는, 오늘날 우리가 묘사하는 예수의 모습이 그들에게 그러하듯, 우리에게도 매우 놀랍다. 그러나 우리는 오래된 과거로부터 배울 것이 많으며, 이 여정에서 그레이스 해먼은 우리를 인도해 줄 완벽한 가이드다. 그녀의 글은 그녀가 연구하고 우리에게 소개해 주는 중세의 정신처럼 날카롭고, 재치가 있으며, 활기가 넘친다. 이 책은 풍성하고 대단히 유쾌하다.

캐런 스왈로우 프라이어(Karen Swallow Prior) 박사
The Evangelical Imagination: How Stories, Images &
Metaphors Created a Culture in Crisis 저자

학자의 눈과 목회자의 손길을 지닌, 그레이스 해먼은 우리가 충분히 성찰하지 않았던 신념과 편견에 도전하도록 우리와 함께 친절하게 여정을 이어 간다. 마침내 우리는 그리스도를 새롭고도 흥미로운 방식으로 바라보게 된다. 이 책은 신선한 공기와 같다.

섀넌 K. 에반스(Shannon K. Evans)
Rewilding Motherhood, Feminist Prayers for My Daughter 저자

『중세의 눈으로 본 예수』에서, 그레이스 해먼은 흥미진진하고 이해하기 쉬운 방식으로 기독교 전통의 회복 작업을 해낸다. 이로써 독자들을 중세 기독교의 독특하고도 기쁨 가득한 보물로 안내한다. 해먼은 깊은 지식과 경건한 자세로, 우리를 그리스도의 빛나는 선함으로 이끈다. 이 선함은 우리가 자신의 시야를 넘어선 자리에서 그분을 응시할 때 가장 잘 보인다. "기독교" 앞에 "중세"라는 수식어가 붙을 때, 당신이 기뻐서 노래를 부르든, 호기심에 조용히 콧노래를 부르든, 두려움에 비명을 지르든, 겸손한 독자들은 이 책에서 지적이고 영적인 향연을 발견하게 될 것이다.

클로드 앗초(Claude Atcho)
부활 교회 목사
Reading Black Books 저자

Copyright © 2023 by Grace Hamman

Originally published in English as *Jesus through Medieval Eyes*
by Zondervan, Grand Rapids, MI, U.S.A.

Published by arrangement with HarperCollins Christian Publishing, Inc.
through rMaeng2, Seoul, Republic of Korea.

This Korean translation edition © 2025 by Jireh Publishing Company,
Gyeonggi-do, Republic of Korea.

All rights reserved.

중세의 눈으로 본 예수
: 중세의 예술, 신비, 신학 속에 비친 그리스도

Jesus through Medieval Eyes
: Beholding Christ with the Artists, Mystics,
and Theologians of the Middle Ages

그레이스 해먼 지음

초판 1쇄 인쇄	2025년 8월 18일
초판 1쇄 발행	2025년 8월 25일
편집	송혜숙
총무	곽현자
발행처	도서출판 이레서원
발행인	문영이
출판신고	2005년 9월 13일 제2015-000099호

경기도 고양시 일산동구 백석로71번길 46, 1층 1호
Tel. 02)402-3238, 406-3273 / Fax. 02)401-3387
E-mail: Jireh@changjisa.com Facebook: facebook.com/jirehpub

책값은 표지에 있습니다.

ISBN 978-89-7435-679-8 03230

이 한국어판의 저작권은 알맹2를 통하여 HarperCollins Christian Publishing, Inc.와 독점 계약한 이레서원에 있습니다. 신 저작권법에 의하여 한국 내에서 보호받는 저작물이므로 무단 전재와 무단 복제를 금합니다.

중세의 눈으로 본 예수
: 중세의 예술, 신비, 신학 속에 비친 그리스도

Jesus through Medieval Eyes
: Beholding Christ with the Artists, Mystics,
and Theologians of the Middle Ages

사랑하는 조부모님들께 이 책을 바칩니다.
존과 캐럴,
아이린과 제럴드.

차례

추천사 • 1
서문 • 8
감사의 글 • 11

1장 너희는 나를 누구라 하느냐? • 15
2장 심판자 • 41
3장 연인 • 77
4장 기사 • 111
5장 말씀 • 143
6장 어머니 • 173
7장 선한 중세 그리스도인 • 203
8장 상처 입은 하나님 • 237
결론 우리 자신이 되신 예수 • 269

서문

비행기는 아주 작았다. 아버지 말씀으로는 '패들 점퍼'(Puddle Jumper)라 불리는, 단거리용 소형 비행기였다. 2000년 3월, 21세기가 막 시작된 지 몇 달 지나지 않은 시점이었다. 세상은 밀레니엄 버그 문제(컴퓨터 2000년 연도 표기 문제)를 무사히 넘겼고, 나 역시 박사 과정 수업을 마치고 살아남았다. 곧 논문 계획서를 제출하고 종합 시험을 치를 예정이었기에, 워싱턴 D.C.에서 짧은 휴가를 보내면서도 공부를 해야만 했다. 내 발밑에 놓인 책가방에는 갈색 표지의 책 몇 권이 들어 있었고, 책등에는 그 책의 첫 글자인 'EETS'(Early English Text Society, 초기 영어 텍스트 학회)가 찍혀 있었다. 이 글자는 대학원생들 사이에서 익숙한 약자였다.

나는 그 가운데 한 권을 무릎 위에 펼쳐 놓았다. 비행기의 진동을 따라 몸이 약간 흔들리는 가운데, 나는 중세 영어로 인쇄된 문장을 읽었던 것을 아직도 기억한다. 그 내용은 존 미크(John Mirk)의 설교집

Mirk's Festial(축제)에 나오는 '도덕적 일화'(Exempla, 설교에서 쓰는 짧은 교훈 이야기)였다. 이 책은 14세기 후반 쓰였고, 15세기에는 베스트셀러가 되었다. 이 일화 속에는 한 여인이 등장한다. 그는 과거에 범했던 "끔찍한" 죄로 인해 깊은 절망에 빠져 있었다. 그러던 어느 날 밤, 예수께서 환상 가운데 그녀에게 나타나셨다. 예수께서는 그녀의 손을 부드럽게 잡으신 다음, 자신의 옆구리 상처에 그 손을 갖다 대셨다. 그러고는 이렇게 말씀하셨다. "내 딸아, 나는 내 마음을 너에게 보여 주었는데, 너는 왜 네 마음을 보여 주는 것이 두려우냐?" 다음날 아침, 그 여인이 잠에서 깨어났을 때, 그녀의 손은 그리스도의 피로 검게 물들어 있었다. 그녀는 피 묻은 손에서 새로운 용기와 동기를 얻어, 교회에 가서 오랫동안 숨겨 온 죄를 사제에게 고백했다. 그러자 그녀의 손은 기적처럼 즉시 깨끗해졌다.

나는 이 이야기에 깊이 매료되었다. 한 여인이 예수를 인격적으로 만났고, 그분의 개입으로 구원을 받았다. 나는 지난 3년 동안 중세 기독교를 연구해 왔다. 안티오케이아의 마르가리타(Margaret of Antioch)와 킬데어의 성 브리지다(Brigid of Kildare) 같은 성인들의 중요성을 이해했다. 성체에 대한 신학의 아름다움도 알았고, 예배 전례가 주는 위로와 가르침도 깨닫게 되었다. 나는 심지어 학생들에게 성례전 신학(Sacramental Theology)이 어떻게 등장하게 되었는지도 설명할 수 있었다.

하지만 2000년 3월, 비행기를 타고 있던 그 순간까지, 나는 중세의 예수를 진정으로 만난 적이 없었다. 그때까지 예수를 침례교 개신교도인 현대인의 시선으로만 바라보았다. 그러나 그날 나는 예수를 중세 여성의 눈으로, 중세 사제의 말로 보게 되었다. 그리고 깨달았다. 내 현대적 신앙이 중세 그리스도인들의 세계와 아무리 다르더라도, 우리가 알고 있는 예수는 동일하신 분이라는 것을 말이다.

이것이 바로 그레이스 해먼(Grace Hamman)이 우리에게 준 귀한 선물이다. 역사를 기억하기보다 잊기에 더 익숙한 이 시대에, 그녀의 아름다운 문장과 폭넓은 지식은 우리로 하여금 우리와는 낯설고 다른 중세 신앙이 지닌 깊은 풍성함을 바라보게 해 준다. 그리고 그보다 더 중요한 것은, 중세 사람들이 예수를 어떻게 바라보았는지를 이해하게 함으로써, 우리 역시 예수를 더 깊이 바라볼 수 있도록 도와준다는 점이다.

베스 앨리슨 바(Beth Allison Barr)

감사의 글

이 책은 수많은 지혜의 소리에 근거하고 있다. 모든 실수는 전적으로 나의 몫이지만, 책 속의 모든 은혜와 아름다움은 다른 이들이 내게 부어 준 사랑과 지적 교제의 선물에서 피어난 것이다.

렉스(Lex), 제시(Jesse), 킴(Kim), 제닌(Jeanine)을 포함한 존더반 출판사 팀에게 감사드린다. 그들의 헌신적 수고와 안내가 있었기에 이 책이 나올 수 있었다. 특히 편집자 카일 로한(Kyle Rohane)에게 진심 어린 감사를 드린다. 이 책에 대한 그의 열정과 깊이 있는 통찰력, 이 프로젝트에 대한 비전은 내게 큰 격려가 되었다.

또한 나의 에이전트 킬리 보에빙(Keely Boeving)은 출간이라는 예상하지 못한 과정과 진통 속에서 능숙하고 현명하게 나를 이끌어준 책의 산파 같은 존재였다. 그녀가 베푼 우정에도 진심으로 감사드린다.

날카롭고 통찰력 있는 학자들로부터 배우는 것은 선물 같은 큰 축복이다. 듀크 대학교에서 나를 가르쳐 주신 교수님들은 중세 문헌을 해석하는 학문적 훈련만 가르쳐 주신 것이 아니다. 그 이상으로 책 자체에 대한 사랑이 어떻게 사람을 변화시키고 도전하게 만드는지도 보여 주셨다. 탁월한 지도 교수 데이비드 아에르스(David Aers)와의 수업과 대화를 통해 나는 중세의 시와 신학을 사랑하고 또 질문하는 법을 배웠다. 사라 벡위드(Sarah Beckwith)는 사려 깊게 글을 쓰는 것과 사고가 분리될 수 없음을 가르쳐 주셨다. 데니스 베이커(Denise Baker)의 따뜻함과 지혜에도 깊이 감사드린다.

중세 문학을 전공한 친구이자 글쓰기 모임 동료인 제시카 하인스(Jessica Hines)와 제시카 워드(Jessica Ward)는 초고 단계에서 이 책의 대부분을 읽어 주었다. 그들의 예리한 지성, 중세 영어에 대한 애정, 그리고 너그러운 마음에 깊이 감사한다. 굿윈 벨(Goodwyn Bell)도 일부 초안을 읽어 주었는데, 그녀의 신실한 목회적 감각, 통찰력 있는 질문, 그리고 친구로서의 헌신은 글쓰기 그 이상으로 내게 큰 선물이 되었다.

나는 놀라운 여성 친구들과 우정을 나누는 큰 축복을 받았다. 사만다 킹마(Samantha Kingma), 첼시 스완슨(Chelsea Swanson), 도니카 리버(Donica Revere), 린지 라레(Lindsey Larre), 마리사 투알라(Marisa Tualla)는 모두 내가 나 자신을 믿기 어려운 순간에도 나를 믿고, 나의 조금은 특별한 관심에 격려를 보내 주었다. 이 책 안에서 그들의 모습이 조금이라도 비춰지기를 바란다. 그들은 모두 나의 사랑과 사고의 방식에 깊은 영향을 주었다. 또한 월요일 저녁 모이는 소그룹의 모든 분들께 감사드린다. 내가 중세적 사고나 신앙에 대해 고민을 털어놓을 때마다 끝까지 인내로 들어주셨다.

나의 부모 존(John)과 게일라(Gayla)는 예수를 사랑하는 법과 변화에 마음을 여는 삶을 가장 먼저 가르쳐 주신 분들이다. 그분들의 삶의 본과 따뜻한 보살핌에 어떻게 감사해야 할지 말로 다 표현할 수 없다. 시아버지 랜디(Randy)는 이 책을 쓰기 직전 세상을 떠나셨지만, 그의 신실한 사랑은 지금도 내 남편의 삶 속에서 열매를 맺고 있다. 그를 날마다 떠올린다. 시어머니 크리스티(Christie)는 여러 번 기꺼이 비행기를 타고 와 주셔서 가족을 도와주시고, 아이들을 돌보아 주셨다. 어머니의 너그러움과 배려에 깊이 감사드린다. 사랑하는 조부모 존(John)과 캐럴(Carol)은 배움과 신앙에 대한 사랑이 긴 세월 동안 어떻게 인생을 아름답게 빚어 가는지를 몸소 보여 주었다. 외조모 아이린(Ilene)의 신실함과 창의성은 지금도 영감을 불러일으킨다. 그리고 나의 형제 존(John), 자매 애나(Anna)와 그녀의 남편 오스틴(Austin)의 인격과 강인함, 그리고 삶을 즐길 줄 아는 모습에서 나는 늘 감동을 받는다.

나의 자녀 마거릿(Margaret), 사이먼(Simon), 콘스탄스(Constance)에게도 고맙다. 그들이 기뻐하면서 노는 모습, 넘치는 사랑, 그리고 끝없는 돌봄의 필요는 내가 누구인지 기억하게 해 준다. 무엇보다도, 남편 스콧(Scott)에게 감사를 전한다. 그의 비전과 믿음, 용기, 그리고 꼭 필요한 유머 감각 없이는, 이 책이 결코 완성되지 못했을 것이다. 당신과 함께 그리스도의 얼굴을 찾아가는 여정에 함께할 수 있어 얼마나 감사한지 모른다.

1장

너희는 나를 누구라 하느냐?

"너희는 나를 누구라 하느냐?" 예수께서 제자들에게 던지신 이 질문은 복음서 세 곳에 기록되어 있다(마 6:15; 막 8:29; 눅 9:20). 이 질문은 시대를 초월해 오늘날 우리에게도 깊이 울려 퍼진다. 우리가 이 질문에 어떻게 대답하느냐는 우리의 신앙을 결정짓고, 삶의 방식에까지 영향을 미친다. 그렉 보일(Greg Boyle) 신부는 이렇게 말한다. "우리가 가진 하나님에 대한 개념보다 우리의 삶에 더 큰 영향을 주는 것은 없다."[1] 예수의 이 질문은 겉보기에는 단순해 보이지만, 마태복음에 나타난 이야기를 보면, 사실 힘들고 복잡한 문제라는 것을 알 수 있다.

예수께서 이 질문을 던지셨을 때, 시몬 베드로는 우리가 기대하듯 솔직하게 매우 열정적으로 대답한다.

> "예수께서 빌립보 가이사랴 지방에 이르러 제자들에게 물어 이르시되 사람들이 인자를 누구라 하느냐 이르되 더러는 세례 요한, 더러는 엘리야, 어떤 이는 예레미야나 선지자 중의 하나

---

[1] Gregory Boyle, *The Whole Language: The Power of Extravagant Tenderness* (New York: Avid Reader, 2021), p. 1.

라 하나이다 이르시되 너희는 나를 누구라 하느냐 시몬 베드로가 대답하여 이르되 주는 그리스도시요 살아 계신 하나님의 아들이시니이다 예수께서 대답하여 이르시되 바요나 시몬아 네가 복이 있도다 이를 네게 알게 한 이는 혈육이 아니요 하늘에 계신 내 아버지시니라"(마 16:13-17).

시몬 베드로는 잘 이해했다. 하지만 예수를 "살아 계신 하나님의 아들, 메시아"라고 고백한 직후, 그는 메시아에 대한 자신의 문화적 이상을 예수에게 투영하고 있었음이 드러났다. 그는 메시아가 로마 제국의 십자가에서 죽는 것이 아니라, 이스라엘의 권세를 당당하게 회복하는 승리자로 나타나기를 바랐던 것이다. 그는 세상의 구원자라면 결코 죽음과 수치를 겪을 리 없다고 주장한다. 이에 예수께서는 단호히 꾸짖으신다. "사탄아, 내 뒤로 물러가라"(마 16:23)!

예수의 질문에 가장 훌륭한 대답을 한 베드로조차도 여전히 인간이었다. 1세기 팔레스타인에서 육신을 입고 오신 예수를 실제로 마주했음에도 불구하고, 베드로는 인간의 한계를 벗어나지 못했다. 오늘날 우리가 이 질문에 대답하려 할 때는 더욱 큰 장벽에 부딪힌다. 우리는 그리스도를 직접 만난 적이 없고, 우리가 살고 있는 시대와 문화적 배경은 그분에 대한 우리의 이해를 제한한다.

17세기 웨일스의 시인 헨리 본(Henry Vaughan)은 요한복음 3:2을 바탕으로 시를 썼다. 본은 밤중에 예수를 찾아온 니고데모를 그 시에서 이렇게 묘사한다.

가장 복 된 신자여!
어둡고 눈먼 세상의 한가운데서
오랫동안 기다려 온 주의 치유의 날개를
주께서 일어나실 때 미리 보았도다!
그리고 다시는 일어날 수 없는 그 일을
한밤중에 태양과 대화를 나누었도다!²

니고데모는 예수의 말씀을 직접 듣기 위해 밤에 조용히 찾아갔다. 사람들이 없는 밤, 예수는 그와 개인적으로 대화를 나누셨다. 헨리 본은 시의 마지막 문장에서 언어유희를 사용한다. 한밤중에 태양과 대화를 나눈다는 것은 말이 되지 않는다. 그리고 우리 역시 몇몇 선견자, 신비주의자, 꿈꾸는 이들이 아니라면, 어두움 속에 태양(Sun) 혹은 하나님의 아들(Son)이신 예수와 마주하고 대화할 수 없다. 그 점에서 니고데모는 정말 복 된 사람이었다. 하지만 베드로와 니고데모조차도 자신의 몸과 살아온 역사, 시대와 제도, 성격과 감정, 두려움과 희망, 취향과 편견, 그리고 성령의 도우심이라는 필연적이고도 도전적인 매개를 통해 예수를 만났다.

예수를 가장 가까이에서 따랐던 베드로조차, 그리스도가 로마를 무너뜨리고 이스라엘을 다시 강한 나라로 회복시킬 것이라고 믿었다. 이처럼 우리는 모두 예수가 어떤 분이신지에 대해 나름의 생각과 기대

---

2 Henry Vaughan, "The Night," in *Sacred Poems by Henry Vaughan with a Memoir by the Rev. H. F. Lyte* (London: G. Bell and Sons, 1914), pp. 211-212. 철자는 필자가 약간 수정함.

를 가지고 있다. 우리 각자는 다양한 자의식 속에서 예수를 예배한다. 어떤 사람은 '자기 계발을 도와주는 예수'를 믿고, 또 어떤 사람은 '역사적 인물로서의 예수'를 믿는다. 또 다른 어떤 사람은 '몹시 화가 난, 분노하시는 예수'로 믿는다. 한편 '보수적인 예수' 혹은 '급진적이고 진보적인 예수'로 그분의 모습을 떠올린다. 이런 이미지들은 때때로 예수의 진짜 모습을 잘 반영할 수도 있지만, 어떤 부분은 지나치게 과장하고, 다른 부분은 축소해서 결국 왜곡된 모습이 되기도 한다. 교회는 특정한 예수상(像)이 사회적으로 얼마나 참혹한 결과를 불러왔는지 여러 차례 목격해 왔다. 중세 시대에는 유대인을 살해하라고 선동하는 예수가 있었고, 미국 남북 전쟁 당시에는 노예 제도를 찬성하는 예수가 있었으며, 오늘날에는 사형 제도를 지지하는 예수가 등장하기도 한다. 그렇다면 우리는 예수와 그분의 성품에 대한 이런 왜곡된 이미지에서 어떻게 벗어나고, 또 어떻게 피할 수 있는가?

    C. S. 루이스(C. S. Lewis)는 이에 대해 설득력 있는 답을 제시했다. 그는 성 아타나시우스(Saint Athanasius)의 저서 *On the Incarnation*(성육신에 대하여) 서문에서 이렇게 말했다. 기독교 평신도들이 함께 책을 읽을 때, 대개는 자신과 같은 시대와 같은 지역, 그리고 유사한 신학적 또는 이념적 입장을 지닌 이들이 쓴 책들을 읽는다는 것이다. 그러나 루이스는 진리를 추구하는 과정에서 교회의 과거 저작물들이 우리에게 선물이 된다고 주장한다. 그는 이렇게 썼다.

    모든 시대는 각기 고유한 시각을 가지고 있다. 어떤 진리는 잘 보지만, 어떤 오류에는 쉽게 빠지기도 한다. …… 과거의 논쟁을 읽다 보면, 서로 완전히 반대편이라고 생각했던 사람들이 사실은 우리가 지금 전혀 받아들일 수 없는 여러 전제를 공유하고 있던 경우가 많다. 양쪽 모두 아무 의심 없이 공유하고 있었다는 사실에 자주 놀라게 된다. 양측은 서로 완전히 다르다고 생각했지만, 실제로는 같은 시대의 한계 안에 은밀히 묶여 있었던 것이다. …… 우리 역시 이 시대적 무지에서 완전히 자유로울 수 없다. 그런데 만약 우리가 현대의 책만 읽는다면, 그 무지는 더욱 심해지고, 이에 대한 경계심마저 약화될 것이다. 현대 책들이 진리를 담고 있다면, 그것은 우리가 이미 어렴풋이 알고 있던 진리일 것이다. 그러나 그 책들이 오류를 담고 있다면, 우리는 이미 위험할 만큼 병들어 있는 그 오류를 더 심화시킬 뿐이다. 이 맹점을 완화할 유일한 해법은 유일한, 수 세기에 걸친 청정한 바닷바람을 우리의 사고 속에 불어넣는 것이며, 이는 오직 '옛 책, 곧 고전을 읽음으로써'만 이룰 수 있다. 물론 과거 그 자체에 마술이 있다는 뜻은 아니다. 과거 사람들도 지금의 사람들보다 더 똑똑했던 것은 아니다. 그들도 우리처럼 많은 실수를 저질렀다. 그러나 그들은 우리와 '똑같은' 실수는 하지 않았다. 그러기에 그들은 우리가 현재 저지르고 있는 오류를 달콤하게 정당화해 주지 않으며, 그들 자신의 실수는 이미 공개되고 명백해졌기 때문에 우리에게 해를 끼칠 위험도 없다.[3]

---

3 C. S. Lewis, preface to Saint Athanasius, *On the Incarnation*, ed. John Behr (Yonkers, NY: St. Vladimir's Seminary Press, 2011), p. 11.

베드로가 예수의 신성을 깨달은 직후, 자신이 생각하는 신성의 모습과 다르다는 이유로 즉시 부인했던 것처럼, 우리도 모두 자신이 살고 있는 시대의 상황과 역사 속에서 예수를 이해하려고 한다. 우리는 인터넷, 노예제, 자본주의, 미합중국, 티셔츠, 홀로코스트, 스마트폰 등 지난 2천 년 동안 일어난 크고 작은 수많은 사건들과 개념들을 알고 있다. 이런 지식은 우리가 성경을 읽거나 예수를 생각할 때도 사라지지 않는다. 우리는 과학과 세상의 작동 방식, 인간이란 무엇인지, 옳고 그름에 대한 공통된 가정과 지식이라는 바다에서 수영을 하고 있다. 마치 물고기가 물속에 있음을 자각하지 못하는 것처럼, 우리는 무언의 합의와 약속, 신념의 바다에서 벗어나기 어렵다.

좀 더 구체적으로 말하자면, 우리는 각자의 몸과 장소, 삶의 경험을 통해 읽는다. 나는 어머니이자 훈련받은 학자이며, 밀레니얼(1980~2000년) 세대에 태어난 미국 백인 여성으로서 읽을 수밖에 없다. 당신은 다르게 읽을 수도 있다. 우리는 거듭해서 복음서로 돌아가라는 요청을 받지만, 우리의 편견은 반복해서 우리 앞에 놓인 본문을 흐리게 만든다. 이 난제를 깨기는 어렵다.

루이스는 이 부분에서 도움을 준다. 과거 교회의 전통과 저작물은 우리에게 주어진 선물이다. 루이스의 어려울 만큼 인상적인 표현을 빌리자면, 그것들은 "우리의 사고 속에 수 세기에 걸친 청정한 바닷바람을 불어넣어" 준다. 그 바람은 우리 안에 굳어 버린 '가정'이라는 닫힌 창문과 문 뒤에 쌓인 퀴퀴한 공기를 환기시켜 준다. 우리가 독서를 할 때, 어떤 부분에서 발을 헛디디고, 또 어떤 부분에서 의미를 발견하는지, 이 둘은 모두 중요하다. 이 두 가지는 우리가 예수를 문화적으로 어떤 틀 안에 가두어 왔는지를 보여 주며, 동시에 예수를 이해하는 데 있어 우리가 가진 강점과 약점을 함께 드러낸다. 루이스가 주장한 대로, 과거의 낯설음은 우리가 예수를 더 받아들이기 쉽고, 이해할 만하게, 혹은 우리와 더 비슷하게 만들기 위해 얼마나 해로운 방식으로 믿음을 형성해 왔는지를 명확히 밝혀 준다.

이 책은 "너희는 나를 누구라 하느냐?" 하고 묻는 예수의 질문에 대한 중세 예술가들, 신비주의자들, 신학자들의 다양한 답변을 탐구한다. 이들 가운데 일부는 은유적이며, 일부는 성경에서 직접 발췌해 온 것이다. 그들의 답변은 우리의 답변을 완전히 대체하지는 않지만, 우리의 이해를 더 풍성하게 해 주고, 때로는 바로잡아 주기도 한다. 이처럼 과거의 예수를 탐구하고, 사랑하며, 신실하게 증언한 이들의 글을 읽는 것은, 우리가 예수와 우리 자신을 더 깊이 알아 가는 데 도움이 된다. 우리가 중세의 증인들 안에서 낯설게 혹은 아름답게 발견하는 것들은 우리의 관심사와 숨겨진 편견, 심지어 새로운 진리들을 드러낼 수 있다. 그들은 예수를 사랑하는 새롭고 심오한 방법도 가르쳐 준다. 이런 이유로 이 책은 단순한 중세 역사나 신학, 문학 비평서가 아니다. 오히려 이 책은 문학, 역사, 신학과 함께 나누는 대화이며, 예수의 곤란한 질문, "너희는 나를 누구라 하느냐?"에 대해 중세 교회와 함께 해석하고 씨름해 나가는 과정이다. 각 장에서 다루는 중세의 예수상은 어떤 것도 그리스도를 온전히 다 담아내지는 못하지만, 각기 다른 예술적 표현과, 비유, 문체를 통해 그분의 성품을 독특하게 조명한다. 나는 이것들을 예수의 서로 다른 얼굴들이라고 생각한다.

이 책에서 당신은 갑옷을 입고, 용을 무찌르며, 죄인들의 영혼을 위해 중세 기사와 같이 마상 시합을 하시는 예수를 만나게 될 것이다. 또한 젖을 분비하고, 사랑하는 아기들에게 젖을 먹이시는, 십자가에서 상처 입은 몸으로 그들을 품고 죽음의 고통 속에서 출산하시는 예수를 만나게 될 것이다. 그리고 최후 심판의 날, 보좌에 앉아 모든 인간의 눈을 바라보시는, 두렵지만 매력적인 예수를 만나게 될 것이다. 당신의 영혼을 열정적으로, 감각적으로 사랑하시는 연인으로서의 예수도 만날 것이다. 또한 성스러운 어머니가 만든 요리를 천사들에게 일종의 신적인 배달 서비스로 받는, 선하고 가정적인 중세 그리스도인이신 예수를 만날 것이다. 그리고 오늘날 우리에게도 많은 통찰을 줄 수 있는, 전문적이고 정교한 어휘로 묘사되는, 대학에서의 추상적인 예수를 만나게 될 것이다. 그리고 당신은 우리가 모두 어떤 방식으로든 한 번쯤은 만났던, 십자가에 달려 고통받는 예수를 다시 만날 것이다. 그분의 피 한 방울, 한 방울은 "특별히 당신에게" 은혜와 긍휼, 사랑을 말한다.

왜 중세인가?

왜 중세 시와 신학을 탐구하는가? 초대 교회나 종교 개혁, 다른 익숙한 시기로 돌아가는 것도 물론 우리에게 도움이 된다. 하지만 중세 시대의 글과 사상 및 예술은 우리에게 매우 낯설고, 때로는 이상하면서도 재미있다. 물론 내가 중세 연구가로서 약간 편향되어 있을 수 있다. 하지만 중세 텍스트들은 여러 번 나를 예수께로 이끌었고, 내가 예수에게 덧씌운 기대들로도 이끌었다.

대학원 시절, 나는 매우 유명한 영국 중세 시인 제프리 초서(Geoffrey Chaucer)의 『켄터베리 이야기』(Canterbury Tales)를 읽는 수업에 참여했다. 특히 "사제 이야기"를 읽고 있었는데, 이는 7대 죄악을 다룬 길고 건조한 도덕 논문이었다. 초서의 허구 인물인 사제는 '옷차림의 죄'를 한 줄 한 줄 논하며, 그것을 '교만'이라는 치명적 죄의 표시로 설명했다. 그가 가장 즐겨 공격했던 대상은 짧은 재킷이었다. 이는 14세기 말, 궁정 남성들이 입던, 몸에 딱 달라붙고 매우 드러나는 바지를 강조하는 옷차림이었다. 이 대목을 소리 내어 읽는 장면을 상상해 보라. 지적이고 학구적인 태도를 유지하려 애쓰는 어른들이 웃음을 참고 이 장면을 큰 소리로 읽고 있지 않은가?

> 아, 어떤 사람들은 툭 불거져 나온 부분을 드러내고 있고, 그 혐오스럽게 부풀어 오른 부위를 몸에 딱 붙는 바지로 감싼 모습은 마치 탈장이라도 걸린 것처럼 보입니다. 그들의 엉덩이는 보름달에 비친 암원숭이의 뒷모습처럼 보입니다. 게다가 그들이 입은 한쪽은 흰색이고, 다른 한쪽은 붉은색인, 다채로운 색의 바지 사이로 드러난 그들의 끔찍하고, 부풀어 오른 부위는 마치 그 수치스럽고 은밀한 곳 절반이 불타고 있는 듯한 인상을 줍니다. …… 그들의 엉덩이 또한 눈뜨고 보기 힘들 정도로 혐오스럽습니다.[4]

---

[4] Geoffrey Chaucer, "The Parson's Tale" in *The Riverside Chaucer*, ed. Larry D. Benson, 3rd ed. (Boston: Houghton Mifflin, 1987), ll. 423-427. 보다 쉽게 읽을 수 있도록 약간 수정함.

사제는 이 화려하고 노골적인 명상을 다음과 같은 부정적인 비교로 마무리한다. 즉 이런 현란하고, 품위 없는 복장을 한 사람들을 예수와 그의 제자들이 지녔던 "정숙함", 곧 "단정함"이나 "예의"와 대조한다. "그들은 그 추악한 부위[앞서 언급한 혐오스러운 엉덩이]를 단정함을 무시하고 사람들 앞에 자랑스럽게 드러낸다. 예수 그리스도와 그의 제자들이 그들의 삶에서 보여 준 예의 바름과는 너무나도 다르다."[5]

끔찍하게 혐오스러운 엉덩이! 이 구절은 누구의 기억에서도 쉽게 사라지지 않을 것이다. (천만에요.) 그러나 놀랍게도, 사제가 중세 남성들의 화려하고 노출이 심한 옷차림을 유쾌하게 비판한 이 대목이 내가 수업에서 이 이야기를 함께 읽으며 가장 기억에 남는 부분은 아니었다. 사제가 예수와 그의 제자들의 예의 바름에 대해 고지식하게 해설한 부분을 읽자마자, 교수님은 이렇게 외치셨다. "나는 그런 예수는 만난 적이 없어요! 그는 대체 어떤 예수를 말하고 있는 건가요? 복음서 어디에도 예수의 옷 입는 취향이 수수했다고 나온 적이 없어요!" 이런 반응이 처음에는 무척 당혹스러웠다. 이 잊을 수 없는 일련의 장면 속에서, 왜 굳이 정숙한 예수와 그분의 제자들에 대한 이 곁다리 언급에 집중하는 것인가?

나는 교수님이 지적한 그 이상한 예수를 전혀 눈치채지 못했었다. 나는 사람들, 적어도 소녀들과 여성들이 무엇을 입는지에 관심 "있으신" 예수의 견해에 익숙했다. 나는 1990년대와 2000년대 초반, 순결 서약 반지와 순결 문화가 한창이던 시기에 성년이 되었다. 젊은 시절,

---

5 Chaucer, "Parson's Tale", l. 428.

나는 여성으로서 반바지 길이가 너무 짧지 않은지 손끝으로 여러 번 바짓단을 재보았다. 수영하러 갈 때면, 그리스도 안에서 형제들을 무심코 시험하지 않기 위해 비키니 위에 탱크톱을 덧입었다. 내게 있어 제프리 초서가 묘사한 예수에 대한 정말 이상한 부분은, 예수가 의복 자체, 곧 옷에 관심을 가졌다는 것이 아니라, '남성'의 정숙함에 초점을 두었다는 점이다.

나는 20세기 말 미국 복음주의 교회에서 여성으로 성장한 나의 경험이, 내가 인식한 것보다 더 깊이 예수에 대한 내 관념에 영향을 주었음을 깨닫기 시작했다. 나의 교수님은 결코 내가 겪었던 사회적 압력을 동일하게 경험하지 않았을 것이다. 복음서 어디에서도 예수께서 개인적 정숙함에 대해 논의한 적이 없음에도, 나는 그런 기대를 예수께 투영했던 것이다. 내 인생에서 이 시점까지 나는 신약 성경을 혼자서도, 교회에서도 여러 차례 읽었지만, 섹시한 재킷을 비난하는 600년 된 문학 작품과 한 문학 교수의 수업을 통해서야 비로소, 내가 내 문화적 전제와 가정을 예수 위에 덧씌워 왔음을 깨닫게 되었다.

사제가 보여 준 기이한 순간을 넘어, 나는 윌리엄 랭글런드(William Langland), 노리치의 줄리안(Julian of Norwich), 클레르보의 성 베르나르(Saint Bernard of Clairvaux), 교황 그레고리 대제(Gregory the Great), 그리고 마저리 켐프(Margery Kempe) 같은 그리스도를 사랑한 이들의 목소리에 귀를 기울이고, 거기에서 많은 것을 배웠다. 이 중세 인물들이 들려준 목소리는 내게 새로운 시각을 열어 주었다. 내가 미처 주목하지 못했던 예수의 다양한 모습을 보여 주었다. 또한 내가 깊이 생각해 보지 않고, 예수께 당연히 있다고 여겼던 성품들을 드러내 주었다.

우리가 중세 사상에 대해 문화적으로 익숙하지 않거나 개인적으로 불편함을 느끼는 것은 오히려 장점이 될 수 있다. 이런 글들은 눈앞에 있으면서도 쉽게 간과되는 예수의 성품을 발견하는 데 이상적인 자료가 되기 때문이다. 초서의 작품처럼 터무니없는 구절이나, 노리치의 줄리안 혹은 윌리엄 랭글런드 같은 작가들이 쓴 아름답고 때로는 충격적인 구절은, 그렇지 않으면 쉽게 지나칠 수 있는 사상들을 강조해 준다.

우리 사회는 유대 중세 시대에 대해, 초대 교회 시대나 그 반대편에 있는 프로테스탄트 종교 개혁, 가톨릭 반종교 개혁, 그리고 그 이후의 시대들보다 덜 익숙하다.[6] 유럽의 중세 시대, 즉 대략 주후 500년부터 1500년까지의 시기는 일반적으로 평판이 좋지 않았다. 일부 시기는 "암흑시대"로 불리기도 했다. 중세 이후의 시기는 전통적으로 "재탄생"을 의미하는 "르네상스"로 불린다. 18-19세기 역사가들은 르네상스를 중세와 분명히 구별하며, 새로운 신학과 과학, 예술을 통해 유럽 세계에서 일어난 거대한 진보로 여겼다. 현대 구어인 "중세 시대적으로 나가다"라는 표현은 특히 폭력적으로 행동한다는 것을 의미한다. 사람들은 일반적으로 "중세적"이라는 말을 시대에 뒤떨어진 아주 낡은, 저속하며, 더럽거나 비인도적인 것을 일컫는 말로 사용한다.

프로테스탄트 기독교에서 중세에 대한 평판은 단연 부정적이다. 그 시대의 교회를 지배했던 특징은 부패와 미신이었다. 일부 프로테스탄트들은 "면죄부"라고 중얼거린다. 마르틴 루터(Martin Luther)와

---

6 이 시대와 그 신앙에 익숙하지 않다면, 에이먼 더피(Eamon Duffy)가 쓴 *The Stripping of the Altars*, 2nd ed. (New Haven: Yale University Press, 2022)가 훌륭한 입문서다.

장 칼뱅(John Calvin)의 때로는 정당하고, 때로는 잘못된 분노에서 비롯된 반응이다. 반면 당신이 로마 가톨릭 신자라면, 중세 텍스트를 읽을 때 정반대의 문제를 겪을 수도 있다. 중세 시대는 종교 개혁으로 인한 분열 이전의 사회적·종교적 조화의 시기로 여겨질 수 있기 때문이다. 일부 가톨릭 신자들은 중세 시대에 대해 낭만적인 향수를 품고 있다. 그러나 이 향수 역시 프로테스탄트의 부정적인 태도만큼이나 중세 텍스트를 정직하게 읽고자 하는 접근을 방해할 수 있다. 이 두 태도는 모두 이미 중세 시대를 충분히 이해했다고 전제하기 때문에 문제가 된다. 하지만 실제로 중세는 안일한 판단이나 향수를 훨씬 넘어서는 크고도 낯선 시대였다.

내가 중세 텍스트를 읽기 시작한 것은, 뜻밖의 기쁨 속에 "중세 그리스도인들이 예수를 사랑했다"는 사실을 발견했기 때문이다. 그들은 예수에 대해 끊임없이, 때로는 강박적으로 글을 썼으며, 사랑과 헌신, 그리고 창의성으로 가득한 갈망을 표현했다. 이들은 거대한 기독교적 상상력을 지니고 있었고, 그 상상력은 종종 그들 이전 혹은 이후 시대의 그리스도인들보다 더 포괄적이고 흥미로웠다. 나는 이 시기의 작가들이 오늘날의 우리보다 예수에 대해 은유적으로 사고하는 데 더 익숙했다는 사실을 발견하게 되었다. 그들은 예수의 특정하고 독특한 속성을 강조하고, 그에 대한 새로운 이야기들을 창작하는 데 주저함이 없었다. 그들로 하여금 서술적 자유와 진리에 이르게 하는 길로서 비유와 상징을 즐겼다. 그리고 문화적 차이는 우리에게 낯설고 새로운 통찰, 곧 놀라움의 선물을 안겨 준다.

개방성의 훈련: 고전에 접근하는 태도

보수적이든 진보적이든, 혹은 전혀 다른 입장이든, 성별, 나이, 인종과 상관없이, 700년 전에 쓰인 책을 진지하게 접하는 사람은 누구나 놀랄 것이다. 오늘날의 이분법적 구분이 더 이상 정확히 적용되지 않는다. 우리는 종종 우리의 이념에 맞게 역사를 공들여 구성해 왔다. 그 역사들은 실제 그 시대를 살았던 이들에게는 낯설고 이상하게 보였을 수도 있다. 이런 충격과 놀라움의 순간들은 선물이다. 오늘날 고도로 양극화된 문화 속에서 우리는 이 '놀라움'이라는 선물을 그 어느 때보다 필요로 한다. 놀라움은 우리가 당연하게 여겨 온 세상의 작동 방식, 하나님의 일하심, 인간의 본성에 대한 선입견에서 벗어나게 해 준다.

그런 놀라움은 마치 등산과 같다. 당신은 특정한 길만이 산 정상의 멋진 전망에 도달할 수 있는 유일한 경로라고 생각해 왔다. 그 길을 여러 번 걸어 보았기 때문에, 모든 단계와 전망 포인트를 잘 알고 있다. 많은 사람들이 찾는 인기 있는 등산로라서, 매번 같은 이들과 마주친다. 그러다 거의 잊힌 오래되고, 잡초가 무성히 자란, 구불구불한 오솔길을 우연히 발견하게 된다. 예전에는 그 길을 지나쳤지만, 이번에는 한 번 가 보자고 결심한다. 이 길을 따라가다 보면, 종종 큰 나무 뿌리에 걸려 넘어지기도 하고, 험준한 바위를 기어오르기도 한다. 한 번도 가 본 적이 없는 길이기에 위협적으로 느껴진다. 하지만 일단 발을 잘 딛는 법을 익히고, 울퉁불퉁한 지면에서 시선을 올려 주위를 바라보게 되면, 당신은 무언가를 발견할 수 있다. 같은 산에 있지만, 주변의 다른 산들과 평야가 완전히 다른 시야로 펼쳐진다. 이전의 풍경과는 사뭇 다르다. 새와 짐승도 다양하다. 당신은 예전의 익숙한 등산로에서 만났던 이들과는 전혀 다른 사람들을 이 길에서 만나게 된다. 일부는 다소 특이하다. 그러다 당신은 이 풍경, 이곳에 살고 있는 생물들, 이 산 전체에 대해 예전보다 더 깊이 이해하게 된 것을 깨닫는다.

'놀라움'이라는 선물만으로는 저절로 변화가 일어나지 않는다. 사람은 무언가에 놀랄 수는 있지만, 곧 그것을 무시하거나 잊어버릴 수도 있다. 관점을 바꾸기 위해서는, '놀라움'이라는 선물이 반드시 "텍스트에 대한 개방성의 훈련"과 함께해야 한다. 이 다소 낯선 단어들의 조합인 '개방성의 훈련'이 의미하는 바는 무엇일까?

우선 독서는 훈련을 필요로 한다. 여기서 내가 '훈련'이라는 단어를 사용할 때, 그것은 의도적인 실천을 의미한다. 충분히 단련하면 '습관'이라 불릴 수 있는 행위다. 훈련은 반복을 통해 길러지는 것이다. 마치 아름다운 서예나 완벽한 자유투처럼, 어떤 형식을 계속해서 반복하는 과정을 통해 몸에 배고 습관화된다. 처음에는 어렵고 어색하게 느껴질 수 있지만, 결국에는 자연스럽고 쉽게 할 수 있는 습관이 된다.

독자는 자신 앞에 놓인 책의 종류에 따라 특정한 태도를 길러 나간다. 소설을 읽을 때, 독자는 그 소설 속 세계에 완전히 몰입하게 된다. 그녀는 자기도 모르게 이야기 속으로 빠져들며, 자기 인식조차 잊고 시간과 공간에 대한 감각마저 잃어버린다. 나는 어렸을 때 이런 고도의 집중을 특히 잘했던 편이었다. 내가 책을 읽을 때면, 일시적으로 청력을 잃어 아무것도 못 듣는다며 가족들은 농담을 던지곤 했다. 만약 당신이 소설에 깊이 몰입한 나머지, 꿈결처럼 현실로 돌아왔을 때, 시계를 보니 이미 새벽 '3시'라는 사실을 깨닫고 실망한 적이 있다면,

이 태도를 잘 알 것이다.

한편 교과서는 다른 훈련을 요구한다. 독자는 자신의 인식과 기억력을 날카롭게 단련해, 정보를 흡수하고 그것을 머릿속에 정리하려고 노력한다. 뛰어난 학생들은 이런 정보 흡수의 훈련을 하나의 습관 혹은 습관들의 집합으로 발전시킨다. 누군가는 양초에 불을 붙이고, 색색의 형광펜을 준비해 놓고, 커피를 내리면서, 본격적인 학습이 시작된다는 신호를 마음에 보내는 것이다.

내가 고대 문학과 신학 작품을 처음 읽기 시작했을 때, 의심의 눈초리로 읽었다. 나는 이 작품들이 내가 이해하고 있는 진리를 반영해 주기를 원했고, 그렇게 보이도록 내용을 조작하기도 했다. 내가 선호하는 부분들, 곧 나만의 기독교처럼 느껴지는 것들(이를테면, 예수님과의 개인적 관계!)은 높이 평가했다. 반면 내가 의심스럽게 여기는 것들(고통에 대한 중세의 지나친 관심 등)은 곁눈질하거나 피했다. 이 다양한 작가를 눈에 보이지 않는 진리의 기준에 따라 평가했다. 그 시기, 내가 옳다고 이해했던 "좋은" 기독교에 대한 나의 통찰력이 그 표준이었다. 나는 나 자신의 시대와 장소를 벗어나 읽고 있었고, 내 믿음의 경계 안으로 이단이라고 의심되는 것이 침입하지 못하도록 단단히 무장한 경비들을 세워 두고 있었다. '놀랍게도' 미국 복음주의 교회에서 자란 나로서, 나는 중세의 글들 속에서 나의 신앙과 닮지 않은 많은 것들을 마주했다. 그러나 중세 신앙의 형제자매들의 글을 더 많이 읽고, 개방성의 훈련을 실천하게 되면서, 나는 나 자신의 이상하고, 문화적으로 한정된 믿음을 인식하게 되었다. 오래전 세상을 떠난 이들이 나에게 아낌없이, 자비롭게 건네 준 신앙의 풍요로움을 깨닫게 되었다.

우리는 정치적·신학적 신념의 스펙트럼 어느 방향에서도 의심하며 읽을 수 있다. 오늘날 이런 중세 작품들을 읽을 때, 당신이 복음주의자든, 유니테리언이든, 로마 가톨릭 신자든, 무신론자든 중요하지 않다. 중세 작가들은 그들의 텍스트를 집어 드는 누구에게나 도전이 된다. 나를 포함한 페미니스트들은 인상을 찌푸릴 것이다. 모든 중세 작가들은 여성 혐오적이며, 여성들조차도 그렇다. 일부는 여성을 적극적으로 혐오했고, 다른 이들은 단순히 여성을 시종일관 폄하한 그들의 문화에 감염되었을 뿐이었다. 그래서 어떤 사람들은 중세의 글들을 전부 불태워 버리자고 할 수도 있다. 신학적으로 더 보수적인 일부 사람들은 중세 신학자들 가운데 일부가 보편구원론에 가까운 내용을 설교했다는 사실에 불편함을 느끼고, 그들을 역사의 쓰레기통에 던져 버리자고 말할지도 모른다! 그러나 이런 태도를 제어하지 않고 내버려 둔다면, 결국 도달하게 되는 결과는 하나일 수밖에 없다. 당신은 오직 자신의 직감만을 길잡이로 삼게 될 것이다. 그리고 모든 문제에서 당신과 의견이 같은, 아첨하는 몇몇 친구들 정도만 곁에 있을 것이다. 이런 직관적 반응과 감정은 중요하며, 충분히 주의 깊게 다루어야 한다. 그러나 때로는 그 이상이 필요하다. 우리는 내 몸을 잘 알고 있다고 해도, 아플 때는 내가 모르는 지식과 관점을 가진 의사의 도움이 필요하다. 마찬가지로 우리는 '현재'라는 시간에 묶인 한계를 넘어서기 위해 과거의 작품들이 필요하다.

때때로 분별에는 의심이 필요하다. 쉽게 믿는 방식의 읽기는, 어쩌면 그보다 더 심하고, 지나치게 의심하는 방식만큼이나 큰 혼란을 초래할 수 있다(오늘날 페이스북과 유튜브 시대를 살고 있는 우리는 이 사실을 너무 잘 알고 있다). 의심은 종종 우리를 진리로 이끈다. 그러나 의심에 기반한 읽기, 특히 적대적인 의심 방식은 그것이 외부 사상에 대한 최초의, 기본적 반응이 될 때 한계에 부딪힌다. 우리가 다른 시대와 문화에서 나온 책을 읽을 때, 우리는 읽는 동안 의도적으로 처음의 개방성을 실천해야 한다. 당신의 놀라움을 소중하게 여기라. 당신이 불편함, 충격, 혹은 단순한 혼란으로 걸려 넘어지는 본문의 텍스트를 주목하라. 물론 이런 개방성은 당신이 중세의 모든 가르침을 받아들여야 한다는 뜻은 아니다. 나는 우리가 이단자들을 화형에 처하던 관습으로 돌아가기를 바라지 않는다. 그러나 개방성의 훈련을 실천한다는 것은 조용히 듣고 판단하기 전에 신중하게 기다리는 법을 배우는 것이며, 겸손함을 실천하는 것이다. 이 겸손한 훈련은 21세기 독자인 우리가 모든 해답을 가지고 있는 존재가 아님을 인정하고, 다른 사람의 안내나 교정이 필요할 수 있음을 받아들이는 것을 포함한다. 따라서 처음의 개방성과 진지한 경청 이후에야 비로소 분별의 과정이 적절하게 작동할 수 있다.

어린아이처럼 읽는 법 배우기

우리는 어떻게 겸손하게 읽을 수 있는가? 영국의 14세기 관상 신학자요, 영어로 글을 남긴 최초의 여성 작가로 알려진 노리치의 줄리안은 이 질문에 대한 이해를 도와준다. 1373년, 줄리안은 생명을 위협하는 병을 앓던 가운데 자신이 "계시"(Showings)라고 부른 일련의 경험을 하게 된다. 그것은 소리와 이미지, 하나님이 그녀에게 주신 말씀들이었다. 그녀가 처음으로 본 계시 가운데 하나는 성 수태고지(Annunciation), 즉 가브리엘이 마리아에게 나타나 하나님의 아들을 잉태할 것이라고 전한 장면과 관련이 있다. 성 수태고지는 진리를 받아들이는 모습이 실제로 무엇과 같은지 보여 준다.

> 하나님은 내 이해 속에 성모 마리아를 보여 주셨다. 나는 그녀를 영적으로, 그러나 육체적 모습으로 보았다. 그녀는 어린아이보다 약간 나이가 많은, 젊고, 단순하며 겸손한 여인으로 보였으며, 바로 그 순간 예수를 잉태했을 때의 모습이었다. 또한 하나님은 그녀의 영혼 속에 있는 지혜와 진리를 나에게 부분적으로 보여 주셨다. 거기서 나는 그녀가 자신의 창조주이신 하나님을 바라볼 때 얼마나 깊은 경외심과 존경심을 가지고 있었는지를 깨달았다. 그녀는 자신이 하나님이 만드신 단순한 피조물에 불과한데, 그런 자신을 통해 하나님께서 태어나신다는 사실에 놀라고 경이로워했다. 이것이 바로 그녀가 경탄하는 이유였다. 자신을 지으신 분이 자신에게서 태어나신다는 것이다. 그녀는 자신의 창조주가 얼마나 위대하신지, 자신이 얼마나 작은 피조물에 불과한지를 아는 이 지혜와 진리로 말미암아, 천사 가브리엘에게 지극한 겸손으로 이렇게 말했다. "보소서, 나는 주의 여종이오니 말씀대로 내게 이루어지이다."[7]

---

7 *The Writings of Julian of Norwich: A Vision Showed to a Devout Woman and A Revelation of Love*, ed. Nicholas Watson and Jacqueline Jenkins (University Park, PA: Pennsylvania State University Press, 2006), 4.24-32. 『사랑의 계시』(서울: 가톨릭출판사, 2023). 이 책 전반에 걸쳐 이해를 돕기 위해 이 판본을 바탕으로 약간의

줄리안이 묘사한 성 수태고지 장면을 보면, 같은 언어들이 반복해서 등장하는 것을 알 수 있다. 예를 들어, '바라봄'(Beholding), '경외'(Reverent), '창조주'(Maker), '피조물'(Creature), '창조자'(Creator), '경이로움'(Marveling) 같은 단어들이 계속해서 집약되어 나타난다. 줄리안의 언어는 무엇보다 마리아가 '자신의 작음'을 세상과 하나님에 비추어 인식하고 있다는 점을 강조한다. 피조물이 창조주를 낳게 된 것이다. 마리아는 젊고, 작으며, 단순하고, 어린아이 같다. 그러나 바로 이 '작음'을 스스럼없이 인정하는 태도가, 우주를 정교하게 지으신 그 위대하신 분을 받아들이게 했다. 줄리안은 마리아의 깊은 지혜가 바로 '자신의 작음'을 부끄러워하지 않고 솔직하게 인정한 이 고백에서 비롯된 것임을 이해했다. 마리아는 자신의 모든 관계 안에서, 육체적으로나 영적으로 자신이 하나의 피조물이라는 한계를 알고 있었다. 하나님은 마리아를 지으셨고 사랑하셨다. 그러기에 그녀는 받아들일 수 있었고, 사랑할 수 있었다. 줄리안은 마리아를 묘사하면서 진리를 낳고, 자라나는 어린아이들을 품으며, "받아들이고 배워 가는" 언어를 사용한다.

이처럼 작은 표현들로 가득한 마리아의 모습은, 신성을 받아들이는 데 있어 마치 어린아이처럼 느껴진다. 줄리안은 아이들이야말로 자신의 한계를 가장 잘 인식하는 존재라는 사실을 알고 있었다. 어떤 어른들은 자신의 수치스러운 필요를 인정하느니 차라리 죽는 편을 택할지도 모른다. 그러나 아이들은 그런 필요를 부끄러움 없이, 때로는 매

번역을 덧붙였다.

우 굴욕적이고 시선을 끄는 순간에서조차 드러낸다. 화장실에서든, 교실에서든, 당황하지 않고, 큰 소리로, 때로는 열심히 같은 질문을 몇 번이고 다시 묻는다. 아이들은 이런 방식으로 배움을 보여 준다. 자신의 한계를 수치심 없이 받아들임으로써, 아이들은 읽기, 배뇨 조절, 인내심을 가지고 듣기와 같은 매우 소중한 기술들을 익혀 간다.

줄리안의 이 첫 계시들 가운데 하나가 이 작고 아이 같은 마리아였던 데는 중요한 이유가 있다. 마리아는 줄리안에게, 계시들로부터 나타난 혼란스럽고, 때로는 두렵기까지 하며, 항상 광대한 진리를 어떻게 받아들여야 하는지를 보여 주었다. 우리가 아이들을 본받는다면, 우리의 한계는, 마리아가 성 수태고지를 받아들였을 때처럼, 지혜의 강력한 원천이 될 수 있다. 우리는 종종 자신의 시간, 장소, 몸이라는 특수성을 무시하고, 자신을 한계가 없는 신(gods)처럼 여긴다. 그러나 실제로 우리는 신보다 어린아이들에게 훨씬 가깝다. 그리고 마리아와 줄리안이 알았듯이, 이 아이 같은 순진함은 저주가 아니라 깊은 선물이다. 마태복음 18장에서, 제자들은 천국에서 누가 가장 큰 사람인가, 다시 말해 누가 가장 하나님을 닮았는가를 놓고 논쟁한다. 예수는 그들의 기대를 완전히 뒤집으시며 이렇게 선포하신다. "이르시되 진실로 너희에게 이르노니 너희가 돌이켜 어린아이들과 같이 되지 아니하면 결단코 천국에 들어가지 못하리라 그러므로 누구든지 이 어린아이와 같이 자기를 낮추는 사람이 천국에서 큰 자니라"(마 18:3-4). 우리가 지닌 체현, 곧 육체성(Embodiment)은 없애야 할 어떤 것이 아니며, 냉정한 객관성이나 전능함으로 대체되어야 할 것도 아니다. 오히려 인간이 피조물로서 지닌 '작음'과 '사랑받는 존재로서의 정체성'을 깊이 인식하게 될수록, 과거 혹은 자신과 다른 방식으로 사고하는 사람들과 실제적인 교감이 더욱 가능해진다. 우리의 작음 속에야말로 진정한 관계성과 친밀함의 가능성이 담겨 있다. 이는 예수 그리스도께서 성육신하심으로써, 인간의 제한된 몸, 그 한계를 기꺼이 받아들이셨기 때문에 우리가 알 수 있다. 그분은 천국을 이루기 위해, 어린아이 같은 인간의 약함을 우리와 함께 나누는 길을 선택하셨다. 줄리안은 마리아를 모방함으로써 보고, 해석하며, "사랑하는 법을 배웠다."

그리스도와 이 땅에 있는 그의 몸 된 공동체가 지닌 넓고도 아름답지만, 때로는 두려움을 자아내는 광대함과 마주할 때, 나는 내가 익숙한 것에 매달리고, '내가' 아는 것 안에 숨고 싶은 유혹을 느낀다. 그러나 배움을 향한 개방된 마음과 '자신의 작음'에 대한 겸손한 고백은 믿음의 새로운 통찰과 실천으로 나아가는 길이 될 수 있다.

이 겸손한 태도로 고전을 읽는 것은, 오래전 그리스도의 사랑을 증언했던 이들과 실제적인 교제를 나눌 수 있는 공간을 열어 준다. 우리는 그리스도의 아름다움과 사랑으로 가득한 과거와 대화할 수 있는 선물을 받는 것이다. 오늘날 우리는 불안하고 우울한 시대를 살아가고 있지만, 예수에 대해 다양한 모습으로 표현했던 중세 작가들, 예술가들, 신학자들도 마찬가지로 고통스럽고 혼란스러운 세상을 살고 있었다. 중세 사람들이 그려 낸 예수 형상들은 인간의 실수, 창의성, 그리고 무엇보다도 변화시키는 사랑에 대한 신뢰를 보여 준다. 이런 모습들은 시대와 문화를 넘어 교회로서 우리를 하나로 묶는 그리스도의 사랑을 떠올리게 한다. 그 사랑은 예기치 않는 방식으로 역사를 통해 놀랍게 퍼져 나간다.

이 중세 시대에 나타난 다양한 예수의 얼굴을 바라보며, 우리는 인내하며 기다리는 법을 배운다. 어떤 내러티브나 이미지가 처음에는 낯설고 이해하기 어려워 보여도 말이다. 우리는 귀 기울이는 법을 배운다. 우리와는 매우 다른 신념을 가진 사람들이 성육신하신 하나님에 대한 사랑을 여전히 고백하는 모습을 만날 때, 우리는 다시 아이처럼 끈질기고도 즐겁게 질문하는 법을 배운다. 그리고 모든 우정이 그렇듯이, 기다리고, 들으며, 질문하는 과정 속에서 우리는 공동체를 이루며, 사랑을 실천하는 새로운 방식을 배워 간다. 줄리안은 나의 친구이자 나의 스승이다. 토마스 아퀴나스(Thomas Aquinas)와 클레르보의 성 베르나르도 마찬가지다. 내가 여성으로서 가르치고 연구하는 것을 반대했을지도 모르지만 말이다. 나는 여기 21세기 미국에서 함께 살아가는 친구들로부터 배우는 것처럼, 이들에게서도 듣고 배운다. 이 책에 등장하는 복잡한 인물 가운데 한 사람인, 니콜라스 러브(Nicholas Love)조차 나는 사랑하게 되었다. 그는 나의 불완전한 형제로서, 내가 예수를 깔끔하고 다루기 쉬운 틀 안에 가두려는 충동을 더 잘 이해하도록 도와주었다.

당신도 이 책의 페이지들 속에서 새로운 친구들을 만나고, 또한 아름다움을 발견하기를 바란다.

2장

심판자

중세 시대는 예수를 심판자로 묘사하고 있다. 이런 시각에 근거한 탐구로 이 책을 시작한 나로서는 대학 캠퍼스 채플 예배에서 1년에 두 번 설교자로 선 것 같은 느낌을 종종 받는다. 에드 수사(Brother Ed)는 "자유발언 코너"에 서서 주로 여학생을 향해 격분한 얼굴로 세상의 종말이 다가오고 있다고 고함치곤 했다.[1] 그 설교자는 최후의 날이 오면, 예수는 그들의 부정한 삶, 대표적으로 짧은 반바지를 입는 것과 같은 방식을 잘못으로 규정하며 가급적 빨리 그들을 지옥으로 보내실 것이라고 말했다. 우리 가운데는 에드 수사처럼 짧은 반바지를 그렇게 바라보지 않을지도 모른다. 하지만 여기서 우리는 심판자를 폭력적이고, 개인화된 분노의 하나님으로 생각하는 그의 개념이 어디인가 익숙할지 모른다.

비슷한 시기, 나는 영문학 개설 강의를 들으며 조나단 에드워즈(Jonathan Edwards, 1703-1758년)의 설교 몇 편을 읽게 되었다. 그때 나는

---

1 그의 실제 이름은 아니다. 나도 실명은 모른다. "자유발언 코너"라는 말도 내가 학부 시절 그냥 붙인 이름인지, 연방 정부의 지원을 받는 모든 공립대학의 특징인지, 아니면 애리조나 대학교의 독특한 문화였는지 잘 모르겠다. 어쨌든 그곳에서 발언하던 사람들은 대체로 과장되거나 극단적인 말들을 하곤 했다.

그 설교에서 심판자에 대한 또 다른 암울한 설명을 접해야 했다. 이 뉴잉글랜드 청교도는 그의 무시무시한 명 설교, 『진노한 하나님의 손에 붙들린 죄인들』(*Sinners in the Hands of an Angry God*)을 통해 사람들로 하여금 위협을 느끼며 회개하게 했다. 나 자신을 포함해, 그 수업에 참석한 학생들 가운데 일부는 다음 문장을 읽은 후 잠을 잘 수 없었다.

"어떤 자가 거미나 혐오스러운 벌레를 불 위에서 쥐고 있는 것처럼, 지옥 불구덩이 위에서 여러분을 붙잡고 있는 하나님은 그분의 진노를 불러일으킨 여러분을 싫어하십니다."[2] 당신의 죽음과 심판을 두려워하라. 당신이 지금 지옥에 있지 않는 유일한 이유는 그리스도의 신적이며 일시적인 기분 때문이다. 청중은 에드워즈의 이 설교를 들으며 비명을 지르고, 울다가 결국 수많은 사람들이 회심했다.[3] 에드워즈와 그보다는 덜 재능이 있는 에드 수사를 연합시키는 것은 청중에게 몹시 두려운 분위기를 만들어 그들로 하여금 회개하도록 강요하는 것이었다. 그리스도는 종말에 엄중한, 몹시 진노한 심판자로서 종종 그리스도인들을 두려움으로 마비시키거나, 더 나쁘게는 폭력으로 이끌었다.[4]

그러나 나는 누군가에게 겁을 주면서까지 그들을 구원으로 이끌

---

2 Jonathan Edwards, "Sinners in the Hands of an Angry God" in *The Norton Anthology of American Literature: Shorter Sixth Edition*, ed. Nina Baym (New York: W. W. Norton, 2003), p. 213. 『진노한 하나님의 손에 붙들린 죄인들』(서울: 생명의말씀사, 2017).

3 Harry Stout, "Edwards as Revivalist," in *The Cambridge Companion to Jonathan Edwards* (Cambridge: Cambridge University Press, 2007), pp. 137-138.

4 중세 요아킴파(Joachimites)로부터 뮌스터 반란 당시의 재세례파(Anabaptists) 그리고 비교적 최근에 등장한 다윗교(Davidians)에 이르기까지, 세상의 종말이 임박했다는 것에 압도적인 초점을 맞추는 묵시 사상의 전통들은 종종 폭력으로 끝이 난다.

기 위해 심판자 예수를 논점의 시작으로 삼고 싶지 않다. 실제로 이 장은 지옥 혹은 천국을 거의 다루지 않는다. 그것들은 이 장에 등장하는 미술품과 연극, 또는 시와 같은 각각의 작품의 중심에서 힘을 발산하는 신적 인물에 대한 부차적이며 사소한 것에 불과하다. 나는 오롯이 연대기적 맥락 때문에 심판자 예수 그리스도로 시작한 것이다. 그것은, 중세가 영고성쇠를 거듭하면서, 십자가에 달리신 그리스도에 의해 다소 빛을 잃게 된 예수에 대한 오래된 묘사다. 그러나 이 이미지에는 그 순간이 갖는 역사적 의미보다 더한 의미가 담겨 있다. 그리스도는 심판자로서 많은 역할을 하시지만, 여기서 우리는 그리스도가 지닌 성품 가운데 두 가지 분리할 수 없는 면을 목격한다. 바로 정의와 자비다. 에드 수사의 생각과는 반대로, '진노'는 중세 시대에 예수 그리스도를 심판자로 묘사한 논쟁의 중심에 있지 않았다.[5] 그럼에도 불구하고 그리스도를 심판자로 묘사한 것은 두려움을 일으키기 위해서였다. 물론 거룩한 두려움은 자신을 혐오하거나 자신을 역겨운 벌레로 동일시하는 것, 혹은 짧은 반바지를 입는 것과 아무 관계가 없다. 반면 지혜, 곧 몸과 우리 자신이 지니고 있는 한계가 가져다주는 지혜에 뿌리박고 있는 두려움이 있다. 심판자 예수 그리스도는 우리로 하여금 우리에게

---

5 일반적으로 종교 개혁은 하나님의 진노에 더 초점을 맞추었다. 이에 대한 논의는 다음을 참조하라. Pieter G. R. de Villiers, "'In Awe of the Mighty Deeds of God': The Fear of God in Early Christianity from the Perspective of Biblical Spirituality," in *Saving Fear in Christian Spirituality*, ed. Ann W. Astell (Notre Dame, IN: University of Notre Dame Press, 2020)과 같은 책에 실린 Ralph Keen, "The Reformation Recovery of the Wrath of God," 참조. 또한 데이비드 아에르스(David Aers)는 *Versions of Election: From Langland and Aquinas to Calvin and Milton* (Notre Dame, IN: University of Notre Dame Press, 2020)에서 이것을 '선택'(Election)과 '예정'(Predestination)이라는 주제와 관련지어 논의한다.

허락한 신적 공동체를 생각나게 하신다. 또한 우리가 자신을 사랑하는 것처럼 이웃을 사랑하도록 우리를 두려움으로 이끄신다.

심판하시는 그리스도

초기 중세 미술에서, 예수 그리스도는 종종 "위엄 있는 그리스도"로 표현되었다. 예수 그리스도가 율법 수여자, 왕중왕, '판토크라토르'(Pantocrator, 세상의 지배자), 또는 종말의 심판자라는 다양한 뜻을 내포하고 있지만. 중세 초기 많은 유럽 문화에서, 그리스도의 신성은 십자가에서 고난당하신 그분의 인성보다 그 당시 믿음이 내린 정의와 그 실천을 더 중요시했다.[6] 왕 되신 그리스도는 황제의 권력과 심판이라는 세속적 개념을 통해 우주의 통치자, 죄와 악에 대한 승리자로 표현되었다. 왕이 갖는 권력과 그 승리는 십자가의 표현으로까지 흘러 들어갔다. 예술가들은 종종 예수 그리스도의 고통을 의도적으로 표현하지 않았다.[7] 8-9세기 사이 등장한 많은 십자가상에서, 예수는 침착하고 위엄이 있는 모습으로 묘사된다. 십자가 자체도 "악에 대한 승리와 우주적 위엄의 계시"를 드러낸다.[8] 아이보리('상아', 조각 및 장식품 재료의

---

6 Rachel Fulton Brown, *From Judgment to Passion: Devotion to Christ and the Virgin Mary, 800-1200* (New York: Columbia University Press, 2002), 1부.

7 더 자세한 내용은 다음을 참조하라. Jaroslav Pelikan, *The Illustrated Jesus through the Centuries* (New Haven: Yale University Press, 1997), 8장; Celia Chazelle, *The Crucified God in the Carolingian Era: Theology and Art of Christ's Passion* (Cambridge: Cambridge University Press, 2001).

8 Chazelle, *Crucified God*, p. 9.

십자가에 못 박힌 그리스도를 묘사한 복음서 표지 명판, 아이보리 판지,
약 870-880년, 볼티모어, 월터스 미술관
(본문에 실린 15개 이미지들의 큰 컬러 버전은 이 책 첫 부분에 실린 삽지를 참조하라.)

일종 - 편집자 주) 판지로 된 일부 복음서 표지에 묘사된 십자가 처형 장면에서는, 예수 그리스도가 고통의 흔적 없이 바로 앞을 응시하고 있다. 그분의 몸은 대쪽같이 꼿꼿하다. 이런 이미지들은 고난보다 다가올 승리를 강조한다. 또한 십자가 아래 있는 패배한 뱀 같은, 주위에 있는 상징적 요소들에 더 주목한다.

이 장엄한 율법 수여자에 대한 성상과 이미지에 대한 전통은 한결같았다. 9세기 당시 *Athelstan Psalter*(애설스탠 시편집, 24쪽 참고)을 만든 한 무명의 예술가처럼, 이 예술가들은 구약 선지서, 복음서, 바울서신, 전도자 요한의 계시록에 나오는 성경적 이미지에 많은 부분을 맡겼다.[9] 그들은 이사야 6:1-3에 묘사된, 장엄하고 영광스러운 주님의 모습에 큰 영향을 받았다. 그분은 경외심을 불러일으키며, 충분히 아름다운 분이시다.

> "내가 본 즉 주께서 높이 들린 보좌에 앉으셨는데 그의 옷자락은 성전에 가득하였고 스랍들이 모시고 섰는데 각기 여섯 날개가 있어 그 둘로는 자기의 얼굴을 가리었고 그 둘로는 자기의 발을 가리었고 그 둘로는 날며 서로 불러 이르되 거룩하다 거룩하다 거룩하다 만군의 여호와여 그의 영광이 온 땅에 충만하도다 하더라."

예술가들은 이렇게 공식 알현실에 자리한 장엄한 왕의 이미지에 더해, 파트모스(Patmos) 섬의 요한이 묘사한 재림의 환상을 결합하기 시작했다. 그는 그리스도의 재림, 곧 '파루시아'(Parousia)에서 영감을 받았다. 요한계시록 1:7은 심판자이신 예수 그리스도에 대한 다음과

9　Natalie Jones, "Ways of Seeing Christ the Judge: The Iconography of *Christ III* and Its Visual Context," *Neophilologus* 105 (2021): pp. 261-277, https://link.springer.com/article/10.1007/s11061-021-09673-x를 참고하라.

"위엄 있는 그리스도", 애설스탠 시편집, 채색 사본,
약 9세기, Cotton MS Galba A.XVIII fol. 2v, 런던,
영국 국립 도서관

같은 예술적 서사로 우리를 안내한다.

"볼지어다 그가 구름을 타고 오시리라

각 사람의 눈이 그를 보겠고

그를 찌른 자들도 볼 것이요

땅에 있는 모든 족속이 그로 말미암아 애곡하리니
그러하리라 아멘."

요한은 이 종말의 왕을 성부 하나님이 아니라, 뚜렷이 인식할 수 있을 만큼 찔리고 상처 입은 예수로 묘사한다. 심판자이신 그리스도는 모든 자들이 분명히 볼 수 있도록 구름에서 내려오신다. 이때는 우리가 아는 바와 같이 마지막 심판, 곧 세상의 종말을 뜻한다. 동시에 무덤이 열리고 우리의 몸과 영혼이 재결합하여 복 된 상태로 다스리거나 불못에서 고통을 당할 때를 가리킨다.

최후의 심판도: 심판자 예수를 만나다

중세 후반, 심판 날에 대한 생각이 잉글랜드와 유럽 대륙의 무수한 교회 벽에 묘사될 만큼 일상적이고도 널리 퍼진 주제였다. 이 그림들은 불길하게도 '최후의 심판도'(Doom Paintings) 또는 '최후의 심판'(Dooms)이라고 불렸다. 우리는 최후의 심판을 극이나 영화에 나오는 악당들과 관련해 생각한다. 그들은 "운명을 맞이할 준비나 하라구!" 하고 말하지 않는가? 또는 다가올 핵 전멸 앞에서 인류에게 주어진 얼마 남지 않은 시간을 초 단위까지 세는, 핵전쟁 시계(Doomsday Clock)와 관련시킨다. 그러나 최후의 심판을 가리키는 '둠'(Doom)이라는 말은 우리가 오늘날에도 사용하는 고대 단어인 '딤'(Deem)과 관련되어 있다. 이 단어는 '심판하다', '판단하다'는 의미로 여전히 사용되고 있다.

최후의 심판도는 당시 보통 교회 안에서 어떤 그림들보다 가장 컸다.[10] 중세 교구민으로서, 당신은 사제의 설교를 듣고 그가 그리스도의 몸을 일으켜 세우는 모습을 지켜보면서 그 순간 거대한 심판자인 그리스도를 응시할 것이다. 한편 그 후에 당신은 그 그리스도를 응시할 수도 있다. 오늘날처럼 글을 읽고 쓸 줄 아는 능력이 보편적이지 않던 문화에서, 이와 같은 그림은 설교, 연극, 이야기와 함께 일반 평신도들을 성경적으로 교육하는 데 매우 큰 부분을 차지했다.[11] 우리는 다음과 같은 세계를 엿볼 수 있는데, 이 세계는 예수를 종말의 심판으로 여긴다. 그 생각은 자신이 천사들과 함께 평화롭게 노래를 부르거나 아니면 크게 열린 지옥문을 향해 마귀들이 재촉하는 모습에 기인한 집단적 상상에서 크게 비롯된 것이다.

그리스도의 재림은 약 1,100-1,500년까지 동일한 공식에 따라 그려졌다.[12] 모든 최후의 심판도에서 볼 수 있듯이, 예수는 그분 아래 모여 있는 군중 위로 높이, 아주 권위 있게 앉아 계신다. 1470년경, 잉글랜드 솔즈베리 세인트 토마스 교회에 있는 아치형 구조물에 그려진 벽

---

10 Roger Rosewell, *Medieval Wall Paintings* (Oxford: Shire, 2014), p. 41.
11 교황 그레고리 대제는 세레누스(Serenus)에게 보낸 유명한 서신에서 이렇게 썼다. "글('성서')은 읽고 쓸 줄 아는 자를 위한 것이고, 그림은 그것을 바라보는 문맹자를 위한 것이다. 무지한 자들은 그림을 통해 자신이 무엇을 해야 하는지를 보게 되며, 글자를 모르는 이들은 그림 안에서 읽기 때문이다. 그러므로 특히 '이방 민족'에게는, 그림이 곧 독서의 역할을 한다." 이 문장은 *S. Gregori Magni registrum epistularum libri VIII-XIV*, ed. D. Norberg (Turnhout: Brepols, 1982), XI, 10, pp. 873-876. trans. L. G. Duggan in "Was Art Really the 'Book of the Illiterate'?," *Word and Image* 5 (1989): pp. 227-251, https://doi.org/10.1080/02666286.1989.10435406.
12 Rosewell, *Wall Paintings*, p. 41.

"세인트 토마스 교회에 있는 최후의 심판도",
회반죽 벽화, 약 1470-1500년, 솔즈베리, 윌트셔, 영국
짐 린우드 / CC BY 2.0.

화를 보면, 예수는 무지개 위에 앉아 계시는데, 그분의 발은 더 작은 무지개 위에 놓여 있다. 이 무지개는 우리에게 예수가 그분의 모든 약속을 성취하신다는 것을 상기시킨다. 또한 빨간 망토가 예수의 어깨와 무릎 위에 걸쳐 있고, 그분이 당한 고난의 상처를 분명히 보여 주기 위해 맨가슴과 손은 확대되어 있다. 예수의 오른편에는 모친 마리아가 있고, 왼편에는 전도자 요한이 있다. 천사들이 그분 주위를 에워싸고 있고, 일부는 십자가 처형 도구를 붙잡고 있다. 그리스도 아래에는 열

두 제자가 앉아 있다.

더 아래쪽을 보면, 최후 심판 날 있게 될 일들이 요란하게 묘사되고 있다. 왼편에서는 벌거벗은 몸들이 천사의 도움을 받아 땅에서 나오고 있다. 그들은 죽은 자들인데, 하늘에 계신 예수와 함께하기 위해 그들이 매장된 장소에서 일어나고 있다. 오른편에서도, 죽은 자들이 나오고 있다. 하지만 마귀들이 그들을 지옥문으로 몰고 있다. 그런데 양편에 있는 많은 사람들은 기묘하게도 모자를 쓰고 있다. 그들은 벌거벗었음에도 불구하고, 그들 머리에는 왕관, 농부가 쓰는 헐렁한 모자, 미트라(Mithra, 주교가 의식 때 쓰는 모자)가 씌어져 있다. 교황이 천사들과 함께 기뻐하거나 지옥 불 가운데서 울부짖는, 이 벌거벗은 몸들 위로 모자가 어울리지 않게 놓여 있다. 이 모자들은 영벌이 동등한 기회임을 나타낸다. 왕과 교황, 소작농은 똑같이 그들의 선택에 대해 해명해야 한다.

영벌을 동등한 기회로 묘사한 이 그림은 두려움과 더불어 위로가 된다. 나는 중세 소작농이 봉건 제도의 멍에 아래 부담을 많이 느꼈던 것처럼, 서투르거나 부패한 정부, 억만장자들, 로비스트들, 빅 테크, 그리고 세상에서 압도적으로 강력한 힘을 가진 자들이 부리는 변덕이나 무대책에 따라 사는 것처럼 종종 느낄 때가 있다. 이번 장을 쓰는 지난 7일 동안, 악을 나타내기에 충분한 증거가 있었다. 미국 북동부 뉴욕주 버펄로에서, 백인 사격수가 흑인을 죽이려고 찾아다니다 식료품을 사고 있는 흑인들을 무참히 살해했다. 미국 텍사스 주 유밸디(Uvalde)에서는 총기를 소지한 10대 소년이 하나님의 아름다운 형상인 어린아이들을 열아홉 명이나 죽였다. 반면 정치가들은 그들을 죽이는 데 사용된 치명적 무기들과 관련한 접근 및 권리 보호에는 공공연히 조바심을 낸다. 미국 개신교 안에서 가장 큰 교단 가운데 속한 한 교회는 지속적으로 학대를 숨기고 교인들에게 거짓말을 해 온 것으로 드러났다.[13] 백인 지상주의, 냉담한 정부 관리들, 그리고 권력에 굶주린 목사들 같은 지상 권력은 작은 자들을 집어삼킨다. 하지만 최후 심판 날, 세속적 권력을 대표하는 최고 상징들은 그리스도 아래 모여든다. 그들이 쓴 모자를 제외하고 다 벌거벗은 왕과 교황들, 추기경들이 그들 자신과 전혀 다른 누군가와 대면한다. 이 작은 자들은 그들이 책임져야 하는 자들이기도 하다. 해결되지 않은 악을 해결하고, 언젠가는 반드시 죽는 세상 속에서 알려진 잘못과 알려지지 않은 잘못을 공정하게 판단한다는 약속, 곧 "영원한 정의와 동정심"이 궁극적으로 심판자 그리스도가 의미하는 것이다.

그것은 약속이고, 예언이며, 또 지금 행동하라는 요청이다. 우리가 주일마다 기도하는 것과 같다. "나라가 임하시오며 뜻이 하늘에서 이루어진 것같이 땅에서도 이루어지이다." 우리는 그저 폭군, 억만장자, 박식한 학자들을 비난만 할 수 없다. 그들이 쓴 모자는 우리에게 '우리'도 거기에 있다는 점을 상기시킨다. 나아가서는 우리와 중세 사람들, 인류 전체에게까지도. 곧 그것은 종말이다. 또한 모든 육체가 해명하기라도 하듯 그들이 묻힌 무덤, 또는 바다, 흙먼지에서 나온다. 십자가 처형과 달리, 심판자 예수에 대한 묘사는 당신을 역사의 대단원

---

13 Robert Downen, 테리 그로스(Terry Gross)와의 인터뷰, "How the Southern Baptist Convention Covered Up Its Abuse Scandal," *Fresh Air* on NPR, 2022년 6월 2일, https://www.npr.org/2022/06/02/1102621352/how-the-southern-baptist-convention-covered-up-its-widespread-sexual-abuse-scand.

에 참여자로 포함시킨다.

고대 영어로 쓰인 시 *Christ III*(그리스도 3세)는 요한계시록 1:7을 황홀한 시 구절로 확대시킨다. 이 시는 10세기에 작성된 것으로 보이며, 고대 영어 시문학 가운데 가장 잘 알려진 모음집인 *Exeter Book*(엑서터 북)에 실려 있다. 이 책에는 다수의 수수께끼들도 포함되어 있다. 톨킨의 소설『호빗』(*The Hobbit*)에서 골룸과 빌보가 수수께끼 대결을 하도록 영감을 준 원천이 되었다. 하지만 고대 영어는 오늘날 영어 사용자들이 이해하기가 어렵다. 만약 당신이 엑서터 북 원문을 자세히 살펴본다면, 그 책을 전혀 읽을 수 없을 것이다![14] 고대 영어는 1066년 노르만족 정복 이전에 사용된 것으로 영어의 선조였다. 이 고대 영어는 그 사건 이후 프랑스어와 라틴어에서 유래한 어휘가 수 세기에 걸쳐 영어에 유입된 것을 포함하지 않는다.

"그리스도 3세"를 쓴 무명 시인은 예수를 심판자로 인상 깊게 표현하며, 그에게 '메도르'(Medor), 곧 '측량자'라는 잊을 수 없는 제목을 붙였다.[15] 측량자는 심판의 자리에 앉아, 인류가 그분 앞에 나아오는 모습을 바라본다. 한 시구는 이 장면을 특히 인상 깊게 묘사한다. 인간이 "하나님의 아들 앞에 자신의 가슴 저장소를 가지고 온다"고 말한다.[16] 다시 말해, 각 사람은 그들 안에 간직한 모든 것을 가지고 그분 앞

---

14 앵글로색슨어 텍스트 모음집인 엑서터 북은 다음 링크에서 온라인으로 열람할 수 있다. https://www.bl.uk/collection-items/exeter-book.

15 *Christ III*, trans. Aaron K. Hotstetter, *Old English Poetry Project*, 1. 876, 2022년 7월 열람, https://oldenglishpoetry.camden.rutgers.edu/christ-iii/. "그리스도 3세" 전체는 럿거스 대학교가 운영하는 웹사이트(Old English Poetry Project)에서 무료 번역본으로 제공된다.

16 *Christ III*, 1. 1072.

에 나온다. 그들이 가진 모든 가볍고 씁쓸하며, 비참하고 중요한 비밀을 측량자 앞에 내어놓는다. 무자비한 말, 칼날처럼 예리한 생각, 사랑과 관심으로 준 진정한 선물이 각 사람의 "가슴 저장소"에서 나와 빛을 향해 다가온다. 그 비밀들은 마치 큰 가위 앞에 펼쳐진 천처럼, 낫 앞에 굴러 떨어지는 밀알처럼, 하나하나 펼쳐지고 드러난다.

의로운 심판자인 예수는 우리에게 한 가지 사실을 상기시키며 기억하라고 부르신다. 우리의 행동, 곧 우연하거나 의도적이며, 다정하거나 어리석거나, 잔혹하거나 무미건조한 행동과 대화, 생각이 모두 결과를 낳는다는 것이다. 최후의 심판도는 우리가 공동체에서 내린 선택들을 우리에게 다시 보여 주는 거울과 같다. 인간 삶의 중심에 있는 그들의 위치로부터, 부유한 자와 가난한 자가 함께 모이는 몇 안 되는 장소 가운데 하나인 교회에서, 최후의 심판도는 두 종류의 관계, 곧 인간 사이의 수평적 관계와 예수 그리스도와 각 개인 영혼 사이의 수직적 관계를 묘사한다. 심판자 예수 그리스도는 우리가 역사가 완성되는 한순간에 초점을 맞추기 원하지 않으신다. 오히려 그분은 '지금' 우리의 관심을 인간 공동체 안에 자리한 삶으로 향하게 한다.

정의와 심판

우리는 정의나 정의의 결여에 대해 생각할 때, 재판정 또는 관리 기구를 고려한다. 물론 이것들은 정의의 장소가 되어야 한다. 하지만 중세 사람들이 알고 있듯이 정의는 주로 추상적이지 않으며, 법을 통해서만 확장되지도 않는다. "정의는 항상 관계적이다." 정의는 사람들 사이의 관계에서 일어난다. 또한 정의는 실천적이다. 위대한 중세 신학자 토마스 아퀴나스(Thomas Aquinas)는 정의를 "사람이 각자에게 의지하는 습관, 곧 그 또는 그녀의 지속적이고 끊임없는 의지에 따른 의무"로 규정했다.[17] 이 정의가 지닌 융통성은 우리로 하여금, 그들의 개인적·제도적 역사를 감안할 때, 어떻게 한 사람이 마땅히 받아야 하는 것이 다른 사람이 마땅히 받아야 하는 것과 다를 수 있는지 깊이 생각하게 한다. 이 정의가 지닌 유연성 덕분에 우리는 한 사람의 정당한 운명에 대해 깊이 생각해 볼 수 있다. 한 사람은 개인적이고 제도적인 면에서 다른 사람과 다를 수 있다. 이처럼 정의는 일률적이지 않다. 상황이 중요하다.

때때로 정의의 실천은 개인적으로 이루어질 것이다. 그것은 우리가 마주보고 나누는 대화에서, 신중하게 선택된 예의 바른 언어로, 연대와 존재의 행위 속에 나타난다. 한편 정의의 실천은, 기표소나 재정적 후원을 통해 더 비인격화될 것이다. 하지만 그것은 항상 관계적이며, 크고 작은 공동체의 필요에 따라 결정될 것이다. 최후의 심판도는 각 교구 교회 안에 의도적으로 배치되었다. 정의와 심판은 모든 사람의 관계, 축하, 애도, 모든 마을과 도시 공동체의 중심에 있었다. 우리는 무지개 보좌 위에 앉아 계신 예수 그리스도를 마주했을 때, 각자가 하나님의 사랑받는 동료 자녀로서 어떻게 다른 사람들에게 그들이 마

---

17 Thomas Aquinas, *Summa Theologiae*, trans. Laurence Shapcote, ed. John Mortensen and Enrique Alarcon (Lander, WY: Aquinas Institute for the Study of Sacred Doctrine, 2012), II-II.58.1. 『신학대전』.

땅히 받아야 하는 것을 줄 수 있는지 묻고 배워야 한다.

심판자 예수에 대한 또 다른 표현은 이 견해에 대한 생생한 이해를 제공한다. 중세의 성사극(聖史劇, 성경 내용을 소재로 한 연극, 중세 말기에 유럽에서 매우 유행했다 - 편집자 주)들은 성경 시리즈에 나오는 사건들을 창세기에서 요한계시록까지 완전히 묘사했다. 전문 배우들이 이 연극들을 연기하지 않고, 목수, 조선업자, 또는 금세공인 같은 조합 회원들이 연기했다. 이 연극들은 예배 의식을 활기 넘치게 했다. 성경 역사는 당신의 시간과 장소 속에서, 당신의 이웃들의 몸을 통해 재연되었다. 요크에서 상인 조합이 공연한 '최후의 심판' 연극은 인상적이었다. 그들은 예수를 조합 회원 가운데 한 명이 가면을 쓰고 "무지개 나무" 위에서 내려오게 하는 장비까지 갖추고 있었다.[18] 천사들, 꼭두각시 인형과 배우들은 모두 예수를 둘러싸고 있었고, 그들은 수난의 도구를 들고 있었다. 이는 마치 최후 심판의 날 그림 윗부분이 살아 움직이는 것처럼 보였을 것이다. 한편 축복받은 자들과 저주받은 자들이 그분 아래 모여 있었다.

요한계시록과 마태복음 25장을 각색한 작품에서, 일부 복을 받은 자들이 그리스도 앞에 나온다. 예수는 그들이 자신이 굶주렸을 때 먹이고, 벌거벗었을 때 입히며, 또 병들었을 때 돌보아 준 것에 대해 감사를 전한다. 당황한 사람들은 놀라서 묻는다. "주여, 우리가 언제 주님께 먹을 것을 드렸습니까? 우리가 언제 이런 일들을 했습니까?" 그러자 그리스도께서 다음과 같이 대답하신다.

---

18 *The York Corpus Christi Plays*, ed. Clifford Davidson (Kalamazoo, MI: Medieval Institute, 2011), p. 499.

> 나의 복 된 자녀들아……
> 밤이든 낮이든 누군가가 도움이 필요할 때,
> 너희에게 도움을 청하면, 곧바로 그것을 받았느니라.
> 너희 너그러운 마음은 결코 거절하지 않았도다……
> 그들이 기도할 때마다
> 그저 인내하며 은혜를 구하기만 하면 되었느니라.[19]

교회가 궁핍한 사람들의 기도에 대한 응답이라는 것은 강력한 생각이다. 그리스도는 벌거벗고, 옥에 갇히며, 억눌리거나 아픈 모든 사람이다. 이들에 대한 교회의 응답은 예수에 대한 교회의 응답이다.

그 반대도 사실이다. 그리스도는 그들이 '저주받은 자들'이라고 말씀하신다. 그들은 그분을 때려서 내쫓고, 그의 고통에 귀와 눈을 닫았다. 그들은 그분이 가난하고, 옥에 갇히며, 멸시를 당했다는 이유로 그를 거부했다. 저주받은 자들은 공포에 질려 외친다. "우리가 언제 당신에게 이런 불친절을 행했습니까?"[20] 그러자 예수께서 이렇게 대답하신다.

> 가난한 자들이 내 이름으로 무엇이든 구할 때마다,
> 너희는 그들의 말을 듣지 않고, 귀를 막았으며,
> 그들에게 줄 너희의 도움은 없었다.
> ['noght at hame', 문자 그대로는 '집에 없었다'는 뜻이지만, 실제

---

19 "Doomsday," *York*, pp. 309-316. 모든 인용문은 필자가 현대 영어로 번역했다.
20 "Doomsday," *York*, pp. 353-354.

로는 '도움을 줄 준비가 되어 있지 않았다' 또는 '도움이 없었다' 는 의미임].[21]

다시 말하지만, 그리스도는 가난하고, 투옥되고, 병들고, 고통받는 자들과 자신을 동일시하신다. 우리가 고통받는 자들에게 마음과 눈을 닫는다면, 사실상 예수를 외면하고 쫓아내는 셈이다. 우리의 도움은 부재중이다.

고대 시집인 *Christ III*(그리스도 3세)는 지옥에 떨어지는 자들을 "마음이 눈먼 자들, 부싯돌보다 더 단단한 자들"로 묘사한다(I. 1187). 정의는 우리 스스로를 굳어져 버린 돌처럼 만들려는 유혹, 즉 타인의 고통에 무감각해지는 태도를 거부할 것을 요구한다. 심판자 예수는 이렇게 묻고 계신다. '나는 내 성장 환경, 개인적 가치관, 혹은 선택들로 인해 마음의 눈이 멀지는 않았는가?', '나는 내가 동의하지 않거나 좋아하지 않는 사람들에 대해, 그러나 실제로는 변장한 예수일지 모르는 사람들을 향해, 철저하게 논리적인 방어막을 쌓고 마음을 굳게 닫은 것은 아닌가?' 아퀴나스는 정의에 대한 개념에 "지속적이고 영구적인 의지"를 덧붙이는 이유를 설명한다. 인간은 종종 한 사람에게는 정의를 실천하려고 하지만, 다른 사람에게는 실천하려고 하지 않는다. 또한 한 특별한 문제에 대해서는 정의를 실천하려고 하지만, 다른 문제에 대해서는 정의를 실천하려고 하지 않는다. 오늘날 우리는 공적·개인적 수준에서 우리의 슬픈 불일치를 본다. 정당들은 특정 영역에서 그들을 "보호"

---

21 "Doomsday," *York*, pp. 357-360.

한다고 크게 외치지만, 이민자, 재소자, 유색인종, 성 소수자들, 태아, 여성, 정신질환자(이 목록은 계속된다)의 삶은 무시하거나 폄하하곤 한다. 이런 무관심과 일관성 없는 불일치는 사람들의 개인적 관계 속에서도 나타낸다. 진정한 정의는 각 사람이 지닌 인간다움을 존중하고, 누구에게든 끊임없이 헌신하는 것이다. 우리 각 사람 안에 계신 그리스도를 인정하는 것이 바로 그 시작이다.

두려움, 선물로서의 의미

당신이 최후의 심판도를 보거나 요크에서 공연된 '최후의 심판' 연극을 상상할 때, 두려움이나 불안함을 느끼는가? 중세 사람들은 우리보다 더 익숙하게 두려움을 동기의 수단으로 사용했다. 이런 예술 작품들은 듣고 보는 자들에게 두려움을 불러일으키기 위한 것이었다. 하지만 두려움을 교육 도구로 사용하는 일은 복잡하고, 대개는 잘못 사용되며, 종종 그릇된 결과를 낳는다. 역사학자 레이첼 풀턴 브라운(Rachel Fulton Brown)은 심판 날의 예수에 대한 두려움에 사로잡혀 살았던 성 피터 데미안(Saint Peter Damian)을 예로 든다. 데미안은 하나님께 진 막대한 빚을 덜고, 자신의 죄를 속죄하기 위해 자신을 채찍질하고, 육체적으로 벌하는 금욕적 실천을 반복해서 설교했다.[22] 영원한 저주의 형벌이 그를 두려움에 떨게 했다. 그는 자신의 구원에 짓눌려 살았다.

---

22 Brown, *Judgment*, pp. 89-106.

그 결과 영생을 얻기 위해 마치 보상을 하고, 가능한 최선의 삶을 살아야 하는 것처럼 느꼈다. 현대인들은 종종 이런 식의 자기 징벌을 '중세적인' 것으로 생각하지만, 당시에도 일부 신학자들은 피터 데미안의 방식과 선택을 비판했다.[23] 나는 인간의 기대 너머로 인간의 몸을 영화롭게 한 성육신하신 하나님인, 예수가 불쌍한 피터 데미안의 자해를 원하셨다고는 믿지 않는다. 예수는 정의를 추구하고 적절한 두려움을 기르기 위해 자신을 해치고자 했던 그의 방식을 요구하시지 않았을 것이다.

그는 나와 의견이 다르겠지만, 거룩한 두려움은 피터 데미안이 느끼는 것과 같은 두려움과는 다르다. 그것은 "내가 결코 충분하지 않다"거나 "나는 결코 충분히 선을 행할 수 없다"는 끝없는 불안에서 비롯된 두려움이 아니다. 그런 두려움은 "나는 하나님께 진정 사랑받기에는 부족하다"는 생각에 뿌리를 두고 있다. 그것은 피터 드 빌리어스(Pieter G. R. de Villiers)가 묘사한 하나님에 대한 도덕주의적 두려움도 아니다. 그는 그것을 "개인적 경건과 올바른 생활방식"으로 설명했지만, 그것은 지옥에 대한 두려움과 규범 준수로 쉽게 움츠러들 수 있는 신앙으로 변질될 수 있다.[24] 그렇다. 거룩한 두려움은 우리로 하여금 마음이 돌처럼 굳어지는 사람이 되지 않도록 도와주는 건전하고 온전한 두려움이다.

그렇다면 왜 '경외심'이나 '존경심' 같은 단어 대신 응어리가 가득한 '두려움' 같은 단어를 사용하는가? 경외심 혹은 존경심 그리고 두려움의 차이는 덴버 자연과학박물관에서 공룡의 뼈대를 보는 것과 살아

---

23 Brown, *Judgment*, p. 98.
24 Villiers, "In Awe," p. 22.

있는 공룡을 실제로 보는 것의 차이와도 같다. 공룡 뼈를 보면, "이렇게 거대한 생물이 한때 살아 있었구나!" 하며 넋을 잃고 감탄할 수 있다. 깊은 인상을 받지만, 결국 일상으로 돌아간다. 하지만 살아 있는 티라노사우루스(Tyrannosaurus) 공룡을 본다면, 나는 그 공룡의 엄청난 힘 앞에서 발끝까지 작아지는, 초라한 느낌을 받을 것이다. 그런 존재를 눈앞에서 본다면, 아마도 나는 몸을 떨거나 숨거나 혹은 감사할 수도 있을 것이다. 나는 〈쥬라기 공원〉(Jurassic Park, 1993) 같은 사태를 피하기 위해, 공룡과 적당한 거리를 유지하려 할 것이다. 이 두려움은 겸손을 낳는다. 즉 내가 인간으로서 가진 한계와 자연의 힘 앞에서 느끼는 나약함을 건강하게 지각하게 해 주는 감정인 것이다.

인간이 자기보다 더 크거나 강력한 어떤 존재를 두려워하는 것은 당연하고 합리적이다. 우리는 덩치 큰 동물이나 독거미, 바다, 그리고 어두운 공간 주변을 조심"해야" 한다. 파도타기, 스키, 암벽 등반 같은 활동을 할 때도 마찬가지다. 어린아이들도 가구에서 뛰어내리거나 수영장 가장자리를 걸을 때 주의해야 한다는 것을 배워야 한다. 그들이 이런 수준의 주의력조차 배우지 않는다면, 그들의 성장과 인격 형성에 좋지 않을 수 있다. 이처럼 합리적인 두려움은 우리에게 선물을 준다. 그것은 우리가 가진 한계를 기억하게 해 주고, 아름다움과 힘, 그리고 모험을 감수하며 스릴을 즐기는 것 같은 행위 가운데 이성적인 판단을 내릴 수 있게 도와준다.

우리는 바다를 두려워하는 것처럼 그리스도를 두려워한다. 이는 경이적인 아름다움과 통제할 수 없는 힘에서 비롯되는 두려움이다. 그분의 헤아릴 수 없는 정의와 완전한 자비가 우리를 압도한다. 성경은 하나님을 경외하는 것이 지혜의 근본이라고 가르친다(잠 1:7; 9:10). 예수께서 아직 이 땅에 계셨을 때도, 때때로 두려움을 불러일으키셨다. 폭풍을 잠잠하게 하셨을 때, 그리스도는 폭풍을 두려워하는 제자들을 책망하셨다. 그러자 제자들은 폭풍보다 더 큰 능력 앞에 서 있다는 것을 인식하면서 두려움은 방향을 바꾸어 경외로 변화되었다. "이에 제자들에게 이르시되 어찌하여 이렇게 무서워하느냐 너희가 어찌 믿음이 없느냐 하시니 그들이 심히 두려워하여 서로 말하되 그가 누구이기에 바람과 바다도 순종하는가 하였더라"(막 4:40-41). 누가복음 7:11-17에서, 예수께서 한 과부의 죽은 아들을 살리셨을 때, 구경꾼들은 그리스도의 자비의 능력 앞에서 거룩한 두려움에 사로잡혔다.[25]

이 거룩한 두려움은, 이 땅 위에 있는 우리와 함께 계신 그리스도의 몸인 교회에도 확장된다. 최후의 심판도에서 다른 모든 사람들이 함께 등장한다는 사실은, 우리가 각 사람이 지닌 아름다움과 중요성을 인정해야 한다는 점을 상기시켜 준다. 특히 우리가 그들을 이해하지 못할 때일수록 더 그렇게 해야 한다. 역설적이게도, 인간은 종종 서로를 두려워하지만, 동시에 충분히 두려워하지는 않는다. 우리는 하나님의 형상대로 창조된 존재로서 우리의 영광 속에서 서로에게 의무가 있다는 것을 고려하지 않는다. 이와 관련하여 C. S. 루이스는 『영광의 무게』(The Weight of Glory)에서 다음과 같이 쓴다.

우리가 신이나 여신이 될 수도 있는 사람들과 함께 살아가고

---

25 이 구절을 아름답게 해석한 Villiers, "In Awe," pp. 37-39를 참고하라.

있다는 것은 보통 일이 아닙니다. 우리가 만나는 더 없이 우둔하고 지루한 사람이라도 언젠가 둘 중 하나가 될 것입니다. 미래의 그 모습을 우리가 볼 수 있다면 당장에라도 무릎 꿇고 경배하고 싶어질 존재가 되거나, 지금으로서는 악몽에서나 만날 만한 소름 끼치고 타락한 존재가 되거나, 이 사실을 꼭 기억하고 살아야 합니다. …… 우리는 이 두 가지 엄청난 가능성을 염두에 두고 모든 사람을 대해야 합니다. 서로에게 합당한 경외심과 신중함을 갖고 모든 우정, 사랑, 놀이, 정치 행위에 임해야 합니다. 평범한 사람이란 존재하지 않습니다. 우리가 대화를 나누는 이들은 그저 죽어서 사라질 존재가 아닙니다. 국가, 문화, 예술, 운명과 같은 것들은 언젠가 사라질 것이며, 그 수명은 우리 개개인의 생명에 비하면 모기의 수명과 다를 바 없습니다. 그러나 우리가 농담을 주고받고, 함께 일하며, 결혼하고, 거절하며, 착취하는 사람들은 불멸, 곧 영원한 존재들입니다.[26]

이 눈부신 영원성 앞에서, 그리고 우리가 하나님의 형상으로 지음 받았다는 사실 앞에서, 타인의 인간성을 해하는 것을 건전하게 두려워하는 것은 매우 깊고도 선한 감정이다. 악을 행하는 자, 교회의 남용을 은폐하는 자, 동료인 사람보다 물질적 재화를 중시하는 자, 악행을 정당화하는 자는 하나님과 하나님의 형상을 지닌 타인을 참으로 두려워하지 않는 것이다. 어떻게 트위터에서 이런 댓글, 사람을 사형에

---

26 C. S. Lewis, *The Weight of Glory* (New York: HarperCollins, 2001), pp. 45-46. 『영광의 무게』(서울: 홍성사, 2019).

처하게 한다거나 인종적 정의를 위한 탄원에 응하지 않겠다는 등의 글을 경솔하게 달 수 있는가? 우리가 누구이고, 무엇이 되어 가고 있는지에 대한 지식의 홍수 속에서 이런 모습을 어떻게 받아들이고 용납해야 하는가? 심판자 예수에 대한 두려움은, 그분의 정의의 눈부신 빛 가운데서, 우리의 정의 실천을 위한 선물이 된다. 그런 두려움은 완고한 마음을 부드럽게 한다.

교회 공동체의 중심에 최후의 심판도가 존재하는 것은 우리로 하여금 우리가 정의와 자비 가운데 이웃들에게 무엇을 빚졌는지, 또한 우리가 심판자 예수의 정의와 자비를 실천하는 데 얼마나 미약한지 묻도록 촉구한다. 유진 피터슨(Eugene Peterson)은 그의 책 『비유로 말하라, 언어의 영성』(Tell It Slant)에서, 선한 사마리아인의 이야기를 예로 든다. 한 율법 교사가 예수께 "선생님 내가 무엇을 하여야 영생을 얻으리이까"(눅 10:25) 하고 묻는다. 이에 예수께서는 그 율법 교사에게 하나님의 율법이 이 문제에 대해 무엇이라고 말하는지 물으신다. 그는 "네 마음을 다하며 목숨을 다하며 힘을 다하며 뜻을 다하여 주 너의 하나님을 사랑하고 또한 네 이웃을 네 자신같이 사랑하라 하였나이다"(눅 10:27)라고 올바르게 대답한다. 예수께서 그의 대답을 칭찬하신다. 그러자 그 율법 교사는 아마도 유진 피터슨이 언급한 대로, 어떤 특정한 의무를 교묘히 빠져나가기 위해 이렇게 묻는다. "내 이웃이 누구니이까"(눅 10:29). 예수께서는 그 대답으로 선한 사마리아인의 비유를 말씀하신 것이다. 피터슨은 이 답변에 대해 이렇게 쓰고 있다.

　　예수의 이야기는 이웃을 규정하지 않으셨다. 오히려 한 이웃을 만들어 내셨다. 예수의 이야기는 "내 이웃이 누구니이까"라는 질문에 대한 모든 변형을 완전히 멈추게 한다. 하인리히 그리벤(Heinrich Greeven)이 표현한 대로, "사람은 자신의 이웃을 규정할 수 없다. 사람은 오직 이웃이 될 수 있을 뿐이다."[27]

동네 한복판에 있는 최후의 심판도는 보는 이로 하여금 자극하며 이렇게 묻는다. "나는 이웃인가?" 최후의 심판 연극은 이런 질문을 상기시킨다. "나는 내가 만나는 모든 사람 안에서 불멸의 존재이자 하나님의 형상이며 예수 그리스도이신 그분을 보고 있는가?" 이웃 사랑과 하나님에 대한 두려움은 서로 연결되어 있다. 히포의 성 아우구스티누스는 하나님에 대한 정결한 두려움을 '바늘'이라고 부르는 반면, 자비와 양선은 우리의 삶을 그의 몸에 함께 꿰매는 '실'이라고 한다.[28] 그리스도께 그분의 심판을 구하는 것은 이웃이 되는 은혜를 구하는 것을 의미한다.

---

27 Eugene Peterson, *Tell It Slant: A Conversation on the Language of Jesus in His Stories and Prayers* (Grand Rapids: Eerdmans, 2008), p. 42, 『비유로 말하라, 언어의 영성』(서울: IVP, 2024), *Theological Dictionary of the New Testament*, ed. Gerhard Friedrich, trans. Geoffrey W. Bromilley, vol. 6 (Grand Rapids: Eerdmans, 1968), p. 317에서 인용.

28 Augustine of Hippo, *Homilies on the First Epistle of John*, trans. Boniface Ramsey, in *Works of St. Augustine*, vol. I/14 (Hyde Park, NY: New City Press, 2008), p. 136을 보라. 이 비유에 대해서는, John Sehorn, "Threading the Needle: Fear of the Lord and the Incarnation in St. Augustine," in Astell, *Saving Fear*, pp. 76-101을 참고하라.

자비 앞에서 두려워 떨다

겸손함으로 변한 이 두려움은 심판자 그리스도 앞에서 느끼는 두려움과는 다르다. 나는 여전히 예수에 대한 이 형상을 약간 빗겨 가려는 경향이 있지만, 나는 얼마 전 깨달음을 얻었다. 영화에서도 마찬가지다. 악당이든 영웅이든, 종종 결정적인 순간 궁지에서 벗어나기 위해 더 강력한 조치, 즉 폭력이나 잔혹한 행위를 택해야만 하는 상황을 겪는다. 그런 영화나 프로그램 구성이 형편없이 흘러간다면, 그 주인공은 "착한 사람 놀이는 이제 끝이야!"(No more Mr. Nice Guy!)라고 말할 것이다. 그때 문득 깨달았다. 나는 앞서 "더 이상 착한 척하지 않을 거야!" 하고 선언했듯이, 나도 모르게 심판자 예수를 신적 버전으로 바라보곤 했었다. 나는 예수께서 이런 생각을 하는 것을 상상한다. "십자가에서 인류의 관심을 끄는 것은 효과가 없다. 더 잔혹하게 행동할 때가 왔다."

하지만 중세 후기 심판자 예수에 대한 묘사에서 중요한 점은 그의 상처가 두드러진다는 것이다. 앞서 우리가 오해한 이미지는 그분의 현저한 상처에 반대한다. 대부분의 최후 심판도에서, 그리스도는 부분적으로만 옷을 입고 있다. 앞서 언급한 바와 같이, 솔즈베리에서 그분은 빨간 가운을 어깨와 무릎에 걸치고 있지만 그의 몸통은 여전히 노출된 채로 있다. 내가 가장 좋아하는 최후의 심판도 가운데 하나인 프라 안젤리코(Fra Angelico, 약 1425-1430년)의 작품에서는, 예수의 흰 가운이 온몸을 덮고 있다. 그렇지만 그의 옆구리 상처가 드러나도록 그 부분에 크게 갈라진 구멍이 나 있다(이 책의 삽지 네 번째 그림, 프라 안젤리코의

"최후의 심판도"를 보라). 페트루스 크리스투스(Petrus Christus, 약 1450년)가 그린 "구세주이자 심판자이신 그리스도"는 전통적인 최후의 심판도는 아니다. 그러나 그리스도의 양옆, 그 약간 뒤로 두 천사가 있는데, 한 천사는 백합꽃 가지를 들고 있고, 다른 천사는 검을 들고 있다. 각 천사는 심판자로서 그리스도가 가진 인격의 한 면을 나타낸다. 그분은 정의요, 자비이시다. 예수의 정의와 자비는 값싸지 않다. 예수는 이미 그분의 생명으로 이 둘에 대한 값을 치르셨다. 예수는 필연적으로 진정한 정의, 곧 인간의 능력을 넘어서는 정의에 대한 이 요구를 만족시키신다. 그분의 정의는 눈에는 눈과 같은 단순한 교환을 넘어, 그 너머에 있다. 평등조차도 무차별적으로 평등해진다. 참신이자 참인간이신 예수 그리스도는 의롭고 자비로우신 주로 중앙 전면에서 그림을 지배하고 있다. 그리고 그분은 한 손으로 옆구리 상처를 감싸고 있다. 다른 한 손은 역사의 완성 때 입게 될 상처와 연약함 그 위로 편 채로 들고 있다.

우리는 이런 제스처를 다음과 같이 읽고 싶은 유혹을 느낀다. "당신이 한 일을 보세요." 인류의 폭력, 특히 무관심과 냉담한 이기심이라는 나만의 자기 보호적 폭력에 대한 죄책감과 두려움을 유발하는 공포의 순간, 이렇게 읽으려는 유혹을 받는 것이다. 이런 반응은 필요하다. 가치가 없는 것도 아니다. 정의를 위해서는 다음과 같은 이해를 동반한 결산이 "반드시" 있어야 한다. 공동 기도서의 말씀에 따르면, "우리는 했어야 할 일들을 해결하지 못했습니다. 그리고 우리는 하지 말았어야 할 일들을 해 왔습니다. 그리고 우리에게는 건강이 없습니다."[29]

---

29 "Morning Prayer," *The Book of Common Prayer: The Texts of 1549, 1559, and 1662*, ed. Brian Cummings (Oxford: Oxford University Press, 2011), p. 241.

페트루스 크리스투스, "슬픔의 사람이신 그리스도",
또는 "구세주이자 심판자이신 그리스도"로 불림, 패널 유화, 1450년,
버밍엄 박물관, 버밍엄, 영국
촬영, 버밍엄 미술관 소장, CC0로 허가받음.

그리스도인으로서 우리는 정기적으로 이런 단어들을 말하고, 여기에 부합하게 행동하도록 부르심을 받았다.

동시에 그리스도가 그분의 상처를 내보이신 것은 우리에게 "나는 어제나 오늘이나 영원토록 동일하시다"는 사실을 말한다(히 13:8).

그분은 변하지 않으시기 때문에 "더 이상 착한 사람은 없습니다"라고 말할 수 있는 상황은 아니다. 전능하신 심판자 예수는 세상의 폭력에 맞서 자신을 방어하기를 거부하고, 기꺼이 십자가에 달리사 손가락에 못 박히신 예수와 동일한 분이다. 예수의 상처는 우리에게 그분의 자비를 전하며, 이것은 예수께서 그 상처를 나타내 보이시는 이유이기도 하다. 페트루스 크리스투스의 그림에서, 우리는 우리 자신이 지닌 상처와 우리가 타인에게 어떻게 상처를 주었는지에 대한 지식, 그 국면에도 불구하고 그분이 몸소 지니신 자신의 상처의 힘을 공유하시고자 하시는 하나님 앞에 선다. 우리는 강력한 긍휼 앞에 떨며, 변화될 수밖에 없다. 그분의 자비는 그분의 정의만큼이나 강력하고 두려움을 불러일으킨다. 그것들은 그분의 상처로 구현된, 완벽한 전체의 두 부분이다.

진정한 정의와 자비의 결혼은 불가능해 보인다. 그러나 그리스도의 무지개 보좌는 그분이 모든 약속을 성취하신다는 것을 우리에게 상기시킨다. 14세기 신비주의자, 노리치의 줄리안은 탁월한 자애로움과 능력의 조합을 믿기에는 어려운 우리의 난제를 다음과 같이 표명했다. 솔직히 우리는 이 조합이 가능하다고 본 적이 없기 때문이다. "우리 가운데 일부는 하나님이 전능하시고 모든 것을 하실 수 있으시며, 모든 지혜를 가지사 모든 것을 아신다고 믿는다. 그러나 그분이 온전히 사랑이시며, 모든 일을 하실 것이라는 점에서 우리는 고군분투한다."[30]

---

30 *The Writings of Julian of Norwich: A Vision Showed to a Devout Woman and A Revelation of Love*, ed. Nicholas Watson and Jacqueline Jenkins (University Park: Pennsylvania State University Press, 2006), 73.24-25.

이론적으로, 우리는 모든 것을 하실 수 있는 하나님의 힘과 능력을 인정한다. 하지만 우리가 하나님의 사랑을 그렇게 느끼기는 어렵다. 그분은 우리를 사랑하기 위해 할 수 있는 모든 것을 다할 것이라는 사실을 넘어서서 은혜와 사랑, 영원한 정의와 긍휼의 약속을 진정 지키실 것이다. 심판 날은 하나님의 성품, 곧 그분의 인격이 성취되는 날이다. 즉 줄리안의 말에 따르면, 하나님은 전적으로 사랑이시며, 모든 일을 하실 것이다. 그런 면에서 그리스도의 재림, 곧 '파루시아'는 아직 성취되지 않은 약속이다. 심판자 주 예수는 곧 오신다. "심판자 주 예수여, 지금 나를 이웃으로 만들어 주옵소서."

심판자 예수를 통해 영감을 받은 묵상과 실천

각 장은 성경 구절과 실천, 그리고 기도로 마친다. 이 묵상은 예수에 대한 몇 가지 중요한 주제들을 깊이 생각해 볼 수 있도록 우리를 초대한다. 이것들은 강제하는 것이 아니라 진심으로 초청하는 것이다. 당신이 원한다면 그것들을 실천해 보라.

- 다음은 시편 51편(라틴어 *Vulgata*[불가타 성경]에서는 50편)의 일부다. 이 부분을 묵상해 보라. 원한다면, 시편 전체를 읽으라. 무엇이 마음에 와닿는가? 어떤 부분이 어렵게 느껴지는가? 또 어떤 부분이 격려가 되는가?

"하나님이여 주의 인자를 따라

내게 은혜를 베푸시며

주의 많은 긍휼을 따라

내 죄악을 지워 주소서

나의 죄악을 말갛게 씻으시며

나의 죄를 깨끗이 제하소서……

주의 얼굴을 내 죄에서 돌이키시고

내 모든 죄악을 지워 주소서

하나님이여 내 속에 정한 마음을 창조하시고

내 안에 정직한 영을 새롭게 하소서

나를 주 앞에서 쫓아내지 마시며

주의 성령을 내게서 거두지 마소서

주의 구원의 즐거움을 내게 회복시켜 주시고

자원하는 심령을 주사 나를 붙드소서"(시 51:1-2, 9-12).

- 그레고리오 알레그리(Gregorio Allegri)가 이 시편을 배경 삼아 만든 좀처럼 잊히지 않는 르네상스 합창곡, "미제레레 메이, 데우스"(Miserere mei, Deus, 주여 나를 불쌍히 여기소서)를 들어보라. 이 곡은 대부분의 스트리밍 서비스에서 이용할 수 있다. 나는 탈리스 스콜라스(The Tallis Scholars) 합창단이 만든 버전을 좋아한다. 이 곡을 들으면서 당신의 마음에 이 시편의 말씀을 간직하라.

조용히 듣는 동안 어떤 이미지, 생각, 또는 느낌이 떠오르는가?

- 어떻게 하면 매일 만나는 사람들과 이웃이 될 수 있는가? 이웃이 되는 습관을 기를 수 있는 간단한 실천 하나를 생각해 보라. 실제로 당신의 이웃들의 이름을 외우라. 그리고 그들을 섬길 수 있는 방법을 찾아보라(삽으로 눈 치우기, 쓰레기통을 도로변까지 굴려다 놓기, 쿠키 가져다주기). 일주일에 한 번 외로운 친척에게 어떻게 지내는지 전화하기. 매달 고군분투하며 힘들어 하고 있는 다른 친구를 저녁 식사에 초대하기. 출퇴근길 매일 만나는 노숙자의 이름을 외우고, 또 그에게 가장 적합한 서비스를 제공할 방법을 찾아보기.

- 요크의 최후 심판의 날, 예수께서는 우리에게 고통과 불의 앞에서 우리의 몸으로 "능숙하게" 자비를 행하도록 요청하신다. 가능하다면, 기부하거나 멀리서 기도하는 것뿐만 아니라 지역 사회에 편만한 불의에 맞서 싸우는 단체와 함께 자원봉사를 하라(물론 그들이 이런 노력을 높이 평가할 것이다). 예를 들어, 빈곤한 이들에게 음식이나 주거를 제공하거나, 도움이 필요한 여성과 아기들을 돌보거나, 이주민과 난민을 돕거나, 인종차별에 맞서 유색인종을 지지하는 활동 등이 있다.

기도

시편 43편을 통해 당신 자신과 억압당한 피해자들을 위해 심판자 예수께 기도하라.

"하나님이여 나를 판단하시되
경건하지 아니한 나라에 대하여
내 송사를 변호하시며
간사하고 불의한 자에게서
나를 건지소서
주는 나의 힘이 되신 하나님이시거늘
어찌하여 나를 버리셨나이까
내가 어찌하여 원수의 억압으로 말미암아
슬프게 다니나이까

주의 빛과 주의 진리를 보내시어
나를 인도하시고
주의 거룩한 산과
주께서 계시는 곳에 이르게 하소서
그런즉 내가 하나님의 제단에 나아가
나의 큰 기쁨의 하나님께 이르리이다
하나님이여 나의 하나님이여
내가 수금으로 주를 찬양하리이다

내 영혼아 네가 어찌하여 낙심하며
어찌하여 내 속에서 불안해하는가
너는 하나님께 소망을 두라
그가 나타나 도우심으로 말미암아
내 하나님을 여전히 찬송하리로다."

3장

연인

다음 글을 쓴 사람은 누구인가? 방탕한 공작이 사랑스러운 시녀를 유혹하는 할리퀸 소설의 작가인가? 아니면 가난과 순결을 맹세한 13세기 독일의 수녀가 성육신하신 하나님에 대해 쓴 글인가?

> 그리고 그가 그녀를 어루만지기 시작하자 그녀는 힘이 빠진다. 그녀는 그가 사랑의 열병에 걸릴 정도로 모든 것을 받아들이기 시작한다. 그러자 그는 그녀 자신보다 그녀의 한계를 더 잘 알기에 강렬함을 제한하기 시작한다.[1]

맞다, 이 글은 수녀가 쓴 것이다. 이 관능적인 구절은 마그데부르크의 메흐틸드(Mechthild of Magdeburg, 약 1207-1282/1294년)가 쓴 많은 구절 가운데 하나에 불과하다. 나는 커피숍에 앉아 내 앞에 펼쳐진 메흐틸드의 *The Flowing Light of the Godhead*(신성의 흐르는 빛)에 나온 이 구절을 기록하고 있었다. 나는 긴장하며 커피숍에 있는 다른 손님

---

[1] Mechthild of Magdeburg, *The Flowing Light of the Godhead*, translated and introduced by Frank Tobin (New York: Paulist, 1998), p. 227.

들을 둘러보았다. 그들이 내 컴퓨터 화면을 보면서 내가 여자의 침실 장면을 선정적으로 쓰려 한다고 추측하지 않기를 소망하면서 말이다.

사랑하는 예수와 만날 시간이 가까이 왔다.

'연인'(Lover)이라는 단어를 읽는 순간, 당신은 마그데부르크의 메흐틸드보다 NBC 클래식 시트콤 〈30록〉(30 Rock, 2006-2013년까지 총 7개의 시즌이 방영된 미국의 풍자 시트콤 - 편집자 주)에 나오는 리즈 레몬(Liz Lemon)이 떠오를 수도 있다. 그녀는 "오, 그 단어(Lover)는 '고기'(Meat)와 '피자'(Pizza) 사이에 있는 것과 같이, 중간에 있지 않으면 나를 불쾌하게 만든다"고 말한다.[2] 예수를 연인으로 표현하는 것은 값싸거나 소름 끼치게 느껴질 수 있으며, 끔찍하게는 이 둘 모두일 수도 있다. 이 이미지는 한 섹스 장면에 배경 음악으로 흘러나오는 "내 숨을 멎게 해요"(Take My Breath Away) 같은 저속한 전자 음악을 떠오르게 할 수도 있다. 더 나쁘게는, 1990년대와 2000년대 초, 십대 소녀들에게 순결 문화에 대해 어리석게 가르친 그들의 공모가 떠오르게 한다. 그들의 가르침은 이러했다. 즉 결혼해서 마침내 함께 잠들 수 있는 인간 남편을 만나게 될 때까지 예수가 그들의 남자 친구라는 것이다. 이처럼 성별에 따른 억압된 기대와 포화 상태에 다다른 오늘날의 성 문화에 기반해 우리의 몸, 곧 신체를 비인격화하여 보는 현상이 두드러지게 나타나게 되었다. 이에 근거한 섹슈얼리티와 기독교에 대한 더 심각한 이야기들이 많이 있다. 사실 너무 많아 여기에 나열할 수 없을 정도다.

---

[2] *30 Rock*, episode 2.8, "Secrets and Lies," directed by Michael Engler, written by Ron Weiner, featuring Tina Fey, Alec Baldwin, Jane Krakowski, and Tracy Jordan, 2007년 12월 6일 NBC에서 방영.

아마도 그리스도를 연인으로 보는 이 흐름에 가장 고통스러운 장애가 되는 점은, 많은 사람들이 연애나 성적인 관계에서 전인적으로 이용당하거나 학대받고, 가치 없는 존재로 온전히 존중받지 못한다는 사실이다. 우리가 그리스도를 교회의 집단적이며 추상적인 연인이 아니라, 나 개인의 인격적인 연인으로 생각할 때, 그 개념은 종종 우리가 과거 인간관계에서 겪은 상처, 곧 상심한 마음, 육체적·성적학대, 심리적 조종·잔혹 행위 같은 무겁고 충격적인 외상 경험을 떠오르게 해 괴로움을 준다는 것이다.

중세 사람들이 이 이미지를 사용한 데는 의미 있는 통찰이 담겨 있다. 그들은 하나님을 사랑의 상호 복종 속에서 우리에게 그분의 몸을 부드럽게 바치는 신인으로 묘사한다. 그리스도가 십자가에서 그의 죽음을 기꺼이 받아들이신 것은 인간의 남용된 권력 그리고 그 관계를 궁극적으로 거부하신 것이다.[3] 체화된 친밀감의 언어를 통해 그리스도를 만나는 것은 인간의 성적 관계에서 요구되는 빈번한 강요나 비인격화에서 벗어나 우리가 배타적인 성적 존재로서가 아니라 전인적 인간으로서 어떻게 욕망하고 원하게 되었는지 돌아보는 데 도움이 된다. 그리스도는 취약성 속에서 모두 벌거벗겨진 각 개인을 선택하신다. 그분의 사랑 가운데 거함으로, 우리는 기쁨을 맛보고, 우리의 몸과 마음을 내어 드린다. 이로써 우리는 우리의 연인이신 그리스도께 점점 더 가까이 나아감으로 그분을 닮아 가게 된다.

---

3 물론, 그리스도를 연인으로 보는 모든 중세 이미지가 단순히 폭력적인 권력 역학을 재현하는 것은 아니다. 그러나 나는 그런 내용을 담은 구절들을 선택했다.

섹시한 몸과 거룩한 언어

거의 모든 중세 사상가들이 믿어 온 아이러니한 생각에서부터 시작해 보자. 그들은 처녀성이 결혼 안팎에서 이루어지는 '어떤' 성적 표현보다 우월하다고 믿었다. 중세 사람들에게 결혼 생활 안에서 주어지는 성관계는 허용되었고, 심지어 즐거운 행위로까지 용인되었다. 그러나 모범적인 행위로 간주되지는 않았다. 그것은 인간의 생식과 많은 사람들이 성적 욕망의 약점이라 본 것을 가능한 적은 죄악으로 인식하여 이를 해소하기 위한 것에 불과했다.[4] 그런 점에서 교회와 각 개인이 예수와 맺는 관계를 성과 몸의 언어로 표현한 것이 매우 널리 퍼진 점은 다소 이상하다! 독신주의자, 기혼자, 여성과 남성, 경계를 넘나드는 신비주의 작가들, 십자군 전쟁과 같이 정통 신앙에 헌신한 수도원장들, 6세기 교황들, 14세기 양조업자의 아내들까지 그들은 모두 예수를 자신의 연인으로 묘사하는 이미지에서 강렬한 무언가를 발견했다.[5]

이 모든 성적인 언어는 성경에서 나왔다. 놀랍게도 성경 아가서

4　이런 신념은 널리 퍼져 있었다. 이와 관련된 견해로, Thomas Aquinas, *Summa Theologiae*, trans. Laurence Shapcote, ed. John Mortensen and Enrique Alarcon (Lander, WY: Aquinas Institute for the Study of Sacred Doctrine, 2012), II.II.152.5.resp를 참고하라.

5　예수와의 결혼은 중세 묵상 및 신앙 문헌에서 반복해서 나타난 주제다. 대표적인 예로 성 보나벤투라(Saint Bonaventure), 스웨덴의 성녀 브리짓타(Saint Bridget of Sweden), 시에나의 성녀 카타리나(Saint Catherine of Siena), 헨리 수소(Henry Suso), 얀 반 뤼스브룩(Jan van Ruusbroec), 도미니코회 설교가 요하네스 타울러(Johannes Tauler), 하데비치(Hadewijch), 프란치스코회 설교가 아우구스부르크의 데이비드(David of Augsburg), 마그데부르크의 메흐틸드(Mechthild of Magdeburg), 그리고 무명의 작가들이 쓴 수많은 단편집들이 있다. 예수를 신랑으로 묘사한 역사의 개요는 Jaroslav Pelikan, *The Illustrated Jesus through the Centuries* (New Haven: Yale University Press, 1997), 10장을 참고하라.

는 중세 교회에서 가장 인기 있는 책 가운데 하나였다. 중세 그리스도인들, 특히 수도사들은 그리스도의 사랑을 이해하는 한 가지 방법으로 그 책을 알레고리로 읽었다.[6] 주후 590년에서 604년까지 영향력 있는 신학자요, 교황이었던 그레고리 대제는 아가서 및 영혼을 일깨우는 그 책의 능력에 대해 썼다. 그는 이 중세 베스트셀러에 대한 수도사 작가들의 태도를 다음과 같이 일목요연하게 요약했다.

> 알레고리는 하나님으로부터 멀리 떨어져 있는 영혼에게, 그 영혼을 하나님께로 들어 올리는 일종의 기구(메커니즘)를 공급한다. …… 우리의 이해 방식에 이질적이지 않은 방법을 통해, 우리는 이해할 수 없는 것을 알 수 있다.
>
> 이와 같이 '아가서'라고 불리는 이 책에서, 우리는 육체적 사랑을 의미하는 단어를 많이 발견하게 된다. 이 친밀한 단어들은 영혼과 그 영혼이 느끼지 못하는 무감각을 따스함으로 어루만져 준다. 이 단어들을 통해 낮은 사랑은 더 높은 사랑을 갈망하게 된다. 그렇게 일깨움을 느낀다. 이 책에는 입맞춤과 가슴, 뺨, 팔다리와 같은 단어들이 묘사되고 있다. 그리고 이 거룩한 언어는 이런 단어들로 인해 조롱을 받아서는 안 된다. 오히려 우리는 하나님의 자비를 반추하게 된다. 하나님이 신체 부위의 이름을 따면서까지 우리를 사랑의 자리로 부르시는 이유는 그가 우리 안에서 얼마나 놀랍고 자비롭게 일하시는지

---

6 자세한 내용은 Ann Astell, *The Song of Songs in the Middle Ages* (Ithaca, NY: Cornell University Press, 1990)를 참고하라.

일깨우기 위함이다. 하나님은 우리의 부끄러운 사랑의 언어를 사용하면서까지 우리의 마음을 거룩한 사랑으로 불붙게 하려 하신다.[7]

그레고리가 마지못해 하는 지적은 하나님께서 우리의 몸과 마음 속에서 자비롭고 사랑스럽게 말씀하시며, 인간의 사랑의 행위를 사용해 우리로 하여금 거룩함을 이해하고 실천할 수 있도록 이끄신다는 것이다. 그는 열정적 사랑, 심지어 신체 일부에 대한 알레고리적인 언어가 우리를 하나님의 사랑에 대한 더 깊은 경험적 이해로 이끈다고 주장한다. 죄와 육체에 치중한 삶, 거기서 비롯된 불안과 세속적 문란으로 지치고 무감각해진 영혼은 따스함으로 어루만져질 수 있다. 연인, 예수는 우리의 몸과 이해 안에 자리한 깊은 갈망함 속에 불을 붙이시고자 한다. 친밀함, 그것이 갖는 취약성에도 불구하고 우리를 구애하시기 원한다. 그분 자신이 소유한 열렬한 사랑, 그 안으로 들어가 우리가 돌아오는, 바로 그 사랑을 얻기 원하신다.

흥미롭게도, 이 언어의 가치에 대해 쓴 사람은 남성이요, 그것도 독신 교황이었다. 오늘날 우리는 여전히 요한계시록과 선지자의 영감에서 온 신부 언어를 교회 전체에 적용한다. 우리는 젊은 처녀들이나 수녀와 같이 서원한 여성 수도자들을 위해 예수를 배우자 혹은 연인으

7　Gregory the Great, "Exposition of the Song of Songs," excerpted in Denys Turner, *Eros and Allegory: Medieval Exegesis of the Song of Songs* (Kalamazoo, MI: Cistercian, 1995), pp. 217-218.

로 묘사하기도 한다.[8] 예수를 연인으로 보는 이 개념은 젠더와 성적 경험을 바탕으로 이루어진다. 신부의 자리에 여성이, 신랑이신 그리스도의 자리에 남성이 서 있는 것과 같은 이치다. 반면 중세 시대 사람들은 배타적이지 않았다. 연인, 곧 예수를 오직 교회나 여성에게만 해당되는 은유로 이해하지 않은 것이다. 예수는 모든 성별을 불문하고, 각 영혼의 연인이시며, 육체 및 결혼과 관련된 주제와 언어를 통해 전달되는 진리다.[9]

중세 작가들은 궁극적으로 그리스도의 갈망을 영혼의 관점에서 고려하고 있었다. 하지만 그들은 육체적 언어가 지나치게 영적인 언어보다 갈망의 힘과 강도, 개성을 더 잘 전달한다는 점을 깨달았다. 영어에서 '사랑'(Love)은 때로 도움이 되지 않을 만큼 광범위하게 쓰인다. '사랑'은 정말 좋은 양말 한 켤레 혹은 소울 메이트와 같이 마음이 통하는 친구에 대한 우리의 감정을 묘사할 때 사용될 수 있다. 그러나 영혼에 불을 붙이고, 불완전한 우리에게 자신을 완전히 알리시며, 완전한 열망이 충족된 그 기쁨으로 마음을 뛰게 하기 위해, 연인, 곧 사랑하는 이인 예수는 감각적인 사랑의 언어로 우리에게 말씀하신다. 그것은 우리의 열망을 키우고, 자신의 갈망을 드러내기 위함이다. 육체적이고 성애적 사랑에 대한 성경적 알레고리는 그 안에 비친 우리의 모습을

---

[8] 그리스도의 신부를 순결한 소녀나 거룩한 여성에 한정하여 이해하는 전통은 "16세기 종교 논쟁"에서 비롯된 것으로, 중세 혹은 심지어 초기 교부 문헌에서는 나타나지 않는다고 라비아 그레고리(Rabia Gregory)는 그의 상세한 연구, *Marrying Jesus in Medieval and Early Modern Northern Europe: Popular Culture and Religious Reform* (New York: Routledge, 2016)에서 밝히고 있다.

[9] Gregory, *Marrying Jesus*, 2장을 참조하라. 헨리 수소와 얀 반 뤼스브룩은 중세에 예수의 '남성 신부'로 자주 언급되는 대표적인 예로, 이들의 저작은 널리 읽히며 유통되었다.

희미하게 볼 수 있는 거울이 되어, 성육신하신 하나님의 무한히 크고, 빛나는 사랑을 엿볼 수 있게 한다.

오래 참는 연인

그리스도를 연인으로 보는 견해는 신비주의적 신학 논문부터 설교, 시에 이르기까지 다양한 형태로 나타났다. 고난당하는 기사와 같이, 연인으로 등장하는 모습은 중세의 오랜 주제였다. 아서 왕과 기사도 같은 영웅 이야기에도 종종 등장한다. 충성스러운 기사가 자신이 사랑하는 궁정의 여인이 배신하거나 무관심하거나, 심지어 잔인할 때 깊은 고통을 겪는 이야기다.

내가 가장 좋아하는 중세 서정시는 아가서와 이런 기사도의 이상에서 영감을 받아 예수의 사랑을 묘사한다. 15세기 무명의 제목 없는 이 시에서 화자는 "불안한 마음의 골짜기"로 시작하며 "진정한 사랑"을 찾기 위해 자신의 내면의 광야를 헤맨다.[10] 그때 목소리를 듣고 가까이 가자, 그 목소리는 "큰 슬픔" 속에서 이렇게 말한다. "보라, 사랑하는 영혼아, 내 옆구리에서 피가 흐르고 있구나. 내가 사랑하므로 병이 생겼음이라"[Quia amore langueo, '퀴아 아모레 랑궤오'].[11] 인자

---

10 본래 램베스 필사본(Lambeth MS 853)에서 유래한 것으로, F. J. Furnivall, *Political, Religious, and Love Poems*, EETS, O.S. 15 (London, 1866), pp. 180-188에 수록되어 있다. 필자는 본문 전체에서 이 시를 '퀴아 아모레 랑궤오'라고 부르며 이를 약간 수정해서 번역했다.

11 *Quia amore langueo*, ll. 1-3.

한 얼굴을 한 멋진 남자가 머리부터 발끝까지 상처로 뒤덮인 채 나무 아래 앉아 있다. 그는 자신을 결코 거짓이 없고, 영혼을 항상 사랑하는 "진정한 사랑"이라고 소개한다. 그는 영혼을 향한 자신의 사랑의 표시로 그의 고뇌를 그녀가 이해할 수 있는 방식으로 묘사한다(라틴어와 헬라어 같은 고대 언어의 관습을 따라 영혼은 보통 "그녀"로 불린다. 하지만 그것은 누구의 영혼이든 지칭할 수 있다). 이 무명의 시인은 십자가 처형의 이미지와 로맨스, 곧 사랑의 언어를 밀접하게 결합시킨다.

> 나는 그녀가 준비될 때까지 기다릴 것이다.
> 그녀가 거절한다 해도 나는 그녀에게 보낼 것이다.
> 그녀가 무모하면 [부주의함으로] 나는 준비할 것이다.
> 그녀가 위험하면 [업신여김을 당함으로]
> 나는 그녀를 위해 기도할 것이다.
> 그녀가 울면 나는 그러지 말라고 할 것이다.
> 내 팔을 벌려 그녀를 껴안을 것이다.
> 한 번만 외쳐다오. "내가 왔단다."
> 영혼아, 이제 힘을 다해 할 수 있는 데까지 해 보렴!
> '퀴아 아모레 랑궤오.'[12]

잔인한 죽음과 인내심 가득한 연인의 부드러운 언어와 같이 서로 이질적인 것들이 사랑하는 이를 위해 자발적으로 고난받는 연인의 모

---

12 *Quia amore langueo*, ll. 65-72.

습 안에서 하나가 된다. 십자가 위에서 그리스도가 펼치신 팔, 그 메아리 속에서 연인이신 예수는 영혼을 자신의 품으로 초대하지만, 그녀는 그를 거부한다. 그는 그녀가 올 준비가 될 때까지 기다릴 것이다. 강요나 두려움을 통해 돌아오는 사랑은 완전한 사랑이 아니다. 진정한 연인은 얼마든지, 필요한 만큼 인내와 경외감 속에 기다릴 것이다.

우리에게 조금은 낯설게 느껴질 수도 있는 또 다른 연에서는, 그리스도의 상처 입은 옆구리가 신부의 방이 되어, 그곳에서 쉼과 평화, 그리고 사랑이 충족된다.

> 내 옆구리에 나는 그녀의 둥지를 만들었네.
> 여기 상처가 얼마나 넓은지 들여다보라.
> 이곳은 그녀의 방이요, 그녀가 쉴 곳이라네.
> 그녀와 내가 함께 잠들기 위함이라네.
> 더러움이 있다면, 이곳에서 씻을 수 있네.
> 여기에 그녀의 모든 비애와 고통에 대한 위안이 있네.
> 원한다면 오라, 그녀는 환대를 받게 될 것이니,
> '퀴아 아모레 랑궤오.'[13]

그리스도의 상처, 특히 그분의 옆구리 상처는 중세 신앙의 중심에 있었다. '성심'(The Sacred Heart)으로 대변되는 현대 로마 가톨릭 신앙과 유사하다. 그리스도의 상처 입은 옆구리는 그의 내면 안으로 들

---

13 *Quia amore langueo*, ll. 57-64.

어가는 통로로서 존경받고 영광스럽게 여겨졌다. 기도서에 삽화로 자주 등장하는 이 옆구리 상처는, 지치고 고통당한 자들에게 그분의 위로를 나타내 보여 주었다. 또한 영혼을 환대하고, 씻어 주며, 보호하는 그 사랑 안으로 들어가는 길이 되었다. 예수는 사랑의 집을 제공하신다. 20세기 사랑받는 작가 헨리 나우웬(Henry Nouwen)은 요한복음 15:4에 대해 이렇게 썼다. "예수께서 '내 안에 거하라 나도 너희 안에 거하리라'고 말씀하실 때, 그분은 우리가 진정으로 '집'이라고 부를 수 있는 친밀한 장소를 내주시는 것이다."[14] 지친 몸은 집으로 돌아와 따뜻한 물로 샤워를 하고, 깊은 슬픔 속에서도 위로가 되는 친구를 만난다. 끔찍한 하루 끝에 그 '집'에서 잠을 청한다.

일부 중세 신학자, 시인, 예술가들은 현대 독자들이 놀랄 만한 방식으로 옆구리 상처의 이미지를 탐구한다. 이 같은 노력은 그리스도의 사랑의 풍성한 결실과 아름다움을 드러내기 위해서다. 현재 프린스턴 대학교에 소장된 한 필사본을 보면, 꽃들이 그리스도의 피 흘리는 가슴에서 피어나고 있다. 이 이미지에는 "생명의 우물"(Well of lyfe)이라고 쓰여 있다. 옆구리의 상처, 이 주제와 이미지는 예수를 사랑하는 자를 그분의 몸 안으로 초대하는 분으로 묘사함으로써 그리스도를 신랑으로, 영혼을 신부로 보는 전통적 견해를 뒤집는다. 그리스도가 입은 옆구리 상처는 종종 외음부(Vulva) 형태로 그려졌다. 아가서에 나타난 사모하는 연인에게서 영감을 받은 많은 중세 작가들과 예술가들은 그리

---

14 Henry Nouwen, *Lifesigns: Intimacy, Fecundity, and Ecstasy in Christian Perspective* (New York: Image, 2003), p. 14. 『두려움을 떠나 사랑의 집으로』(서울: 포이에마, 2013).

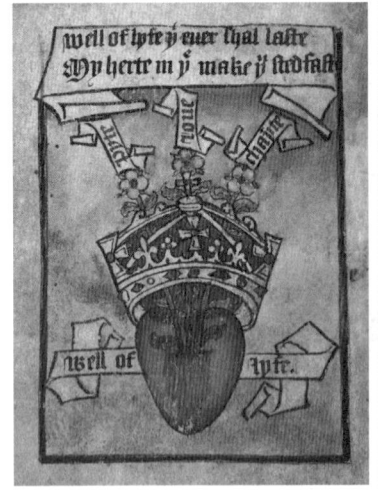 

"'생명의 우물', 그리스도의 상처 입은 마음
채색 사본, 약 1500년, MS Taylor 17, fol. 10v,
프린스턴,
프린스턴 대학교 도서관

"그리스도의 옆구리 상처", 장 르 누아르
작품으로 추정, 〈룩셈부르크의 본을 위한 기도서〉,
노르망디 공작부인 소장본, 채색 사본,
1349년 이전, fol. 331r면,
클로이스터즈 컬렉션, 뉴욕,
메트로폴리탄 미술관

스도가 전통적으로 사랑을 관통하는 여성적 역할을 취하셨다는 점에서 신학적 중요성을 인식했다. 이 평행은 우연이 아니다. 심지어 프로이트식 실수도 아니다. 일부 삽화에서는 그리스도가 자신의 옆구리 상처에서 태어나기도 한다. 그분은 교회의 어머니이시며, 그분의 상처는 우리가 다시 태어나는, 즉 거듭나는 '자궁'이다. 우리의 연인으로서, 그분은 매우 풍성하시다. 그분은 부드러운 갈망 속에서 아름답게 활짝 꽃 피도록 우리를 그렇게 형성하신다.

이런 이미지 전통이 당신을 놀라게 하는가? 현대 독자들은 종종 성과 젠더를 둘러싼 문화적 불편함을 역사적 인물들과 사상에 투사한다. 이런 고대 문서나 이미지에서 우리를 불편하게 하거나 혼란스럽게 만드는 지점에 주의를 기울이는 것은 매우 중요하다. 그런 지점들은 오늘날 하나님이 어떤 분이신지 또한 기독교는 어떤 모습이 되어야 하는지에 대한 우리의 가정에 도움과 도전이 되기 때문이다. 중세 사람들은 오늘날의 규범을 따르지 않는다. 이런 삽화들은 자극을 목적으로 한 것이 아니었다. 제작자들은 그리스도의 옆구리 상처를 여성의 신체 구조를 통해 묘사함으로써 그분이 연인으로서 갖는 성품의 한 측면을 강조하기 원했다. 예수는 하나님이시기에 전통적인 남성성이나 여성성의 문화적 이상을 초월하신다. 예수는 모든 연인의 장점을 상징하신다. 모든 인간은 그분의 형상대로 지음받았기 때문이다. 그분은 자신을 복종하시며, 분노하지 않고, 인내하며 기다리신다. 그분은 그분 안으로 들어오라고 우리를 초대하신다. 그분은 상처받기 쉬운 연인이시다. 그분의 사랑은 어떤 인간 배우자보다 더 넓고, 관대하며, 풍요롭다.

이 시에서 내가 가장 좋아하는 연은, 아가서를 각색한 구절로, 그분의 열정적 사랑 안에서 주어지는 풍부하고 안락한 유익을 이렇게 성찰한다.[15]

> 내 사랑스러운 배우자여, 우리 함께 놀자.
> 내 동산에는 사과가 익었구려.

---

15 아 2:4-5; 4:16; 8:5.

내가 당신에게 새 옷을 입히겠소.
당신의 음식은 젖과 꿀, 포도주가 될 것이오.
자, 사랑하는 영혼아, 우리 함께 식사를 하러 가자.
당신의 양식이 내 부대에 있소, 보시오!
이제 지체하지 마시오, 나의 순결한 배우자여,
'퀴아 아모레 랑궤오.'[16]

이 예수는 장난기가 많으시며, 온화하고, 너그러우시다. 더 나아가 그분은 우리를 위해 집을 짓고 계신다. 프레더릭 데일 브루너(Frederick Dale Bruner)는 그의 주석에서 "내 안에 거하라"(요 15:4)는 말씀을 언급하며, 예수를 "우리의 가정을 꾸리는 사람"(Our Homemaker)으로 부른다. 브루너는 "이 특별한 사랑 안에 너희의 집을 지으라. 그리고 편안하게 쉼을 누리라"고 번역한다.[17]

우리는 다시 에덴동산으로 돌아왔다. 그렇지만 그곳은 치유되고 변화된 에덴이다. 우리는 그리스도께서 자신의 몸으로 창조하신 집으로 초대를 받았다. 그곳에는 포도주와 잔치, 그리고 긴 여정을 마친 우리를 위한 새롭고 아름다운 옷이 기다리고 있다. 그리스도는 아담과 하와의 금지된 쾌락을 기쁨의 혼인 잔치로 바꾸셨다. 사과가 익어 준비되어 있다. 우리는 과일을 먹으라는 초대를 받았다. 거기서 우리는 거의 참을 수 없는 달콤함과 우리가 얼마나 바라고 원하던 존귀한 존

---

16 *Quia amore langueo*, ll. 81-88.
17 Frederick Dale Bruner, *The Gospel of John: A Commentary* (Grand Rapids: Eerdmans, 2012), p. 888.

재였는지에 대한 새로운 지식을 맛본다. 식탁의 친밀감이 우리를 환대한다. 우리의 연인은 우리를 유익하고, 온화하며, 천천히 자라가는 사랑으로 초대한다. 그 사랑은 결국 그분이 사랑하는 자를 환대하고, 치유하며, 풍요롭게 한다.

벌거벗은 영혼, 연인과 마주하다

중세 시인들이 사용한 '퀴아 아모레 랑궤오' 같은 시적 언어는 하나의 방식일 뿐이다. 하지만 메흐틸드(Mechthild), 마저리 켐프(Margery Kempe), 헨리 수소(Henry Suso) 같은 인물들을 만나 보면, 일부 중세 사람들이 신이신 하나님과의 실제 결혼을 다양한 방식으로 경험했다고 진지하게 기록했음을 알 수 있다. 남성과 여성, 사제와 평신도들은 모두 그리스도를 환상과 육체적 경험 속에서 만나는 가운데 느낀 육체적·영적 황홀경에 대해 글을 남겼다. 그들은 결혼식과 성적 결합에서 영감을 받은 언어를 사용하여 신적 합일(Divine Union)을 표현했다. 더욱 놀라운 것은, 이런 경험이 일상을 벗어나 내세를 지향하는 자들, 특히 성스러운 신비주의자들에게만 국한된 것이 아니었다. 오히려 당시 그 경험은 예수를 사랑하는 사람은 누구나 경험할 수 있는 신비로 여겨졌다. 메흐틸드의 저서를 비롯하여 독일 도미니코회 수도사 헨리 수소, 얀 반 뤼스브룩(Jan van Ruusbroec) 같은 이들의 작품은 다른 영혼들도 그리스도와의 결혼, 곧 영적 연합에 동일하게 인도된다는 사실을 다루었다. 이런 언어는 우리에게 충격을 줄 수 있다.

이는 그리스도와의 결혼이 단지 교회 전체라는 집단적 상징에 그치지 않고, 몹시 개인적 관계(신이 직접 대면함으로)라는 점을 상기시켜 주기 때문이다.

학자 라비아 그레고리(Rabia Gregory)가 쓴 바에 따르면, 중세 시대 예수와의 결혼은 특정한 패턴을 따르는 경향이 있었다.[18] 중세 작가들은 보통 이 정해진 패턴을 따랐는데, 이는 그리스도와 사랑에 빠진 영혼에 대한 묘사가 다른 영혼들이 구원으로 나아갈 수 있는 영적 혹은 신앙적 길로 여겨졌기 때문이다. 메흐틸드와 수소 같은 작가들은 그리스도가 각 사람에게 품고 계신 갈망을 깨닫는 것이, 사랑 안에서의 변화로 이끈다고 믿었다. 먼저 예수는 영혼을 가까이 불러 결혼을 청하신다. 때때로 편지나 선물을 주고받고, 춤을 추며 잔치를 벌이는 등 전통적인 구혼 의식이 따른다. 몇 가지 행사는 변함이 없다. 예수는 보통 영혼에게 영광스러운 금관을 씌우신다. 그 영혼은 신랑 앞에서 옷을 벗고 이전보다 더 큰 아름다움에 휩싸이게 된다. 한편 벌거벗은 채로 영적 연합을 경험하게 된다.

인간적 결합은 기겁할 정도로 놀라운데, 하물며 신성과의 결합은 더욱 그렇다. 결혼을 앞두고, 나는 어머니와 함께 공예품 가게에 들러 리본을 골랐던 기억이 난다. 우리는 피로연 테이블 중앙에 놓을 유리병을 꾸밀 리본을 찾고 있었다(2010년 감성 그대로). 형광등 아래에서 다양한 색과 폭의 그로그랭(Grosgrain) 리본을 보면서, 나는 갑자기 두려움에 사로잡혔다. 지금의 남편을 사랑했고 그와 결혼할 준비가 되어

---

18 결혼 주제의 다양한 변주에 대한 자세한 논의는 Gregory, *Marrying Jesus*, 3장을 참조하라.

있었지만, 내향적인 나는 이렇게 생각했다. "이제 다시는 혼자가 될 수 없구나." 나는 결혼을 통해 내 인격의 본질적 부분을 잃게 되지 않을까 염려스러웠다. 결혼은 상품도 아니고, 사고파는 좋은 제품도 아니다. 만약 그렇다면 나는 근본적으로 독립된 존재를 그대로 유지하며 결혼을 나만의 이익이나 어리석음을 위해 이용하는 셈이 된다. 결혼 서약 후 "한 몸"이 되는 실제적 결합은 급진적이고, 변혁적이며, 내가 허락한다면 반드시 나를 변화시킬 것이다. 이 새로운 친밀함과 공유된 삶 속에서 나는 쉽게 지워지게 될 것인가?

나는 2010년에서 1414년으로 건너가, 곧 한 결혼식에서 다른 결혼식으로의 여정 속에서 마저리 켐프와 이런 감정을 나눈다. 더러워진 흰옷을 입고 결혼했지만 지금은 독신 생활을 하는, 14명의 자녀를 둔 어머니인 마저리는 만나는 모든 성직자에게 흥미로운 도전을 제시했다. 많은 사람들을 곤혹스럽게 했던 것은, 그녀가 교회에서 끊임없이 큰 소리로 울었기 때문이다(그녀는 이를 '포효'라고 불렀다). 회고록 형식으로 쓴 작품 도처에서, 그녀는 자신을 "이 피조물"이라고 부르고 있다. 이는 그녀의 거침없는 면모를 잘 보여 준다. 로마 순례 길에서, 그녀가 사도 교회에서 본 환상적인 순간을 다음과 같이 묘사했다.

> 또한 성부 하나님이 이 피조물[마저리]에게 이렇게 말씀하셨다. "딸아, 내가 너를 내 신성(Godhead)과 결혼하게 할 것이다. 내가 너에게 내 비밀과 조언을 보여 줄 것이니, 너는 나와 함께 끝없이 살 것이다." 그러자 그 피조물은 영혼 속에서 침묵을 지키며 아무 대답도 하지 않았다. 그녀는 하나님의 신성과 사랑의

교제를 나누는 방법은 알지 못했지만, 그분의 신성을 완전히 경외하고 있었기 때문이다. 더욱이 그녀의 모든 사랑과 애정은 그리스도의 인성(人性)에 맞추어져 있었다. 그러기에 그녀는 이 모든 것을 잘 이해할 수 있었고, 어떤 이유로도 그분과 헤어지지 않을 것이기 때문이다.[19]

마저리는 예수를 구체적이고, 육체적으로, 또한 열정적으로 사랑했다. 그녀는 영원한 도성의 거리에서 만난 남성의 몸에서 예수의 형상을 보았다. 그리고 잘생긴 남성이나 심지어 귀여운 아기를 볼 때 종종 걷잡을 수 없이 눈물을 흘렸다. 그들이 예수의 형상을 함께 지니고 있다고 여겼기 때문이다. 그러나 마저리조차 충격을 받았다. 진정한 의미에서 하나님과의 결합은 시간을 거슬러 올라가 이 땅에 계신 인간 예수, 분명히 남성의 몸을 가진 분과 결혼하는 것이 아니라, 삼위일체의 두 번째 위격이신, 곧 신성과 영원히 하나이신 그리스도와 영원한 결혼을 하는 것이었기 때문이다.

마저리는 자신이 "하나님의 신성과 사랑의 교제를 나누는 방법을 알지 못한 것"을 염려했다. 그녀의 모든 애정이 그리스도의 인성에 쏠려 있었기 때문이다. 중세 영어에서 "사랑의 교제"(Dalliance)는 이중적 의미를 갖는다. 하나는 교양 있고 친밀하며 영적인 대화를 뜻하며, 다른 하나는 성적 또는 감각적 교류를 뜻하기도 한다.[20] 인간의 결혼이

---

19 *The Book of Margery Kempe*, ed. Lynn Staley (Kalamazoo, MI: Medieval Institute Publications, 1996), p. 35. 본문은 필자가 약간 현대어로 다듬음.
20 *Middle English Dictionary*, s.v. "dalliance (*n.*)," online edition in Middle English

중요한 문제라면, 하나님이 갖는 신성과의 결혼은 충격적일 만큼 더 중대한 사건이다. 어떤 취약함과 변화, 고통, 그리고 즐거움 속에 살아가는 한 인간으로서 신적인 결합을 온전히 직면하고 있는가? 신성, 곧 영원하고, 완전히 선하며, 진실하고 아름다운 존재이신 하나님과 "사랑의 교제"를 나눈다는 것은 무엇을 의미하는가? 마저리가 보인 침묵은 단순한 표현 그 이상의 의미를 지닌다. 우리가 하나님과 결혼한다는 것이 무엇을 의미하는지 생각해 볼 때, 그녀는 독자들에게 큰 호의를 베풀고 있다. 그 호의는 말하자면, 그것이 심한 충격을 줄지라도 우리가 쉽게 빠질 수 있는 안일함이나 진부함에서 벗어나게 해 주는 것이다.

이제 우리는 마침내 그리스도의 또 다른 신부, 마그데부르크의 메흐틸드로 돌아오게 되었다. 그녀는 반봉건적인 공동체에 살았던 평신도 수도자 집단의 일원인 베긴회 수녀로, 결국 시토 수도회의 수녀원에 가입하게 된다. 그녀는 중세 독일어로 작품을 남긴 최초의 신비주의 작가 가운데 한 사람으로, 예수를 각 영혼을 위한 연인으로 묘사하며 광범위하게 글을 썼다. 그녀의 저작 *The Flowing Light of the Godhead*(신성의 흐르는 빛)는 예수의 연인으로서 그녀 자신의 황홀경을 묘사하고 있지만, 동시에 독자들에게 하나님의 신성과 이루는 결혼을 권유한다. "사랑하는 친구여, 나는 당신을 위해 이 사랑의 길을 씁니다. 하나님께서 이 길을 당신의 마음에 불어넣어 주시기를 바랍니다! 아

Compendium, ed. Frances McSparran et al. (Ann Arbor: University of Michigan Library, 2000-2018), 2022년 5월 접속, https://quod.lib.umich.edu/m/middle-english-dictionary/dictionary/MED10503/track?counter=1&search_id=22699860.

멘."²¹ 메흐틸드는 "영혼의 숙녀"(Lady Soul)가 신랑 그리스도와 대화를 나누는 모습을 다음과 같이 묘사한다(마저리가 나눈 "사랑의 교제")!

> "그대로 있으시오, 영혼의 숙녀여."
> "주여, 무엇을 원하십니까?"
> "옷을 벗으시오."
> "주여, 그러면 저는 어떻게 될까요?"
> "영혼의 숙녀여, 당신은 나의 본성에 완전히 맞게 형성되어
> 당신과 나 사이에는 아무리 사소한 것도 끼어들 수 없소.
> 천사도 그렇게 영광스럽지 못했소.
> 그에게 한 시간이 주어졌다면,
> 당신에게는 영원히 주어진다오.
> 그러므로 당신은 두려움과 수치, 모든 외적인 미덕까지도
> 모두 벗어 버려야만 하오."²²

메흐틸드는 진정한 친밀함의 순간에 영혼이 느끼는 두려움을 먼저 묘사한다. 그리스도의 사랑은 마치 당신이 하나님의 소중한 왕자 혹은 공주가 된 것같이, 지나치게 감상적이거나 달콤하지 않다. 오히려 그것은 결혼 관계라는 맥락 안에서 이해할 수 있듯이 사랑과 동의에 기반한 성적 친밀감에 더 가깝다. 아무리 사랑하고 신뢰하는 친밀감 속에서도 영혼은 자신의 한계와 죄, 실수를 완전히 드러내게 될까

---

21 Mechthild, *Flowing Light*, p. 62.
22 Mechthild, *Flowing Light*, p. 62.

봐 우려한다. 벌거벗은 상태는 위험하다. 그러나 당신 자신을 숨길 필요는 없다. 이렇게 의복을 벗는 가운데, 영혼은 수치심을 떨쳐 버리고, 욕망의 취약함을 받아들이게 된다.

메흐틸드는 그리스도께서 자신을 영혼에게 내주시고, 영혼도 그리스도께 자신을 내줄 때 무슨 일이 일어나는지에 대해 더 많은 부분을 할애한다. 의복을 벗는 것은 메흐틸드가 모든 죄책감과 염려, 수치심과 슬픔에서 벗어나는 것을 은유로 표현한 것이다. 영혼은 예수께 자신을 드린다. 그녀는 그리스도께서 성 삼위일체의 은사와 능력을 그녀의 영혼과 몸에 주실 때, 그 사랑의 달콤함을 맛보기 시작한다. 이 순간, 그녀는 참된 지혜를 얻게 되고, 그분의 안아주심의 능력 안에서 오히려 약해진다. 예수 자신도 사랑에 번민하신다. 그녀는 자신의 충실함의 깊이를 그분께 보여 주고 싶어 갈망한다. 그녀는 "자신의 육체에 담긴 그분의 사랑을 기쁨으로 맛본다." 이로써 하나님에 대한 완전한 지식을 받아들이기 시작한다. 그리고 그분은 거룩한 감동으로 영혼 안에서 그분이 베푸신 모든 은사를 굳건하게 하시기 시작한다.[23]

관대한 연인들은 취약성 속에서도 그들 자신을 서로 주고받는다. 메흐틸드의 언어가 그리스도와 영혼, 그들의 반응과 은사 사이를 어떻게 오고가는지 주목하라. 이렇게 주고받는 가운데, 그녀는 하나님의 신성을 알기 시작한다. 여기서 채워진 충만함 속에서 영혼을 인식하게 된다. 이 연합에는 상호 갈망과 복종, 힘과 방어적 개성에 근거한 상호 포기, 깊은 관심, 꾸밈없는 진실, 그리고 마지막으로 황홀경이 있다.

---

23 Mechthild, *Flowing Light*, p. 227.

'퀴아 아모레 랑궤오'와 마찬가지로, 상호성은 통제와 쾌락에 대한 고도로 성별화된 기대를 불식시킨다. 메흐틸드의 중세 결혼과 혼인의 이미지에서 오늘날 우리가 때때로 "전통적인" 가치라고 부르는 것을 볼 수 있을 것이다. 즉 여성이나 여성성을 대표하는 존재가 그리스도께 복종하고, 그리스도는 그 보답으로 그 존재를 사랑하는 모습에 그려진다. 기독교적 결혼의 많은 모델들은 여성은 흠모하며 순종하는 존재로, 남성은 관대하게 사랑하는 존재로 가르친다. 또한 각각의 이런 역할들이 신적 성품의 완성이라고 여긴다. 이런 그들의 주장은 과거와의 연속성에 그 근거를 둔 것이다. 그러나 메흐틸드는 그렇지 않았다. 이 영적인 완성은 일방적으로 쾌락을 통제하는 행위가 아니며, 단순히 신부가 신랑에게 복종하는 것도 아니다. 그리스도는 참으로 관대하게 사랑하시지만, 또한 연약하고 "사랑에 번민하신다." 그분은 복종하고, 겸손하며, 빌립보서 2장 말씀처럼 자신을 비우신다. 성육신과 십자가 처형에서처럼, 그리스도는 진실로, 기꺼이 사랑하기 위해 권력과 통제를 거부하신다. 바로 권력과 통제를 거부하고, 대신 취약성과 친밀함을 받아들이는 과정에서 신성한 인간성, 영혼과의 연합이라는 황홀한 기쁨이 찾아온다.

메흐틸드가 경이로움 속에서 글을 쓴 것처럼, 천사들조차도 창조주와 이런 기쁨의 연합을 누리지 못한다. 이 신적 기쁨은 거의 부끄러울 정도로 쾌락적이다. 왜냐하면 사랑하는 것을 배우는 영혼 자신 외에는 그것을 위한 기회가 없기 때문이다.[24] 나는 그런 헌신을 할 만한

---

24 나는 로완 윌리엄스(Rowan Williams)가 몸과 성적 욕망의 은총에 대해 쓴 아름다운 에세이를 떠올린다. "The Body's Grace," in *Theology and Sexuality: Classic and*

가치가 있는 일을 한 적은 없다. 그렇지만 그 기쁨은 여전히 내 안에 남아 있다. 근본적으로 창조하며, 흠모하고, 형성하며, 베푸는 가운데 계속되고 있다. 이 황홀경 속에 인간적 결혼이든 신적 결혼이든, 나는 내가 할 수 있는 방어를 기꺼이 포기할 수 있다. 나의 몸과 영혼은 거룩한 연합의 현장이다.

연인의 길은 십자가의 길이다

중세 시대의 주장, 곧 "당신도 실제로 그리스도의 신부가 될 수 있고, 이 신부의 언어가 단지 공동 교회를 위한 은유만 되는 것은 아니다"는 이 주장에도 불구하고, 당신은 메흐틸드나 마저리처럼 신비한 경험은 한 번도 해 본 적이 없으며, 앞으로도 그럴 가능성이 거의 없을 것이라고 생각할지 모른다. 그러나 나는 그렇지 않다는 것을 안다. 우리는 우리의 영혼이 연인(Lover)과 이루는 황홀한 연합을 오로지 우리가 죽은 후에만 일어나는 것으로 이해해야 하는가? 아니면 재림 때 일어나는 것으로 이해해야 하는가?

신랑 역시 요한계시록과 복음서에서 "그리스도의 귀환"이라는 주제를 다루는 데 있어 종말의 신비한 이미지로 등장하는 것은 우연이 아니다. 요한계시록 22:17을 보면, 사랑을 갈망하는 신부가 그녀의 신

Contemporary Readings, ed. Eugene F. Rogers (London: Wiley-Blackwell, 2002)에 수록되어 있다. 사랑을 나누는 행위 속에서, 우리의 몸은 "기쁨의 계기"가 되며, 깊은 취약점과 위험을 감수하는 장소가 된다.

랑에게 다가가 "오라!"고 부른다. 나는 우리의 연인을 향한 환대가 심판자를 향한 건강한 두려움과 어떻게 균형을 이루는지 알고 충격을 받았다. 분명히 우리는 그리스도가 다시 돌아오실 때까지 그분과의 연합을 충만히 누리지 못할 것이다. 그러나 중세 작가들은 이 이미지, 곧 심지어 낯설고, 체현된 황홀과 기쁨 속에 있는 이미지조차, 우리가 지금 이 순간 변화되어 연인을 더욱 닮아 간다는 점에서 변형적인 것으로 받아들였다.

공예품 가게 리본 코너에서 내가 순간적으로 두려움을 느낀 것은 불필요한 일이었지만, 내 본능은 옳았다. 나는 거룩한 연합이 내게 어떤 영향을 미칠지 몰랐다. 분명 나는 변할 것이다. 연인들은 서로를 닮아 간다. 사소한 것에서부터 진지한 것까지. 남편은 결혼했을 때 버섯을 좋아하지 않았지만, 이제는 피자에 올라간 버섯을 즐긴다. 나는 그의 용기 덕분에 더 용감해졌고, 그는 나와 결혼함으로써 더 사려 깊어졌다. 예수와의 결혼 안에서, 그분은 인간 본성을 입으심으로써 우리와 이미 같아지셨고, 우리는 사랑의 십자가를 짊어짐으로써 그를 더욱 닮아 간다. 우리가 연인과 누리는 기쁨은 삼위일체와의 신비한 결합을 엿보는 방식으로만 표현되어야 하는 것은 아니다. 바로 지금 여기에서, 우리는 그리스도께서 우리를 향해 쏟으시는 열렬한 애정의 그 깊이를 인식함으로써 겸손해지고, 동시에 힘을 얻는다. 그 안에는 황홀한 기쁨이 있다.

헨리 나우웬은 교회를 위한 황홀경과 기쁨의 중요성에 대해 이렇게 말했다. "황홀한 순간은 정확히 우리가 자기 몰두에서 벗어나 자기 자신 밖으로 이끌려 새로운 현실로 들어가는 바로 그 순간이다."[25] 나는 종종 메흐틸드의 영혼처럼, 견딜 수 없을 만큼 자신에게 집착하며, 내 욕망이 적나라하게 드러나는 것을 두려워한다. 그러나 황홀한 기쁨 속에서 이웃과 하나님, 그리고 나 자신을 사랑하는 그 모든 사랑은 명백히 실제가 된다. 이는 우리가 무엇이 되어야 하는지에 대한 억압적이고 방어적이며 두려운 기대를 짊어지는 대신, 그저 우리 자신을 내줄 수 있기 때문이다.

서정시인 '퀴아 아모레 랑궤오'가 우리에게 상기시킨 대로, 우리의 연인 그리스도께서 가신 길은 십자가의 길이다. 우리는 마태복음 16:24에서 이렇게 읽는다. "이에 예수께서 제자들에게 이르시되 누구든지 나를 따라오려거든 자기를 부인하고 자기 십자가를 지고 나를 따를 것이니라." 한편 요한복음 15장에서 예수의 사랑 안에 거하여 그의 기쁨을 충만하게 하라는 아름다운 초대는 수난일의 고독한 공포 앞에 나온다. 예수를 연인으로 찾았던 신앙 서적들은 이 개념을 두드러지게 설명한다. 중세 독일의 한 기도서에는 영혼이 십자가에 매달려 있는 반면, 그리스도는 고난당하는 그녀를 위로하며 지탱해 주고 계신다. 맞은편 그림은 그리스도를 신적인 연합을 준비하기 위해 영혼의 옷을 다정히 벗기시는 모습으로 묘사하고 있다.

---

25 Nouwen, *Lifesigns*, p. 75.

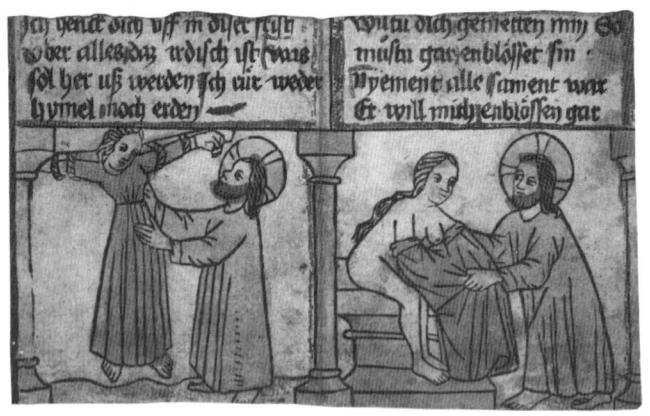

그리스도가 그녀의 십자가에서 영혼을 받치고 계신다.
그리스도가 다정히 영혼의 옷을 벗기신다.
"그리스도와 사랑에 빠진 영혼",
목판화, 약 1460년경, DG1930/198/6-7, 비엔나,
알베르티나 미술관

    한 독일 기도서에 나오는 특이한 목판화에서, 그리스도는 독일어로 한 남자에게 십자가에 함께 가자고 부르시며 말한다. "아들아, 네 마음을 내게 다오, 나는 내가 아끼는 자의 벌을 용서하지 않을 것이니라." 예수께 더 가까이 끌려오는 것을 기꺼이 환영하면서, 그 남자는 고동치는 심장을 신뢰 속에 내밀며 이렇게 대답한다. "오, 주여, 이것이 내가 원하고 바라는 것이오니, 이 때문에 당신은 나를 이리로 당기셔야 합니다."[26] 이런 생각은 쉽게 잘못 적용될 수 있다. "나는 당신이 요구하시는 대로 고통을 통해 내 사랑을 증명하겠습니다. 당신은 나를

---

26 국립 미술관 웹사이트, https://www.nga.gov/collection/art-object-page.4070.html에서 제공한 번역에서 인용함.

"신실한 자들을 그분의 마음으로 이끄시는 예수",
손으로 그린 목판화, 약 1480/1490년, 1943.3.853,
로젠월드 컬렉션,
워싱턴 D.C., 미국 국립 미술관

위해 많은 고난을 겪으셨습니다. 나는 내 죄에 대한 형벌로 당신을 위해 고통을 받아야 합니다." 중세 사람들은 때때로 그것을 이렇게 이해했다. 그러나 메흐틸드 같은 현명한 자들이나 사랑의 황홀경 속에서 갈망의 고통을 쓴 아빌라의 테레사(Teresa of Avila) 같은 후대 성인들을 따라가 보면, 십자가와 부부의 동침의 중첩이 지시적인 것이 아니라 묘사적인 것이라는 것을 이해하게 된다.

그리스도의 충실한 연인이 되어 가는 동안, 우리는 우리의 마음을 그분께 내주며 인간적 취약함이라는 우리의 십자가를 진다. 온 마음을 다한 사랑과 욕망은 우리 마음에 기본적인 평정과 균형을 이루는 데 해롭다. 우리 삶의 목표가 고통을 피하는 것이라면, 누군가를 사랑하는 일은 재앙을 자초하는 것과 다름없다. 욕망은 위험하며 강력하다. 사랑은 죽음만큼이나 강하다. 많은 물도 이 사랑을 끄지 못한다(아 8:6-7). 그래서 우리는 사랑하는 법을 배운다. 다시 말해, 조부모와 첫 연인, 소중한 친구, 자녀, 배우자, 심지어 반려동물이나 장소에 이르기까지, 전 존재를 내주며 사랑하는 법을 배운다. 기다림은 알려지고 선택되는 더없는 행복이자 거부당할 수도 있다는 불안과 반드시 다가올 죽음 사이에서 서서히 진행되는 고통이라는 것을 우리는 알기 때문이다. 십자가와 부부의 동침의 중첩은 변혁을 가져오는 연합이 지닌 절정과 깊은 낙담을 잘 보여 준다. 로맨틱 코미디에서는 공항을 통과해 달려가는 진부한 장면일 것이다. 그러나 일상의 삶에서는 결혼식에서 춤을 추고, 병상에서 돌보며, 죽음에 이르기까지 충실한 그런 모습이 중요한 요소다.

예수를 연인으로 사랑할 때, 우리는 인자(The Son of Man)이신 그분처럼, 더욱 인간적이 된다. 예수께서 말씀하신 대로, 우리가 그분의 사랑 안에 거할 때, 우리는 타인의 고통과 기쁨에 더 깊이 감동하게 된다. 우리는 몸을 지닌 영혼으로서 안고 있는 취약함과 영광에 더욱 마음을 열게 된다(요 15:9-17). 연인의 길은 곧 십자가의 길이다. 그리고 십자가 너머에는 부활과 참된 연합의 신비가 있다.

사랑하는 나의 연인이여, 지체하지 마시오. 동산에는 사과가 익었고, 상은 이미 차려졌소.

연인이신 예수를 통해 영감을 받은 묵상과 실천

- 요한복음에 나오는 예수님의 말씀을 묵상하라.

  "아버지께서 나를 사랑하신 것같이 나도 너희를 사랑하였으니 나의 사랑 안에 거하라 내가 아버지의 계명을 지켜 그의 사랑 안에 거하는 것같이 너희도 내 계명을 지키면 내 사랑 안에 거하리라 내가 이것을 너희에게 이름은 내 기쁨이 너희 안에 있어 너희 기쁨을 충만하게 하려 함이라 내 계명은 곧 내가 너희를 사랑한 것같이 너희도 서로 사랑하라 하는 이것이니라 사람이 친구를 위하여 자기 목숨을 버리면 이보다 더 큰 사랑이 없나니"(요 15:9-13).

- 솔로몬의 아가서 전체를 읽어 보라(이 책은 짧아서 금방 읽을 수 있다). 이 책을 중세 사람들이 그랬듯이, 당신을 위해 그리스도가 보이신 사랑의 비유로 읽으라. 그리고 거기에서 무엇이 떠오르는지 확인해 보라.

- 당신의 감각을 주의 깊게 살펴보라. 아가서와 중세 작가들은 자연, 특히 음식에서 비롯된 이미지(꽃을 피우는 생명력과 아름다운 풍요로움)를 많이 사용한다. 포도주 그릇, 밀, 나무, 산, 석류, 사프란(Saffron), 계피 등은 그리스도의 넘치는 사랑을 묘사한다. 산책을 하며 주변의 꽃들과 나뭇잎, 나무껍질에 주의를 기울여

보라. 밖에 나가기 너무 춥거나 덥다면, 다음에 장을 보러 갔을 때는 과일 코너에서 잠시 머물러 보라. 과일 냄새를 맡고, 색깔과 모양을 주의 깊게 살펴보라. 아가서의 화자는 이렇게 말한다. "사과나무 아래에서 내가 너를 깨웠노라"(아 8:5).

- 어떤 종류든, 사랑의 노래를 들어보라(나는 루이 암스트롱[Louis Armstrong]의 "장미빛 인생" ⟨La Vie En Rose⟩을 좋아한다. 황홀한 트럼펫 솔로가 특히 좋다). 누군가에게 사랑받고 갈망의 대상이 된다는 것이 어떤 느낌인가? 다소 유치하다고 말할지 모르지만, 자의식을 내려놓고 예수께 사랑받는 존재가 되는 기쁨을 누려 보라.

기도

오, 고귀하신 신성의 위대한 이슬이여,
오, 다정한 처녀의 부드러운 꽃이여,
오, 어여쁜 꽃의 유익한 열매여,
오, 하늘 아버지의 거룩한 희생이여,
오, 온 세상을 위한 구속의 충실한 맹세여!
주여, 당신은 나를 상쾌하게 해 주시는 분입니다.
그리고 나는 당신 안에서 피어나는 꽃입니다.
주여, 당신은 당신이 보이신 순종 안에서 내 앞에 작아지고, 낮아지십니다.

그러나 나는 내 사악과 부정의 곤궁 속에서
당신 앞에 커지려 합니다.
나는 매일 내가 가진 모든 것을 당신께 드립니다.
그저 천한 것뿐입니다.
그러나 주여, 당신은 내게 당신의 은혜를 부어 주실 것입니다.
그리하여 나는 당신의 사랑 안에서 넘치게 살아갈 수 있습니다.

– 마그데부르크의 메흐틸드[27]

---

27 Mechthild, *Flowing Light*, p. 195.

4장

기사

내가 예수를 중세 이미지인 '기사'로 언급하면, 보통 사람들은 호기심에 눈썹을 치켜 올린다. 일부 사람들에게, 기사도 정신은 기사들이 선을 추구하고, 악과 싸우며, 억압받는 자들을 보호하고, 여성들을 영예롭게 대했던 과거를 떠올리게 한다. 예수를 '기사'로 본다는 것은 마치 성 게오르기우스(Saint George, 초기 기독교 순교자이자 '14'성인 가운데 한 사람 – 편집자 주)가 용을 죽이고, 곤경에 처한 여인을 구해 내는 이야기처럼 들린다. 그러나 나를 포함해 다른 사람들에게, 갑옷 입은 예수는 다소 불편함을 불러일으킨다. 중세 연구가로서, 나는 불경스러운 십자군을 떠올린다. 우리는 그리스도를 어떤 기사로 고려할 수 있는가?

내가 가장 좋아하는 중세 영어 시 가운데 하나인 『가윈 경과 녹색 기사』(*Sir Gawain and the Green Knight*)는 기사도 정신을 하나의 개념으로 심도 있게 탐구한다. 14세기 이 무명의 시에서, 가윈은 아서 왕의 원탁회의에 속한 용감하고 인정 많은 젊은 기사로, 어느 날 왕궁이 위치한 카멜롯 거리에 나타나서 아서 왕의 명예를 더럽힌 신비한 녹색 기사를 쫓는다. 아서 궁정을 지배하는 기사도 정신과 가윈의 세계관에 매우 깊이 뿌리내린 신념인 명예는 가윈으로 하여금 이 모욕을 그냥 지나칠 수 없게 한다. 대신 그는 괴물 같은 녹색 남자와 내기를 벌이는데, 그들은 서로 목을 베기로 거래한다. 그리고 마침내 가윈이 먼저 녹색 남자의 목을 베게 된다. 유감스럽게도, 녹색 기사는 목이 베인 후에도 죽지 않는다. 높이 든 손에 자신의 목을 들고 의기양양하게 웃으며 말을 질주해 달아난다. 그리고는 궁정에 알린다. 1년 후, 가윈이 자신을 찾으러 와서 떨리도록 날카로운 도끼날 끝에 자신의 차례를 맞이하게 될 것이라는 것이다.

기사도 정신은 가윈에게 모든 것이다. 하지만 그 기사도는 철저히 14세기 형태를 띠고 있다. 시인은 가윈이 여정을 떠날 때 입는 값비싼 갑옷에 대해 무려 백 줄에 걸쳐 묘사한다! 완벽한 기사는 항상 귀족 출신이어야 하며, 깔끔하고 아름다운 갑옷을 입고 있어야 한다. 가윈의 방패는 특히 그가 기사도 가치에 헌신하고 있음을 잘 나타낸다. 방패 한쪽에는 동정녀 마리아가 있고, 다른 한쪽에는 상징물인 '펜타클'(Pentangle), 곧 다섯 꼭짓점의 별이 그려져 있다. 시인은 이것을 "끝없는 매듭"이라고 부른다.[1] 이 별의 다섯 꼭짓점은 가윈의 인격과 가치를 각각 다섯 개의 요소로 나타낸다. 첫째, 그의 신체 능력은 비길 데가 없다. 가윈은 "자신의 오감은 결함이 없다. 다섯 손가락도 결코 잘못이 없다"고 말했다.[2] 그의 믿음은 그리스도가 십자가에서 당하신 다섯 개

---

1 *Sir Gawain and the Green Knight* in *The Poems of the Pearl Manuscript*, ed. Malcolm Andrew and Ronald Waldron, 5th ed. (Exeter, UK: University of Exeter Press, 2007), l. 630. 『가윈 경과 녹색 기사』(서울: 문학과지성사, 2023).
2 이 인용은 『가윈 경과 녹색 기사』 번역본 가운데 내가 가장 좋아하는 판에서 가져온 것이다. *Sir Gawain and the Green Knight*, trans. Simon Armitage (London: Faber & Faber, 2018), ll. 640-642. J. R. R. 톨킨의 번역도 아주 매력적이다.

의 상처에 고정되어 있다. 그는 마리아가 아들 안에서 찾은 다섯 가지 기쁨에서 힘을 찾는다. 그리고 마지막 다섯 번째는 그가 가장 소중히 여기는 가치다. 그것은 '프라운키세'(fraunchyse)로 귀족 및 사회적 지위와 관련된 관대함과 특정 자유를 의미한다. 여기에는 동료애와 육체적 순결, 그리고 사회 하층민과 여성 또는 고통 겪는 자들에 대한 연민, 식탁에서 침실에 이르기까지 필요한 모든 정교한 규범을 포함한 예의범절이 있다.[3] 이것들이 기사도 정신에 가장 부합한 가치다. 이런 가치는 관대함, 예절, 사회적 관행, 힘없는 자들이 위험에 처했을 때 행동할 수 있는 능력, 그리고 특정한 성적 행동 등을 강조한다. "끝없는 매듭"은 가원의 종교적 헌신과 신체적 능력이 직조를 짜듯 서로 엮여져 만들어진 것이다. 이로써 기사다운 가치는 손색이 없다고 평가된다. 시인은 이 가치가 너무 빈틈이 없는 나머지 불길한 언급까지 한다. 즉 만일 한 부분이 빠지면, 전체가 무너질 것이라는 불길함 말이다.

    실제로 그렇다. 결점이 없는 가원이 기사도를 따라한 유사 종교의 이 믿기 어려운 관례를 필연적으로 어기면, 그 결과는 개인적으로 대단히 파괴적이다. 당신은 정교한 줄거리 안에 담긴 내용을 직접 읽어야 한다. 추측하건대, 그는 아름다운 여인이 제공한 마법의 녹색 띠를 가져갈 것이다. 그리고는 그 녹색 띠를 받지 않은 것처럼 거짓말을 해서 그 띠를 지킨다. 그 결과 도끼로부터 자신의 목숨을 구한다. 녹색 기사는 거짓말하는 그를 의기양양하게 적발한다. 가원은 녹색 기사가 놓은 덫에서 살아남았지만, 완벽한 그리스도인 기사로서 그의 정체성

---

3 *Gawain*, ll. 651-655.

을 잃게 된다. 녹색 기사의 눈앞에서 가윈의 다섯 꼭짓점 별, 즉 그의 이상화된 기사도적 견해는 무너진다. 가윈의 가장 추한 순간은 약점의 순간이 아닌 그 후에 찾아온다. 가윈은 자기혐오의 광란 속에서 여성을 하와 이후 모든 문제의 근원으로 여기며 비난과 열띤 말을 쏟아 낸다. 그는 의도하지 않게 다섯 꼭짓점 안에 있는 가치의 얄음을 무심코 드러냈다. 여성에 대한 정중한 대우는 시대가 좋을 때만 지속되었다. 그리고 이것이 우리가 좋아하고 존경하는 가윈이다. 시인은 가장 기사도적이고 자신의 신앙에 진심으로 헌신한 인물로 가윈을 주목하고 있다. 바로 그는 우리가 좋아하고 존경하는 인물이다. 한편에서는 폭력적인 십자군 원정을 떠나고, 다른 한편에서는 약탈과 사소한 분쟁을 통해 부를 축적하는, 이 기사들은 실제로 모두 어떤가?

아무리 이상적인 경우라도, 기사도는 사회 질서, 성별 관계, 부유하고 권력 있는 남성들의 행동을 지배하는 가치 체계였다. 우리의 현명한 중세 시인은 가윈이 몰랐던 것을 알고 있었다. 즉 기사도 정신과 신분은 기독교 윤리 및 정체성과 "무차별적으로" 엮일 수 없다는 것이다. 그것은 때로는 선을 위해, 때로는 악을 위해 사용되는 또 다른 가치 체계일 뿐이다. 예수가 이번 장에서 기사가 되시려면, 그분은 단순히 모든 기독교 세계에서 최고의 덕망 높은 기사가 되려 했던 가윈처럼 같은 길을 가실 수 없다. 우리가 그리스도 자신을 기사로서 탐구하려면, 그분을 부와 사회적 계급으로부터 분리해야 한다. 또한 여성과 가난한 자들에 대한 그들의 우월감을 얄게 위장한 것과 폭력, 지배, 자기 보존을 위한 종교적 이미지로부터 분리해야 한다.

그리스도는 완전히 다른 기사가 되셔야만 한다.

맨발의 기사

시인 '가윈'이 그의 걸작을 짓고 있던 비슷한 시기, 또 다른 중세 영국 시인인 윌리엄 랭글런드(William Langland)는 복잡한 알레고리 방식으로 『농부 피어스의 꿈』(*Piers Plowman*)을 쓰고 있었다. *Oxford English Dictionary*(옥스퍼드 영어 사전)는 '알레고리'(Allegory)를 이면에 숨겨진 의미를 전달하기 위해 상징을 사용하는 이야기 방식으로 정의한다. 여기에는 일반적으로 도덕적 또는 정치적 의미가 담겨 있는 것은 물론이고 확장된 은유의 형태를 띤다.[4] 알레고리는 중세가 그리고자 한 상상력의 중심에 있었다. 그레고리 대제는 마지막 장에서 알레고리에 대한 이해를 더 확장한다.

> 알레고리는 하나님에게서 멀어진 영혼이 하나님께 다시 나아갈 수 있도록 돕는 일종의 메커니즘을 제공한다. 인간은 어두운 말 속에서 자기 자신에 대한 어떤 것을 이해할 수 있을 때, 누군가가 한 이 어두운 말을 빌려 수단으로 삼는다. 그 수단을 통해 자기 것이 아닌, 즉 자신의 이해의 범위를 넘어서는 신비한 진리까지도 어느 정도 이해하게 된다. 그리고 세속적인 언어를 통해 세속을 초월한 차원으로 더욱 성장한다. 그러므로 우리는 우리의 이해 방식에 낯설지 않은 수단을 통해 지금껏 이해할 수 없던 것을 알게 된다. 우리가 아는 바, 그 과정에서

---

4   *Oxford English Dictionary*, s.v. "allegory (*n*.)," 2021년 8월 2일 접속, https://www.oed.com/view/Entry/5230.

비유가 형성된다. 이로써 신적 의미가 적절히 표현되고, 외부 연설을 더 이해하게 됨으로써 우리는 내면의 이해에 다다르게 된다.[5]

다시 말해, 그레고리는 알레고리가 영적으로 강력하다는 것을 믿었다. 그것은 인간의 영혼을 신적인 것에 대한 이해로 끌어올린다. 이는 성육신 또는 하나님의 성품 같은 어려운 진리를 포함한다. 내세의 개념은 일상적인 언어의 형태로 표현된다. 이것은 인간이 되셔서 우리 가운데 거하신 삼위일체의 제2위이신, 예수 자신이 사용하신 방식이다.

알레고리 작품인 『농부 피어스의 꿈』에서, 오늘날 우리가 주인공이라고 부르는, 윌리(Wille)는 일련의 꿈을 경험한다. 이 꿈들은 역사적 사건, 당대의 사회 문제, 성경 및 신학을 알레고리로 표현한 것이다. 이 작품에 등장하는 모든 "인물들" 역시 알레고리다. 윌리를 생각해 보자. 그는 이름을 지닌 존재로서 두 존재를 나타낸다. 첫째, 시 속에서 꿈을 꾸는 '윌리'라는 인물로서의 존재와, 둘째, 영적 변화를 겪는 인간 '의지' 그 자체로서의 존재를 동시에 나타낸다.

시가 끝나갈 무렵, 윌리는 잠이 들고, 매우 장엄하고 아름다운 것을 목격한다. 바로 성 주간(Holy Week) 사건이 알레고리로 표현된 것이다. 다음에 랭글런드가 그린 그리스도 기사의 모습이 나온다.

---

5 Gregory the Great, *Exposition of the Song of Songs*, in Denys Turner, *Eros and Allegory: Medieval Exegesis of the Song of Songs* (Kalamazoo, MI: Cistercian, 1995), p. 217.

한 사람이 맨발로, 신발도 신지 않고 나귀 등에 올라탔다.
박차(拍車)도 창도 없었지만, 그는 활기차 보였다.
기사로서 작위를 받으러 오는 것이 당연한 듯이,
황금 박차와 재단한 신발을 받기 위해 오는 듯했다.
그때 믿음(Faith)이 창문에 나타나 외쳤다.
"아, 다윗의 자손들아!"
모험심 강한 기사들이 시합에 나올 때,
무기 전령이 외치는 것처럼.
예루살렘의 옛 유대인들이 기쁨에 넘쳐 노래한다.
"여호와의 이름으로 오는 자가 복이 있음이여."
(XX.8-16) [6]

랭글런드는 종려주일에 내포된 소리와 사건을 승자 진출전을 참가하기 위해 시합에 나오는 기사에 빗대어 표현한다. 매우 창의적인 방법으로. '믿음'(Faith)이라는 알레고리적 인물은 무기 전령이자, 중세 스포츠 해설자로서 그 역할을 한다. 윌리는 이에 당혹스러워한다.

그때 나는 '믿음'에게 물었다.
"이 모든 일은 무엇이며,
예루살렘에서 누가 결투를 벌인다는 말인가?"

---

6 *William Langland's Piers Plowman: The C Version*, trans. George Economou (Philadelphia: University of Pennsylvania Press, 1996). 『농부 피어스의 꿈』(서울: 지식을 만드는 지식, 2021).

그가 대답했다. "예수께서 하실 것이다."

"그리고 악마가 주장하는 것, 바로 농부 피어스의 열매를 되찾으러 오실 것이다."

…… 사랑을 위해 '신의 자유의지'를 지켜,

이 예수는 친히 피어스의 갑옷을 입고 결투하실 것이다.

그의 투구를 쓰고, 쇠사슬 갑옷과 '인성'을 입으시고……

(XX.17-22)

독자는 성육신을 가리키는 그림을 만난다. 인간 본성을 지닌 예수는 평범한 농부의 "갑옷"을 입고 악마와 모든 죽음의 권세에 맞서 싸우신다.

여기에서 일부 상황을 이해하면, 랭글런드의 이미지가 지닌 낯섦을 제대로 이해할 수 있을 것이다. 중세 사상가들은 그들의 사회를 종종 세 계급, 곧 귀족과 지배 계층, 성직자들, 그리고 농민들로 나누어 생각했다. 이렇게 형성된 계급은 사회에서 각각 중요한 역할을 담당했다. 성직자들은 "기도하는 자들"로서 영적인 교육을 제공하고, 그들의 공동체를 위해 중보하며, 성례를 시행했다. 농민들은 "노동하는 자들"로서 모두를 위해 식량을 재배하고, 경작하며, 수확하는 필수 그룹이었다. 농민은, 그의 주된 일이 자국인 잉글랜드에 양식을 제공할 작물을 경작하고 돌보는 것이었기에 이 계급에 속해 있었을 것이다. 한편 귀족들은 "싸우는 자들"이었다. 침입자들로부터 왕국을 보호하고, 지역에서 정의를 시행하며, 또한 풍부한 보조금을 사용하여 그들 공동체에 있는 가난한 자들과 교회를 지원할 의무가 있는 그 사회의 지배자들이었다. 기사들은 이 마지막 계급에 속해 있었다. 대부분의 사람들은 중세 사회의 이런 구분을 당연히 여겼다. 14세기 제도권 교회에 많은 문제를 일으킨 옥스퍼드 신학자, 존 위클리프(John Wycliffe)는 하나님이 이 세 계급을 세웠다고 주장하며 삼위일체와 비교했다.[7] 대부분의 중세 사상가들은 (적어도 이 점에서는) 그와 의견을 같이했다.

이 계급들은 분리되어 있었다. 농민이 귀족이 되는 일은 없었고, 귀족은 절대 농민이 되기를 원하지 않았다. 기사들은 농부의 옷을 입는다는 생각만으로도 입을 삐죽이며 혐오감을 나타냈을 것이다. 오늘날 영향력 있는 기업 임원이 맨해튼의 고급 사무실에 건설 노동자의 먼지 묻은 옷과 장화를 신고 나타난다면 사람들이 어떻게 생각할지 상상해 보라. 중요한 회의를 위해 고급 정장을 입고 나온 최고 경영자처럼, 기사들은 최고의 갑옷을 입고, 무기를 내보이면서 싸움터에 나갔다. 이로써 모두 그들의 정체성과 용맹한 업적을 알게 된다.

아서 왕의 궁정 이야기처럼 문학 작품에서는, 때때로 기사들이 궁정 경기의 일환으로 펼쳐지는 승자 진출전에서 변장을 했다.[8] 하지만 기사는 결코 농부처럼 옷을 차려 입지는 않았다. 온통 검은 갑옷을 입고 가면, 신비로움과 호기심 그리고 관심을 불러일으켰을 것이다. 반면 더럽고 낡은 농부 옷을 입고 나귀 등에 앉아 맨발로 등장하면 비

---

7 John Wycliffe, "The Clergy May Not Hold Property," in *The English Works of Wyclif, Hitherto Unprinted*, ed. F. D. Matthew, EETS, O.S. 74 (London, 1880), p. 362; Joseph A. Dane, "The Three Estates and Other Medieval Trinities," *Florilegium* 3.1 (1981): pp. 283-309, https://doi.org/10.3138/flor.3.013에서 인용.

8 예를 들어, 토머스 맬러리(Thomas Malory)가 쓴 15세기 베스트셀러 『아서 왕의 죽음』 (*Morte Darthur*, 경기: 나남, 2009)에 나오는 기사들의 정교한 변장 놀이를 참고하라.

난과 혐오감을 샀을 것이다. 가원은 결코 그렇게 옷을 입지는 않았을 것이다.

그러나 랭글런드가 묘사한 기사는 신성한 전투를 벌이기 위해 온다. 그 전투는 기사들이 전형적으로 과시하는 부와 폭력을 궁극적으로 회피한다. 그리스도 기사는 여전히 적에게 유리한 자들을 지키기 위한 방어와 구원, 정의에 전념하고 있다. 그러나 농부의 복장을 한 이 기사는, 예수의 육체적 현현 안에서 드러나는 하나님의 급진적이고, 구분을 허무는 겸손과 사랑을 증명한다.

기사 예수는 우리의 노동을 구속하신다

기사 예수는 사탄과 죽음의 손아귀에서 농부 피어스의 열매를 되찾기 위해 오신다. 그러나 우리가 기사 예수의 성품을 진정으로 이해하려면, 먼저 농부 피어스와 그의 열매가 무엇을 뜻하는지를 배워야 한다. 이 부분에서, 피어스는 타락 이후에도 선하게 살아가기 위해 고된 노동을 이어가는 인류 전체를 대표한다. 그리고 이 열매 이미지에서, 하나님의 백성을 찾을 수 있다. 예수의 가르침에 나오는 인간 영혼에 대한 수확과 씨 뿌리기의 비유들을 모두 떠올려 보라. 예수는 사람을 구원하시고, 그분의 완전한 수확을 이루셨다. 또한 열매는 인류의 노동의 결과를 의미할 수 있다. 창세기의 저주는 인간으로 하여금 자신을 먹여 살리고, 아이를 낳고, 사랑하며, 살아가는 데 있어 끔찍한 고통과 수고를 겪게 했다. 기사 예수는 단지 인간을 구원하실 뿐만 아니라 그들에게 맡겨진 일에도 세례를 베푸신다.

랭글런드가 그의 알레고리에 인간의 노동을 포함시킨 것은 당시 영국 노동자들이 겪는 곤경에 주목한 결과였다. 노동자들은 많은 인구를 감소시킨 전염병의 여파로 발생한 임금 제한으로 고통받고 있었다. 많은 곳에서 불공정한 법률이 시행되었고, 이로 인해 노동자들은 노예나 다름없는 처지로 내몰리기도 했다.[9] 사회 전체가 그들의 노동에 의존하면서도 정작 이들을 인정하지 않았다. 이 대목을 접할 때마다, 나 역시 죄책감을 느낀다. 우리 사회와 나는 우리가 먹는 음식을 돌보고, 수확하며, 준비하는 노동자들을 얼마나 의식하며 살아가는가?

중세 노동자들은 유럽을 먹여 살릴 양식을 생산하는 과정에서 엄청난 어려움에 직면했다. 당시 프랑스와 영국에서 유행하던 전쟁 전략은 '슈보시'(Chevauchée, 기습적인 약탈 행위)였다. 군대나 기사단은 전쟁에서 이기기 위해 그들에게 먹을 것을 준 마을을 불사르고 약탈함으로써 적의 자원을 고갈시켰다. 대부분의 중세 도시와 마을에는 침략자들로부터 그들을 보호하기 위한 성벽이 있었지만, 작은 시골 마을에는 그런 성벽이 없었다. 농민들은 종종 전쟁으로 인한 궁극적 손실을 감당했다. 그들은 살해당하거나 폭행을 당했고, 집은 파괴되었다. 더욱이 그들이 몹시 힘들게 일해 얻은 결실은 탐욕스러운 불길에 휩싸였다. 살인자들에게 도난도 당했다.

『농부 피어스의 꿈』에서, 그리스도 기사는 이 가난한 노동자들을

---

9 Juliet Barker, *1381: The Year of the Peasants' Revolt* (Cambridge, MA: Belknap Press of Harvard University Press, 2014)에서는 랭글런드가 살던 1381년 농민들의 폭력적인 봉기를 초래한 불안정하고 억압적인 상황을 자세히 묘사한다.

구원하기 위해 오신다. 그들의 몸뿐 아니라 그들이 애써 일군 노동까지 파괴하려는 악마와 그의 죽음의 기사들과는 정반대다. 랭글런드는 예수께서 모든 노동자들을 위해 오신다는 점을 우리에게 상기시킨다. 예수는 그분이 가진 기사로서의 지위에도 불구하고, 모든 계급의 구원을 위해 일하신다. 기사와 농장 노동자들이 함께 보호되고 또 변화된다. 농부의 옷을 입은 그리스도 기사는 오늘날 우리의 한가운데 있는 억압받는 자들의 고통을 돌아보게 한다.

랭글런드의 기사는 독자들로 하여금 실질적인 노동자, 특히 억압받는 노동자들이 겪는 고통에 직면할 것을 요청한다. 그는 또한 독자들에게, 하찮은 것에서부터 대단한 것에 이르기까지 모든 물질적이며 영적인 노동의 중요성과 구원을 상기시킨다.

우리는 모두 노동을 안고 살아간다. 지금 이 순간, 나의 일상은 작가이자 전업주부로서 즐겁기도 하고, 지루하기도 하며, 답답하기도 하다. 나는 기저귀를 자주 갈아 주며, 아이 엉덩이를 닦는다. 훈육도 한다. 공공장소에서 또다시 아이가 떼를 쓰는 모습을 지켜보며 분노를 억제하는 연습을 해야 한다. 거시적이든, 미시적이든, 양육은 어느 정도 불쾌한 노동을 피할 수 없게 한다. 그런 노동은 종종 눈에 띄지 않거나 진가를 제대로 인정받지 못한다. 그러나 기저귀를 제때 갈아 주는 것은 옳은 일이다. 대중의 붕괴 앞에 느껴야만 하는 당혹감 속에서도 아이에게 확고하게, 인애와 사랑으로 반응하는 것은 나에게는 만족스러운 분노 표출을 하지 못하게 하지만 내 아이에게만큼은 가치 있는 일이다. 이처럼 우리는 작지만 값비싼 행동을 통해 명백하게 사랑을 드러낸다.

많은 사람들은 더 값비싼 사랑의 행위를 실천하기도 한다. 아마도 당신은 아픈 가족이나 장애를 가진 가족을 돌보고 있을지도 모른다. 혹은 전혀 원하지 않는 일을 하며 공과금을 내야 할 수도 있다. 이런 선택과 행동은 이상적이지는 않지만, 인생의 어떤 시기에는 옳은 선택이 되기도 한다. 그리고 이런 일들은 매우 도전적일 수 있다. 그것들은 우리에게 즐거움과 고독, 모험, 우정, 또는 경력이라는 값을 치르게 할 수 있다.

우리는 종종 세상일이 순조롭지 않으면, 우리가 무엇인가 잘못하고 있거나 인생이 제대로 흘러가지 않는다고 생각한다. 때때로 "무엇인가 잘못되었기에 이렇게 힘든 것이다"라는 인식은 사실이다. 어떤 관계는 잘 풀리지 않아야 한다. 또 어떤 일들은 뒤로 남겨 두어야 한다. 우리의 몸과 마음을 보호하고 치유하기 위해 경계를 설정해야 하는 경우도 있다. 하지만 때로는 "잘 사는 것" 자체가 힘든 법이다. 많은 미국인들은 기술, 교육, 또는 법 제정을 통해 힘겨운 고통을 없앨 수 있다는 이상한 문화 신념을 가지고 있다. 고통은 없앨 수 있고, 또 없어져야만 한다는 이 신념은 우리를 자기기만으로 이끌 수 있다. 집안을 관리하고, 그리고 아이들을 돌보며, 일하러 나가고, 또한 자신의 몸과 마음을 돌보는 등 일상에서 하는 단순한 일들이 부담이 될 수 있다. 하지만 모든 덕은 보통 고된 것이다. 삶 속에서 일상의 고됨을 완전히 제거하기 위한 노력은 서로를 돌보는 변혁적이고 실제적인 현실 속에서 가능하지도, 바람직하지도 않다. 공동체 혹은 건강한 자아에서 출발한 일이라도 삶의 현장에서 열매를 맺기 위해 가난한 자, 억압받는 자, 상심한 자들을 돌보며 일하는 것은 종종 어려운 일이다. 랭글런드는 예수께서 우리 자신뿐만 아니라 우리가 매일 치르고 있는 값비싼 노동도 즐거이 구속해 주신다는 사실을 상기시킨다.

하지만 때때로, 우리는 단순히 영적이든 물질적이든 '슈보시'를 겪은 이후 간신히 살아남아 있을 뿐이다. 모든 수고는 안팎의 적들로 인해 불타 버린 것처럼 느껴진다. 삶이 마치 죽음처럼 느껴지기도 한다. 감사하게도, 예수 그리스도 기사는 종려주일에 환호하는 함성 속에 묻힌 채 말을 타고 가 버리지 않으신다. 또한 예수는 용을 무찌른 뒤 의기양양하게 큰 걸음으로 성큼성큼 가 버리지 않으신다. 종려주일은 십자가 처형으로 이어지며, 그 길에는 끔찍하면서도 필연적인 인내의 용기가 요구된다. 예수께서 맨발로 결투장에 도착하신 뒤, 랭글런드는 중세 교리인 지옥 강하를 묘사한다. 우리는 이 장면에서 예수께서 멸망의 문을 허무시고, 생명을 위협하던 적들을 흩어 버리시는 모습을 목격하게 된다.

기사 예수가 지옥을 경험하시다

지옥 강하(Harrowing of Hell)는 예수께서 돌아가신 후 부활하시기 전까지 인간의 죽음의 잔을 그 쓰라린 찌꺼기까지 모두 마셨다는 고대 믿음이다. 곧 예수가 실제로 지옥에 가셨다는 것이다. 사도신경에서, 그리스도인들은 여전히 이렇게 고백한다. "음부에 내려가사." 그러나 많은 사람들, 특히 개신교인들은 이 강하를 예수께서 죽음을 경험하셨다는 은유적 표현으로 이해한다. 때때로 그들은 이 부분을 "죽음에 내려가사"로 대체한다. 그러나 중세 사람들은 지옥 강하가 은유적이라고 믿지 않았다. 예수가 인간 죽음의 어떤 한 부분, 심지어 스올의 어두움조차 피하지 않으셨다는 것이다.

랭글런드는 지옥 강하를 이렇게 묘사했다. 지옥의 어스름한 빛 가운데 먼 등대가 나타난다. 마귀들은 그것이 무엇인지 추측한다. 빛이 가까워질수록 그들은 두려움에 떨며 기다린다. 마침내 밝은 빛이 지옥의 문에 도착한다. 그 빛은 지옥의 연기 속에서 눈부시게 찬란하여, 마귀들은 별이 반짝이는 그 광채의 중심에 누가 있는지 볼 수 없다. 루시퍼는 감히 다음과 같이 외친다.

"당신은 어떤 주인입니까?" 루시퍼가 물었다.
그러자 한 목소리가 큰 소리로 말했다.
"전능과 권능의 주, 모든 것을 창조한 이라.
이 어두운 곳의 군주여, 지금 이 문들을 열어라.
하늘의 왕, 그 아들이신 그리스도가 들어가실 수 있도록."
벨리알의 온갖 빗장을 부러뜨린 그 숨결 속에 지옥도 함께 부서졌다.
모든 방지책에도 불구하고, 문들이 활짝 열렸다.
족장과 선지자들,
"포플러스 인 테네브리스"(Populus in Tenebris),
[흑암에 있는 백성]이 세례 요한과 함께 노래했다.
"에체 아뉴스 데이"(Ecce Agnus Dei)!
[하나님의 어린양을 보라!](XX.360-367)

하나님의 어린양을 보라! 옛 율법의 모든 사람들은 문이 부서지면서 자유로워진다. 또한 지옥 강하는 예수께서 죽음 이후 내려가, 그 이전 시대의 사람들까지도 구속하셨다는 것을 가르친다. 랭글런드는 이 묘사에서 선지자 이사야를 떠올렸다. 어두움 가운데 있는 백성이 큰 빛을 보았다(사 9:2). 족장과 선지자들은 황홀한 기분으로 노래한다.

그때 윌리는 구원 역사를 보는 환상에서 깨어난다. 그가 사는 세상에서 부활절 아침을 맞이한다. 기쁨으로 가득 찬 그는 아내와 딸을 불러 교회에 속한 지상 성도들의 공동체에 합류하고, 그리스도의 부활을 축하하는 예배에 참여한다. 그는 가족에게 외친다. "와서 십자가 앞에 엎드리라."

기쁨에는 여러 종류가 있다. 아늑한 벽난로 근처에 앉아 훌륭한 책을 읽을 때, 사랑하는 사람과 손을 잡고 바다에 귀를 기울이고 있을 때 생기는 조용하고 관조적인 기쁨이다. 그리고 불꽃이 튀는 것 같은, 거친 기쁨이 있다. 어린아이들이 아이스크림을 먹고 나서 몸의 에너지가 치솟은 탓에 정신을 잃고 뛰어다닐 때 느끼는 기쁨도 있다. 그것은 사람이 뜻밖에 좋은 소식을 전해 들었을 때, 예기치 못하게 병에서 회복되었을 때, 농구공이 마지막 순간 '획' 하는 소리를 내며 링을 통과할 때, 당신이 불쑥 옛 친구들을 만나 쏟아져 나오는 말을 멈출 수 없을 때 경험하는 기쁨이다. 이 기쁨은 춤과 웃음, 비명, 노래, 일과 같이 행동을 낳는다. 어린 시절을 제외하면 이 기쁨은 매우 드물 수 있다.

지옥으로 내려가 어두움 속에 있는 사람들을 구하는 맨발의 기사로 묘사되는 랭글런드의 이미지는 이 후자의 기쁨을 불러일으킨다. 죽음 자체는 더 이상 최종 결정권을 가지지 못한다. 용은 죽었다! 우리의 용사 그리스도께서 오래된 원수를 말살하셨다! 지옥의 문은 먼지처럼 무너지고, 세상의 빛이 그 위에 비친다. 15세기 스코틀랜드 시인 윌리엄 던바(William Dunbar)가 쓴 시에서 승리의 북소리를 들을 수 있다.

> 검은 용과의 싸움은 끝이 났다!
> 우리의 용사이신 그리스도께서 그의 군대를 꺾으셨다.
> 지옥의 문들이 '쾅' 하고 부서진다.
> 승리의 상징인 십자가가 높이 세워졌다.[10]

기사 예수의 용기와 기쁨에 동참하기

수백 년이 지난 후, 내가 가장 좋아하는 작가 (그리고 중세 연구가) 가운데 한 사람인, 존 로널드 루엘 톨킨(J. R. R. Tolkien)은 그의 책 『왕의 귀환』(*The Return of the King*)에서 기사 예수에게서 영감을 받아 그 주제로 한 장면을 썼다. 악의 권세를 부여받은 거대한 군대가 지구 중앙에 남겨져 있는 인간 권력의 한 중심지, 곧 곤도르(Gondor) 성을 포위한다. 태양과 하늘은 적의 어두움 속에 숨어 있다. 불멸의 왕이요, 사악한 왕인 나즈굴(Nazgul)은 절망의 사령관이 되어 도시에 맞서 싸운다. 지도자도 없고, 시체는 넘쳐난다. 검게 그을린 성이 함락되는 것은 불가

---

10 William Dunbar, "A Hymn of the Resurrection," in *Medieval English Lyrics: A Critical Anthology*, ed. R. T. Davies (Evanston, IL: Northwestern University Press, 1964), p. 253. 필자가 약간 수정해서 번역함.

피하다. 그러나 곤도르는 이웃 나라인 로한 왕국의 전사들이 비밀리에 그들을 돕기 위해 달려오고 있는 사실을 알지 못한다. 이제 우리는 로한 왕과 함께 말을 타고 있는, 호빗 메리의 눈을 통해 무슨 일이 일어나는지 확인하게 된다.

> 왕은 스노우맨 위에 앉아 움직이지 않고 미나스 티리스(Minas Tirith, 『반지의 제왕』(*The Lord of the Rings*)에 등장하는 요새 도시 - 편집자 주)의 고통을 바라보고 있었다. 마치 갑자기 고통과 두려움에 사로잡힌 듯했다. 고령의 그는 겁을 먹고 위축된 것 같았다. 메리 자신도 공포와 의혹의 엄청난 무게에 가슴이 짓눌리는 기분이었다. 그의 심장은 천천히 뛰었다. 불확실한 상황에 시간이 정지된 것 같았다. 그들은 너무 늦었다! 너무 늦으면 아예 없느니만 못하다!
> 갑자기 메리는 무언가를 느꼈다. 분명 어떤 변화였다. 바람이 그의 얼굴에 와닿았다! 빛이 희미하게 깜박이고 있었다. 멀리, 저 멀리 남쪽에서, 회색 형상을 한 구름을 희미하게 볼 수 있었다. 구름은 점점 표류하며 사라져 가고 있었다. 그 너머에 아침이 온 것이다. ……
> 그 소리에 왕의 굽은 몸이 갑자기 꼿꼿하게 펴졌다. 등자(鐙子)에서 몸을 일으킨 그는 다시 키가 크고 당당해 보였다. 그는 그 누구도 들어 본 적 없는 맑은 목소리로 크게 부르짖었다.
>
> "일어나라, 일어나라, 세오덴(Theoden)의 기사들이여!

잔인한 행위에 분기하라, 불과 학살!
창은 흔들리고, 방패는 부서지니
칼의 날, 붉은 날, 태양이 떠오르기 전에!
이제 달려라, 달려! 곤도르로 달려라!"

…… 그의 황금 방패가 드러났다. 보라! 그것은 태양의 형상으로 빛났다. 풀잎들은 준마의 하얀 발굽 아래 푸르고 선명하게 빛났다. 아침이 온 것이다. 아침과 함께 바다에서 바람이 불어왔다. 어둠이 걷혔고, 모르도르(Mordor)의 병사들은 울부짖었다. 그들은 공포에 사로잡혀 달아났고, 도망치다 죽음을 맞이했다. 분노의 말발굽이 그들을 짓밟고 달아났다.[11]

세오덴 왕은 자신의 죽음을 앞두고 여전히 불확실성과 두려움 속에 머물러 있다. 독자들은 세오덴의 나이와 삶의 경험이 그를 지치게 했다는 것을 알고 있다. 그는 로한(Rohan, 톨킨이 창조한 가상 세계 가운데 있는 왕국 – 편집자 주)의 성문 앞까지 들이닥친, 격렬한 악의 세력과 맞서 싸울 준비가 되어 있지 않았다. 그러나 마법사 간달프(Gandalf)가 보인 저항에서 비롯된 마법 같은 용기에 갑작스럽게 영감을 받아, 그는 어두움을 향해 빛의 사자로 달려간다.

톨킨의 이야기는 나를 갈망과 안도, 그리고 타오르는 기쁨이 이상하게 뒤섞인 그 무엇으로 내몬다. 내가 판타지를 쓰고, 이 일을 좋아

---

11 J. R. R. Tolkien, *The Return of the King* (Boston: Houghton Mifflin, 1994), pp. 819-820. 『왕의 귀환』(서울: 아르테, 2021).

하는 이유는, 실제 세계와 다른 환경에서 절망적인 공포의 순간들을 다룬다는 점이다. 그것은 우리가 일상, 곧 병상, 외로움과 슬픔, 제도적 인종차별, 빈곤 속에서 절망을 경험할 때, 쉽게 찾아보기 어려운 용기와 아름다움을 드러낸다.

중세 시인들이 기사 예수를 상상할 때도 그렇다. 상상할 수 없는 용기와 예기치 못한 기쁨이 기사 그리스도를 특징짓는다. 예수는 무기 없이 오랜 적과 싸우셨다. 예수는 완전한 어두움 속으로 홀로 내려가시며, 공포의 옛 성문들을 그 기초부터 무너뜨리신다. 기사 예수는 이런 용기와 기쁨의 순간들을 붙잡고 계신다. 그분은 우리의 다양한 노동과 어려움 속에서 인간이 필요로 하는 용기와 기쁨의 본을 보여 주신다. 나는 그림스톤 요한(John of Grimestone)의 설교집에서 "나는 방패도 창도 없이 싸우러 온 예수다"[12]라는 구절을 읽을 때, 소름이 돋았다. 그 말은 정당한 기대를 넘어 급진적인 용기를 엿보게 한다. 나는 코리 텐 붐(Corrie ten Boom), 마틴 루터 킹 주니어(Martin Luther King Jr.), 디트리히 본회퍼(Dietrich Bonhoeffer), 그리고 성 오스카르 로메로(Saint Oscar Romero) 같은 인물들이 방패나 창 없이 전투를 벌이는 용기를 인정한다. 그리고 기사 예수처럼, 정의를 추구하던 마지막 세 사람의 용기는 결국 그들을 순교로 이끌었다.

우리는 기사 예수의 용기를 실천해야 할 의무가 진정으로 있는가? 그렇기도 하고, 그렇지 않기도 하다. 모든 사람이 킹이나 본회퍼,

---

12 Rosemary Woolf, "The Theme of Christ the Lover-Knight in Medieval English Literature," *Review of English Studies* 13, no. 49 (February 1962), p. 11, https://doi.org/10.1093/res/XIII.49.1에서 인용.

로메로처럼 순교자가 되라는 부름을 받는 것은 아니다. 모든 사람이 방패와 창 없이 전장에 나가는 기사도 아니다. 사람마다 다른 은사를 가지고 있다. 그러나 우리는 각자 예수 그리스도의 성품의 한 측면으로서 용기를 실천하라는 부름을 받는다.

보통 사람들은 모든 가능성을 거슬러 낭만적으로 전투에 참여하지 않는다. 우리 대부분은 앞서 언급한 영웅들의 용기나 기량을 가지고 있지 않다. 용기를 개념화하기란 쉽지 않다. 중세 작가와 사상가들은 보통 '용기'라는 단어 대신 '인내'(Fortitude)라는 단어를 사용했다. 이 단어는 그들이 말하는 "기본 덕목" 가운데 하나였다(여기 '기본'[Ardinal]은 라틴어로 '경첩'을 뜻한다). 우리의 행위는 문이 활짝 열리는 것처럼, 이런 덕목에 따라 움직인다. 경첩이 문을 열고 닫게 하듯, 덕목이 삶의 방향을 정한다. 문의 여닫힘, 그 쉬움, 방향은 주로 문을 받쳐 주는 경첩에 달려 있다. 토마스 아퀴나스는 그가 쓴 『신학대전』(*Summa Theologiae*)에서 '인내'를 유용하게 정의한다. 아퀴나스에 따르면, 모든 덕목은 인간이 하나님이 주신 이성을 통해 정의를 분별함으로써 올바른 삶의 길을 따르려는 의지를 돕는다. 때때로 장애물이 옳은 길을 가려고 하는 의지를 방해한다. 이 지점에서 '인내'가 등장한다. 마음의 인내든, 몸의 인내든, 장애물의 종류에 따라, 이 덕목은 누군가가 그 만만찮은 장애물을 제거하고 나아갈 수 있도록 한다.[13] 나는 특히 히포의 성 아우구스티누스(Saint Augustine of Hippo)가 내린 정의를 좋아한다.

---

13 Thomas Aquinas, *Summa Theologiae*, trans. Laurence Shapcote, ed. John Mortensen and Enrique Alarcon (Lander, WY: Aquinas Institute for the Study of Sacred Doctrine, 2012), *ST* II.II.58.1.corp, (이하 "ST"로 표기). 『신학대전』.

그는 이렇게 썼다. "인내는 사랑이다. 사랑하는 사람을 위해 모든 것을 기꺼이 견디는 것이다."[14] 그가 말하는 인내는 '용기'라는 기치 아래 모든 값비싼 사랑의 행동을 품을 정도로, 포괄적이며 우호적이다.

덕목이 주는 풍부한 유연성은 오늘날 대부분 잊혀졌다. 우리는 종종 덕을 규칙 혹은 요구로 생각한다. 한편 과거의 낡고 무의미한 좋은 행동의 틀로 여기는 경우가 많다. 그러나 덕은 개인의 삶에 풍부하게 확장되고, 깊이 다가온다. 인내의 정신은 어떤 의미에서도 틀에 박히지 않는다. 그것은 다양한 형태가 필요하고, 다양한 유형의 행동을 특징지을 수 있다. 용기의 고전적 이미지는 자신의 목숨을 바쳐 전투에 임하는 군인, 곧 기사다. 그러나 우리는 대부분 군인이 아니다. 우리는 박해받는 비밀 교회나 명백한 용기를 요구하는 어떤 다른 영역에 속한 일원도 아니다. 그러나 혼자 앉아 있는 친구에게 다가가 자신을 소개하려고 하는 고등학생은 외로운 이 친구를 위해 자기 이미지를 희생하는 선택을 할 수 있다. 이 선택을 통해 그는 인내의 자세를 발휘할 수 있다. C. S. 루이스는 인내의 이 정신을 특징지을 수 있는, 다양한 범위의 행동을 조명하기 위해 놀랄 만한 비유를 사용했다.

> 인간은 그들의 외적 행동으로 서로를 판단한다. 그러나 하나님은 그들의 도덕적 선택에 따라 그들을 판단하신다. 고양이에 대한 병적인 공포를 갖고 있는 신경증 환자가 어떤 합당한 이

---

14 Saint Augustine, *On the Morals of the Catholic Church*, trans. Richard Stothert, from *Nicene and Post-Nicene Fathers, First Series*, vol. 4, ed. Philip Schaff (Buffalo, NY: Christian Literature, 1887). Revised and edited for New Advent by Kevin Knight, 2021년 4월 21일 접속, http://www.newadvent.org/fathers/1401.htm.

유 때문에 고양이를 억지로 집어 든다고 생각해 보자. 하나님의 관점에서는 이 상황이 건강한 사람이 [빅토리아 십자 훈장]을 받는 데 보여 준 것보다 더 많은 용기를 보였을 가능성이 아주 크다고 판단하실 것이다.[15]

루이스는 행동으로 표출되는 외부적 양상 및 결과뿐만 아니라 그 이면에 있는 내부적 선택 및 방향을 두고, 이 둘을 유용하게 구별했다. 우리가 덕에 대해 숙고해 볼 때, 상황이 중요하다. 군인은 아무 생각 없이 아드레날린의 영향을 받거나 위험 감수의 즐거움을 통해 전투에 뛰어들 수 있다. 이 무섭고 종종 감탄을 불러오기까지 하는 행동이 반드시 용기를 만들어 내는 것은 아니다. 그 원인이 가치가 없거나 위험이 너무 큰 경우, 그것은 단지 그 사람이 대담하고 때로는 무모하다는 것을 드러낼 뿐이다. 이와 대조적으로, 한 마리 고양이를 들어 올리거나 낯선 사람과 대화하는 것 같은, 작고 하찮아 보이는 행동은 인내를 감추고 있을 수 있다.

게다가 인내는 아무 생각 없이 혹은 두려움과 투쟁 없이 이루어질 수 있는 용기 있는 행동과는 차원이 다르다. 나는 내 어린 자녀들이 넘어져서 잠시 울면 "너, 참 용감하구나!"라고 말하곤 했었다. 아주 조금 찰과상을 입은 무릎을 갖고 호들갑을 떨지 않거나 사소한 문제에 대해 쓸데없이 불평하지 않는 것을 배우는 것이 좋기는 하지만, 내 반응은 우리가 '용기'에 대해 갖고 있는 문화적 이해가 얼마나 부족한

---

15 C. S. Lewis, *Mere Christianity* (San Francisco: HarperSanFrancisco, 2001), p. 91. 『순전한 기독교』(서울: 홍성사, 2013).

지를 드러낸다. 용기는 어느새 특정 문화에 국한한 남성성과 지나치게 결합된 덕목인, 금욕적 미덕이 되었다. 모든 액션 영화에서, 주인공은 부상을 입고 그의 몸통에서 피를 뚝뚝 떨어뜨리면서도 개의치 않은 채, 온갖 역경을 딛고 나아간다. 용기는 울지 않는다. 용기는 심지어 치명상을 입어도 사각턱을 악물고 불가능한 일을 한다. 이것은 인내에 대한 극도로 제한된 묘사다. 예수는 그분이 당하게 될 체포, 고문, 그리고 죽음을 사랑의 이름으로 받아들이셨다. 그리고 예수는 이 무시무시하지만 엄청난 용기에 앞서 겟세마네 동산에서 눈물과 땀을 흘리셨다.

인내의 정신으로 할 수 있는 가장 위대한 행동 가운데 일부는 질병과 노화, 약함 속에서 신체적 장애의 형태로 우리에게 불쑥 밀려온다. 토마스 아퀴나스가 말한 대로, "육체의 질병을 용감하게 견디는 것 또한 인내에 속한다."[16] 그는 인내와 지속적인 견딤을 이런 형태의 용기 아래 분류했다. 나는 노화로 늙어 가시는 할머니에게서 인내의 진정한 모습을 본다. 그분은 다양한 종류의 음식을 드시지 못하고, 수술 실패로 소화기 및 인후 문제를 영구적으로 겪어야 함에도 불구하고, 자신의 몸을 돌보기 위해 매일 산책을 하고, 교구 안에 있는 어려운 자들을 돕기 위해 여전히 자원봉사를 하신다. 나는 다른 할머니에게서도 이런 인내의 모습을 본다. 그분은 팬데믹 내내 위독한 남편을 인내하면서 변함없이 돌보셨다. 나는 나의 어머니에게서도 인내의 모습을 보았다. 어머니는 특이 암 진단을 받고, 의사들이 그 암이 무엇인지에 대해 의견을 달리 하면서 온갖 혼란스러운 결정을 내려야 했다. 나는

---

16 Aquinas, *ST II*.II.123.1.

내 여동생에게서도 이 인내의 모습을 보고 놀란다. 그녀는 삶의 대부분을 임상적으로 우울한 상태로 살아왔지만, 자신을 사랑하고, 남편과 공동체를 사랑할 수 있을 만큼 건강하게 살기 위해 약물 치료를 받아야 하는 현실을 받아들였다. 이 여성들은 모두 기사 예수의 인내에 참여한다. 가끔은 조금 눈물을 흘리고, 다른 때는 많은 눈물을 흘리기도 하면서. 인내는 갑작스러운 순간에 일상의 삶을 조명하기는 하지만, 대부분은 무심코 지나가 버리는 관찰자에게 감추어져 있다. 숨겨진 관행과 같다. "인내는 사랑하는 사람을 위해 모든 것을 기꺼이 견디는 사랑이다."

물론 십자가 처형에서 인내를 실천한 로메로, 본회퍼, 텐 붐, 킹 같은 자들이 있다. 불평등, 빈곤, 인종차별, 생태학적 재앙, 정치적 부패라는 거대한 적에 맞서 싸우는 투쟁에서 모든 것을 눈부시게 하고, 두렵게 하며, 또 모든 것을 희생하는 번개 같은 인내력. 그리스도인으로서, 우리는 이런 일들에 대해 주의를 기울여야 한다. 억눌린 자, 외로운 자, 가난한 자, 감옥에 갇힌 자, 낯선 이방인을 돌보아야 한다. 랭글런드와 던바가 묘사한, 기사 예수의 형상은 우리에게 그분이 보이신 용기와 기쁨을 떠올리게 한다. 그분은 우리 각자를 구속하시고, 또 우리가 세상에서 몹시 힘들고, 가슴이 아파 "낙심하게 될 때" 구원으로 인도하신 용기와 기쁨의 주시다. 우리는 수치심 때문에 정의와 긍휼, 자비를 베풀지 못한 곳을 인정하지 못할 수도 있다. 두려움과 절망 때문에 우리는 행동을 주저할 수도 있다. 이처럼 거대하고 위협적인 문제에 직면하면, 모든 용기를 잃고 낙심하기 쉽다. 그러나 기사 예수는 모든 노동자들과 그들의 노동을 구속하시기 위해 일하고 계신다. 또한 그분은 승리할 가능성이 없어 보이는 싸움을 하러 가신다. 기사 예수의 이 같은 모습에서, "우리는 용기를 얻는다." 여기서 '격려하다'를 뜻하는 단어 '인컬리지'(encourage)를 분해해 생각해 보라. 옥스퍼드 영어 사전은 '인컬리지'를 가리켜 '용기를 북돋우다', '생기를 불어넣다', '영감을 불어넣다'로 정의한다.[17] 랭글런드가 묘사한 그리스도 기사는 우리에게 그분의 용기를 통해 우리가 구속받았다는 사실을 상기시켜 준다. 게다가 그리스도가 우리의 노동도 구속하실 만큼 노동이 중요하다는 것을 생각나게 한다. 당신은 중요하다. 또한 현재 겪고 있는 어두움에 비해 당신의 힘이 적게 느껴지더라도, 당신이 세상에서 일하며 행동하는 방식은 매우 중요하다.

기사 예수를 통해 영감을 받은 묵상과 실천

- 에베소서 6:10-17을 묵상해 보라. 무엇이 마음에 와닿는가? 지금 당장 당신에게 특히 필요한 '하나님의 전신 갑주'는 무엇인가?

  "끝으로 너희가 주 안에서와 그 힘의 능력으로 강건하여지고 마귀의 간계를 능히 대적하기 위하여 하나님의 전신 갑주를 입으라 우리의 씨름은 혈과 육을 상대하는 것이 아니요 통치자들

---

17 *Oxford English Dictionary*, s.v. "encourage (v.)," 2021년 8월 2일 접속, https://www.oed.com/view/Entry/61791?rskey= Ptjak2&result=2#eid.

과 권세들과 이 어둠의 세상 주관자들과 하늘에 있는 악의 영들을 상대함이라 그러므로 하나님의 전신 갑주를 취하라 이는 악한 날에 너희가 능히 대적하고 모든 일을 행한 후에 서기 위함이라 그런즉 서서 진리로 너희 허리띠를 띠고 의의 호심경을 붙이고 평안의 복음이 준비한 것으로 신을 신고 모든 것 위에 믿음의 방패를 가지고 이로써 능히 악한 자의 모든 불화살을 소멸하고 구원의 투구와 성령의 검 곧 하나님의 말씀을 가지라."

- "검은 용과의 싸움은 끝났다! 그리스도께서 무덤에서 부활하셨다!" 이번 주에는 무언가를 기념해 보라. 부활하신 기사, 그리스도께서 주시는 기쁨에 작은 메아리로나마 참여해 보라. 친구와 케이크를 먹거나 와인 한잔을 마셔라. 무슨 작은 일이라도 하라. 대담한 색으로 손톱을 칠하거나, 좋아하는 스포츠 팀의 극적인 승리의 장면을 유튜브 동영상으로 보는 것도 좋다. 의도적으로 기쁨을 음미해 보라.

- 윌리엄 랭글런드가 제시한 그리스도 기사는 억눌린 자들의 수고를 구속하러 오신다. 당신이 2장 "심판자"에서 제안한 실천(이웃이 되는 습관 기르기)을 아직 하지 않았다면, 기사 예수 그리스도에게서 용기를 얻어, 지역 사회의 억압에 맞서 싸우는 작은 실천을 하나 추가해 보라(아이디어를 위해 2장 "심판자"에 나오는 실천 사항을 보라)!

- 때때로 우리는 일상생활보다 판타지 소설책이나 역사책, 영화에서 더 쉽게 용기를 얻는다. 용기의 덕목을 북돋기 위해, 톨킨이 쓴 『반지의 제왕』을 읽거나 시청해 보라. 아이들과 함께라면 매들린 렝글(Madeleine L'Engle)의 *Time Quintet*(타임 퀸텟)을 읽거나 〈사운드 오브 뮤직〉(The Sound of Music), 마블 시네마틱 유니버스사(Marvel Cinematic Universe)의 〈블랙 팬서〉(Black Panther)를 감상하는 것도 좋다. 역사적 감동을 주는 작품으로는, 〈킹스 스피치〉(The King's Speech, 2010년 영화), 〈신과 인간〉(Of Gods and Men, 2010년 프랑스 드라마), 〈히든 피겨스〉(Hidden Figures, 2016년 드라마) 등이 있다.

이처럼 용기의 의미를 새롭게 확장시키고, 고정관념에서 벗어나게 해 주는 영화나 책은 많다.

기도

"예수 그리스도, 용맹한 기사시여, 당신의 용기와 힘을 내게 나누어 주소서. 탐욕과 무지, 인종차별, 성차별 혹은 어떤 형태의 편견과 차별로, 죄의 권세에 눌린 당신의 자녀들을 위해 기도하고 섬길 수 있도록 나를 도우소서. 고통받는 당신의 백성을 진실하게 도울 수 있는 길을 열어 주소서. 방패도 창도 없이 싸우시는 예수여, 나에게 용기를 불어넣어 주소서.

기사이신 예수여, 당신의 강인함을 기억하며 제 삶의 싸움들을 당신 앞에 내려놓습니다. 나는 이 싸움을 이렇게 부릅니다. [질병, 가족 갈등, 편견, 탈진, 재정 문제, 외로움]. 나를 도우시사 나의 인간적인 무기를 내려놓고, 인성으로 갑옷을 입으신 하나님을 의지하게 하소서. 당신께서 이 고통스러운 전쟁과 싸우시니 이 모든 것을 의탁합니다. 나를 강하게 하시어, 도움이 필요할 때 도움을 구하고, 역경 가운데서도 당신의 인내로 견딜 수 있게 하소서.

기사이신 예수여, 당신의 부활을 기억하오니 나에게 승리의 기쁨이 충만하게 하소서. 세상 속에서 펼쳐지고 있는 당신의 구원과 모든 악을 이기시는 현재와 다가올 승리를 볼 수 있는 눈을 주옵소서. 죽음이 결코 끝이 아닌 것에 감사를 드립니다. 고난 속에 있는 나와 모든 자들을 위해 싸워 주시는 주님께 감사를 드립니다. 예수님의 이름으로 기도드립니다. 아멘."

5장

말씀

영국의 소설가이자 각본가인 J. K. 롤링(J. K. Rowling) 시리즈에 나오는 마법의 영웅 해리(Harry)는 〈해리 포터와 비밀의 방〉(Harry Potter and the Chamber of Secrets, 2002)에서 그를 괴롭히는 사촌 더들리(Dudley)에게 대항해, 마법 같은 말로 겁을 준다. 즉 자신이 울타리에 불을 지르겠다고 겁을 주는 주장을 한 것이다. "지거리 포커리"(Jiggery pokery, 속임수나 부정직한 행동을 뜻하는 영국식 단어 – 편집자 주)! 해리는 격렬하게 속삭인다. "호쿠스 포쿠스"(Hocus pocus, 서양권의 주술어로 한국의 '수리수리 마수리' 정도에 해당 – 편집자 주)! 더들리는 해리가 진짜 마법을 부리는 줄 알고 겁에 질려 있지만, 독자인 우리는 웃는다. 해리가 쓴 말들은 진짜 마법 주문이 아니라 그럴듯하게 들리기만 할 뿐인 말장난이기 때문이다. 그 말들은 실제 마법이 아닌 별 의미 없는 그림자에 불과하다.

"호쿠스 포쿠스"라는 말에는 흥미로운 뒷이야기가 있다. 중세 라틴어로 진행된 성체 축일인 미사에서, 기름 부음을 받은 사제가 사람들 앞에서 누룩을 넣지 않은 빵을 들어 올리며 선포했다. "오크 에스트 코르푸스 메움"(Hoc est corpus meum), 곧 "이것은 내 몸이니." 이 선포는 복음서에서 예수께서 하신 말씀이다. 이것은 제도적 말씀으로 불리는 문장으로, '베르바'(Verba), 곧 '단어'로도 불린다. 이 말씀이 선포되고 하나님의 은혜가 임하면, 둥글고 흰 얇은 과자가 예수 그리스도의 거룩한 몸으로 변한다고 믿었다. 이제 이 라틴어 문장을 큰 소리로 빠르게 말해 보라. "오크 에스트 코르푸스"(Hoc est corpus). 어딘가 익숙하게 들리지 않는가? 종교 개혁 이후 어느 시점부터, 많은 사람들이 "오크 에스트 코르푸스 메움"이라는 말이 아마도 마술을 펼칠 때 의미 없이 되뇌이는 단어인 "호쿠스 포쿠스"로 점점 변형되었을 것이라고 믿고 있다. "호쿠스 포쿠스"는 성체 의식을 미신적인 것으로 경시하기 위한 의도였는가? 혹은 라틴어를 말하지 못하는 평신도들의 단순한 오해에서 비롯된 말인가? 아니면 무대 위나 농담 속에서 무거운 주제가 되는 한 단어를 유머러스하게 재현하기 위한 것인가? 정확한 진실은 아무도 모른다.

성체의 신비가 언어의 잠재력을 드러내 주지만, 중세 사람들이 그곳에 머물며 말하고 쓴 단어라는 이유로 경외심의 유일한 예로 삼을 수는 없다. 현란한 마술을 뜻하는 옛 단어인 '글래머'(Glamour)는 단어와 그 작동 방식에 대한 중세 연구인 '그래머'(Grammar, 문법)에서 유래했다.[1] 중세 후기에 이르러, 새롭고 대중적인 축일이 주목받기 시작했다. 이는 단어로서 그리스도의 이름 자체의 능력을 경축하는, 예수 성명 축일(Feast of the Holy Name of Jesus)로 대표된다. 단어들은 저주하고 파괴할 수 있는 힘을 지녔다. 하나님은 무에서 말씀으로 실체인 우주를 만드셨기 때문에, 말씀은 창조의 힘을 가지고 있다. 그리스도 자신

---

1 *Merriam-Webster Online*, s.v. "glamour (*n.*)," 2023년 1월 접속, https://www.merriam-webster.com/dictionary/glamour.

은 라틴어로 '베르붐'(Verbum), 헬라어로는 '로고스'(Logos)로 불리신다. 이는 요한복음에 처음 나오는 말씀이다.

"호쿠스 포쿠스"는 "오크 에스트 코르푸스"의 유령 같은 잔여물일 수 있지만, 둘 사이의 차이는 우리에게 가르침을 준다. 한 구절이 특정 상황(시간과 역사의 특정한 순간, 교회에서 드려지는 미사)에서 생겨난다. 그리고 이 구절은 특정 사람(기름 부음을 받고 훈련된 사제)을 통해 전해진다. 이로써 최고의 힘을 발휘한다(누룩을 넣지 않은 빵이 하나님의 구원을 베푸는 몸으로 변화하는 것처럼). 다른 구절은 특정 상황이나 효능을 가지고 있지 않다. 그것이 바로 핵심이다. 마법사에 대한 책에서조차, "호쿠스 포쿠스"는 외관과 소리에 대한 것이 많다. 그것은 기능 없는 형태다. 마법같이 보이지만, 헛소리다. 그것은 전혀 의미가 없기 때문에 누구든지 언제 어디서나 말할 수 있다.

성체에 대한 우리의 구체적인 신념을 제외하고, 근대 서구 사회에서 그리스도인들은 점점 "오크 에스트 코르푸스"를 말하는 사람보다 더욱 "호쿠스 포쿠스"를 말하는 사람이 되어 버렸다. 내 말인 즉, 서구 그리스도인들은 단어가 명확하게 이해되는 더 넓은 문화에 속해 있지 않다. 여기서 우리가 유념할 것은 단어가 그들이 고집하는 틀과 상황에 따라 형성되면서 힘의 수단이 될 수 있다는 것이다. 그런 면에서 이는 매우 "매혹적이고" 위험한 일이다. 소셜 미디어와 정치적으로 규합하는 단계부터, 어디에나 존재하는 광고, 심지어 사람 대 사람에 이르기까지, 우리는 마치 언어가 아무것도 아닌 것처럼, 우리가 원하는 것은 무엇이든 말할 권리만 중요하다는 식으로, 언어를 내뱉는다. 심지어 잔혹하거나 명백히 어리석은 말조차 '단지' 단어일 뿐, "호쿠스 포쿠스", 즉 아무 의미 없는 말이다. 우리는 "나는 정말 그런 '의미로 말하지' 않았어!"라고 말한다. 하지만 인종차별적 연설이나 모욕적인 "라커룸 대화"를 들어본 사람이라면 누구나 결혼 서약을 하거나 "사랑해!"라고 말할 때, 그 말들은 여전히 진정한 힘을 가지고 있다는 것을 알게 된다. 어린 시절 부르던 노랫말은 사실이 아니다. "나뭇가지와 돌이 내 뼈를 부러뜨릴 수 있지만, 말은 결코 나를 다치게 하지 못해." "호쿠스 포쿠스"조차도 더들리 더즐리(Dudley Dursley)를 놀라게 한다. 하지만 언어가 가진 진정한 잠재력과 주의, 상황, 그리고 미묘함의 필요성을 상기해 볼 때, 우리는 종종 분노와 방어적 태도, 심지어 두려움 속에서도 당당히 말하며 물러설 수 있다.

중세 신학자들은 혼란스럽고 난잡한 언어는 결국 우리가 믿게 될 하나님과 우리 자신에 대해 거짓으로 말하기 때문에 이단으로 이끄는 무모한 길이라고 주장했다.[2] 이 책의 나머지 부분이 주로 예수를 그림을 보듯 생동감 있게 서술하려는 데 초점을 맞추고 있다면, 이번 장에서는 말씀 자체에 대한 단어들, 곧 스콜라 신학의 최고 텍스트인, 지금은 『신학대전』(*Summa Theologiae*, 숨마 테올로기아)이라고 부르는 하나님에 대한 정리된 형태의 언어를 탐구하고자 한다. 이 정리된 형태는 그 자체로 하나의 독립된 언어적 그림이 된다. 이를 통해 우리는 중세 시대 사람들이 이해한 그리스도의 성품을 엿볼 수 있다. 성 토마스 아퀴나스는 이 위대한 신학 교육 프로젝트를 통해 하나님에 대해 말하는

---

2 Thomas Aquinas, *Summa Theologiae*, trans. Laurence Shapcote, ed. John Mortensen and Enrique Alarcon (Lander, WY: Aquinas Institute for the Study of Sacred Doctrine, 2012), III.16.8.corp, 원래 히에로니무스에게서 유래한 것으로 전해진다(이후 *ST*로 표기).

방식을 질서 있게 정리하여 독자들을 가르친다. 그리하여 우리가 그리스도에 대해 말할 때, 그분의 성육신적 사랑을 바르게 가르치고 바르게 닮아 갈 수 있도록 하기 위함이다.

하나님에 대한 논의를 정리할 때, 우리는 『신학대전』의 매우 질서정연한 맥락과 구조 또는 형태를 통해 아퀴나스의 신학에 들어가게 되고, 언어와 성육신의 관계에 대해 숙고함으로써 스콜라 철학에 발끝을 담그게 된다.

스콜라 철학, 토마스 아퀴나스, 그리고 『신학대전』

스콜라 철학(Scholasticism)은 많은 사람들에게 왠지 부정적인 경험을 남긴다. 아마도 매우 인상적이며 과장된 명성같이, 그 이름이 너무 거창하게 들리기 때문이다. 스콜라 철학은 12-13세기 유럽에서 막 시작된 대학들에서 연구한 "스콜라" 신학이다. 스콜라 신학은 피에르 아벨라르(Peter Abelard), 둔스 스코투스(Duns Scotus), 토마스 아퀴나스, 오컴의 윌리엄(William of Ockham) 같은 사람들을 통해 유럽 전역에서 라틴어로 기록되고 교수되었다.[3] 복잡하기로 유명한, 그 신학적 방식은 방대한 라틴어 어휘를 가지고 있어 상당한 훈련이나 지도 없이는 그것을 열어서 읽는 데 많은 도전을 준다.

성 토마스 아퀴나스는 1225년 이탈리아 아퀴노(Aquino) 근처에

---

3 여기서 "남성들"이라는 표현은 의도적으로 사용된 것이다. 여성들은 19-20세기에 이르기 전까지 대학에 다닐 수 없었기 때문이다.

있는 로카세카(Roccasecca)에서 태어났다. 그가 겨우 다섯 살이었을 때, 그의 귀족 가문은 그를 인근 베네딕토회 수도원에 들여보냈다. 그들은 아마도 그가 결국 수도원장이 될 것이라고 기대했다. 십대 시절 토마스는 존경할 만한 이 길에서 떠나, 불과 몇 십 년 전 스페인의 성 도미니코가 설립한 도미니코회에 가입한다. 이곳은 설교 수사들의 놀라운 새 질서로 세워진 수도회였다. 도미니코회 사람들은 자발적인 빈곤을 실천했다. 그들은 모든 세속적 재산을 거부함으로써 그리스도를 모방하기 원했다. 마을마다 돌아다니면서 설교하고, 자선에만 의지해 살았다. 그들은 중세 종교 생활의 질서를 뒤흔들고 있었다.

아퀴나스의 귀족 가문은 공황 상태에 빠졌다. 그들은 아퀴나스를 가족 성에 있는 그의 방에 가두고 도미니코회에서 수여받은 성직에서 벗어나게 하기 위해 몇 가지 미심쩍은 전략을 썼다. 추측하건대, 그의 형제들은 그가 독신 서약에서 놓치고 있던 것을 상기시키기 위해 매춘부를 그의 방으로 보냈다고 한다. 전통에 따르면, 그는 벽난로에서 거머쥔 불타는 인두를 들고 그 여자를 방에서 쫓아냈고, 그런 다음 문에 재로 십자가를 그렸다. 불쌍한 여인! 가족은 그들의 패배를 인정했다.

우리 대부분은, 현재 아퀴나스가 로마 가톨릭에서 가장 중요한 신학자로 인정받고 있는 그의 지위를 고려해 볼 때, 아마도 그를 주류 신학자로 여길 것이다. 하지만 항상 그런 것은 아니었다. 아퀴나스는 특이했다. 신학자로서 그의 삶을 마무리할 무렵, 그는 충격적으로 "한 달 평균 장편 소설 두세 권에 달하는 분량의 작품"을 썼다.[4] 아

---

4 Denys Turner, *Thomas Aquinas: A Portrait* (New Haven: Yale University Press, 2013), p. 41.

퀴나스는 자신의 신학적 관점을 주장하기 위해, 그가 아리스토텔레스(Aristoteles)에 대한 무슬림 통역사들의 작품을 어떻게 사용했는지에 대한 논란 속에 사망했다. 1277년 파리의 주교는 아퀴나스의 저작 일부를 불태우라는 판결을 내리기까지 했다. 그가 사망한 지 불과 몇 년 후였다. 우리는 그를 현상 유지를 선호한 그런 신학자로 오해하는 함정에 빠져서는 안 된다.

아퀴나스는 스콜라 신학을 배우기 '시작한' 도미니코회 형제들이 참고할 신학 논문으로서, 그의 걸작인 『신학대전』을 썼다. 이 작품은 크게 세 부분으로 나누어져 있는데, '프리마 파르스'(Prima Pars), '세쿤다 파르스'(Secunda Pars), '테르티아 파르스'(Tertia Pars), 즉 1부, 2부, 3부로 불린다. 각 부분은 자연스럽게 한 질문에서 다음 질문으로 이어지는 여러 하위 질문들로 구성되어 있다. 만일 당신이 "말씀이 육신이 된 예수는 스콜라 철학이라는 난해한 담론 속에서 어떻게 명시되고 있는가?"라고 자문한다면, 먼저 그리스도에 대해 명쾌하게 다룬 3부를 펼쳐 첫 번째 질문부터 읽어 보라.

제1문: 성육신의 적합성에 대하여
1. 하나님께서 인간으로 성육신하신 것이 적합했는가?
2. 하나님의 말씀(로고스)이 성육신하는 것이 인류의 구원에 꼭 필요했는가?
3. 만약 인간이 죄를 짓지 않았다면, 하나님께서 성육신하셨겠는가?
4. 하나님은 원죄를 없애기보다, 개인적 죄를 없애기 위해 성육

신하신 것인가?

5. 인류의 처음에 하나님이 성육신하신 것이 더 합당하지 않았겠는가?

6. 하나님의 성육신은 세상 끝 날까지 연기되었어야 했는가?[5]

이런 질문들은 분명 입문자들을 위한 것이다. 내가 처음 『신학대전』을 펼쳤을 때, 나는 압도당하는 느낌을 받았고, 솔직히 말해 조금 거부감도 들었다. 이런 질문들이 가진 대담함과 불가능성은 내 숨을 멎게 할 정도였다. 심지어 두려움마저 느껴졌다. 그는 그 대답이 자신이 기대하거나, 옳다고 생각한 답이 되지 않을 수도 있다고 생각했다. 나아가 그 대답이 그 질문에 최종적인 결론을 내려 주어야 한다는 두려움에도 방해받지 않았다.[6] 아퀴나스는 단어가 밝혀 줄 진리에 대한 열망을 가지고 있었다. 아퀴나스의 예수는 이렇게 질문할 만큼 '크신 예수'라는 것을 우리는 처음으로 발견한다.

답변보다 선행하는 것은 무엇인가

『신학대전』 3부에 나오는 이 첫 번째 질문에 대한 아퀴나스의 답

---

5 *ST III*.1.
6 나는 아퀴나스에 대해 터너(Turner)가 한 말을 좋아한다. "토마스는 지적으로 더 용감하며, 때로는 무책임하기까지 하다. 그에게는 반드시 질문해야 하지만 답할 수 없는 문제들도 있다"(p. 135).

변을 함께 살펴보자. "하나님께서 인간이 되시는 것이 적합했는가?"

모든 것은 그 본성을 따라야 적합하다. 따라서 사고하는 것은 사람에게 적합하다. 인간은 이성적 존재로 사고하는 것이 그에게 속하기 때문이다. 하지만 디오니소스(Dionysus)에게서 확실히 알 수 있듯이(Div. Nom. I), 하나님의 본성은 선이다. 따라서 선의 본질에 속하는 것은 하나님께 적합하다. 그러나 디오니소스에게서 명백히 알 수 있듯이(Div. Nom. IV), 타자와 교제하는 것도 선의 본질에 속한다. 따라서 피조물과 최고의 방식으로 교제하는 것은 최고선의 본질에 속한다. 이것은 주로 "그분 자신이 피조물의 본성에 참여함으로써, 한 위격(성자)이 세 가지", 곧 아우구스티누스가 말한 대로(De Trin. XIII) "말씀과 영혼, 그리고 육체로 이루어지게 함으로써" 성취된다. 따라서 하나님께서 사람이 되시는 것은 적합하고도 분명한 사실이었다.[7]

간략하게 바꾸어 말하면, 아퀴나스는 하나님의 본성 자체가 바로 '선'이라고 주목한다. 다른 신학자인 위 디오니시우스(Pseudo-Dionysius)는 선은 스스로 교통한다고 주장했다. 선은 본성상 선함으로 언제나 선물이고, 언제나 공유된다. 따라서 하나님이 정말 선하시다면, 그분은 육체를 가진 우리 피조물이 이해할 수 있는 아름답고 적합한 방식으로 자신을 알리기 원하시며, 또 알리신다. 이는 말로 다할 수

---

7 ST III.1.1.corp.

없는 영적인 것을 이해 가능한 육체적 방식과 결합함으로써 성취된다. 이것이 바로 성육신(Incarnation)이다.

교제 가능성과 사랑에 대한 이 답변은 약간 역설적으로 느껴질 수 있다. 왜냐하면 그 답변이 쉽게 전달되지 않는 방식, 즉 아퀴나스 특유의 라틴계의 전문적인 어휘로 제시되기 때문이다. 여기서 사용된 '본질', '본성', '적합성'과 같은 단어들은 구체적이고 형식적인 의미를 담고 있다. 이에 대한 훈련이 없는 독자라면 그 의미를 놓치기 쉽다. 중요한 점은, 아퀴나스가 이미 『신학대전』 앞부분에서, 이런 개념들, 곧 '선'과 '이성', '본질' 같은 많은 다른 단어들을 과거 다른 권위자들과 논쟁하며 자세히 논의했다는 것이다. 이를 명심하라. 우리는 지금 더 크고 정교한 대화 가운데 매우 짤막한 묘사만 접하고 있는 것뿐이다.

이 전문적인 어휘는 독자들로 하여금 스콜라 신학자들이 의도적으로 사람들을 배제하고 있는 것 같은 느낌을 준다. 그것이 여성을 배제하는 것이든, 소수 민족이나 평신도든, 배제는 신학 작업의 필수적인 부분이라고 믿는 과거와 현재의 신학자들이 있다. 이들은 팽팽한 긴장감을 이룬다. 거침없이 큰 소리로 말하는 과거와 현재의 신학자들이 있다. 그러나 이런 경우, 우리는 결과와 의도를 주의 깊게 구별해야 한다. 스콜라 학자들은 공통적이고 정확한 어휘를 공유함으로써 참가자 서로가 진리를 추구함에 있어 대등한 입장에서 토론할 수 있다고 믿었다. 『신학대전』을 읽는 것은 성 아우구스티누스의 『고백록』(Confessiones)같이 더 접근하기 쉬운 신학 텍스트를 한 부 집어 드는 것보다 오히려 행동 심리학 또는 조류학 전문가를 위한 과학 저널을 읽는 것에 더 가깝다.[8] 언어의 정확성은 학자와 신학자들 사이에서 논쟁과 적응을 불러일으킨다. 각각의 전문 용어 뒤에는 논쟁이 될 만한 커다란 세계가 있다.[9] 우리는 말씀을 통해 감정적인 반응 혹은 무심코 드리는 헌신을 할 수 있다. 그뿐만 아니라 교사와 현명한 자들이 말씀에서 비롯된 전인적인 지성으로의 참여로 우리를 이끌 수 있다.

그러나 우리는 아퀴나스의 답변으로 곧장 옮겨 감으로써 중요한 무언가를 놓쳤다. 이 답변 '이전에' 무엇이 있었는가? 아퀴나스는 그의 실제 논증에 도달하기에 앞서 질문과 이의제기로 시작한다! 우리도 마치 그의 탐구 방식을 배우는 학생들처럼 처음부터 그의 방법을 살펴보자.

1단계: 질문하라. 이 부분에 나오는 아퀴나스의 첫 번째 질문은 다음과 같았다. "1. 하나님께서 인간이 되시는 것이 적합했는가?" 아퀴나스의 질문은 여러 가지가 있으며, 그것들은 『신학대전』의 전체를 구성한다.

2단계: 당신이 궁극적으로 주장하고자 하는 내용과 일치하지 않는 잠재적 답변 및 논거를 소개하라. 자신이 알고 있거나 믿는 것에 근거해 논쟁하기보다 질문과 이의제기로 시작하는 것은 믿음과 신

---

8 아퀴나스조차도 신학을 '과학'(scientia)으로 분류한다. 물론 그는 인간 이성이 궁극적으로 한계가 있다는 점을 인정하면서도, 그럼에도 불구하고 신학은 그런 이성을 통해 추구되는 지식 체계로 간주된다. Frederick Christian Bauerschmidt, *Thomas Aquinas: Faith, Reason, and Following Christ* (Oxford: Oxford University Press, 2013), 특히 2장을 참고하라.

9 아퀴나스는, 그의 고도로 구조화된 어휘를 통해, "자신이 틀렸다면 그것이 명확히 보일 수 있도록 충분히 명료하게 제시함으로써, 자신의 사상이 반박될 수 있는 가능성에도 스스로를 열어 둔다." Turner, *Aquinas*, p. 40.

뢰의 행동이 될 수 있다. 이런 잠재적인 이의제기에는 종종 아우구스티누스 같은 영향력 있는 교회 교부들이나, 마르쿠스 툴리우스 키케로(Marcus Tullius Cicero), 플라톤(Plato), 또는 아리스토텔레스같이 존경받는 이교도 권위자들이 말한 인용문이 포함된다. 그들은 그의 주장에 진정한 도전이 된다. 이것들은 우리가 오늘날 수준 낮은 정치 연설이나 사설에서 압력을 가해 누르는 것 같은 모습의 잘못되고 어리석은 대답이 아니다. 오히려 그들은 충격적일 만큼 매우 까다롭다. 다음은 아퀴나스가 내놓은 판단에 반대하여, 하나님이 성육신하신 것이 적합하지 않았다고 말하는 첫 번째 이의제기를 잘 보여 준다.

> 하나님은 영원에 모든 근거를 두신 분으로 본질상 선하시다. 그는 영원히 존재하셨던 대로 존재하는 것이 그분에게는 최선이었다. 그러나 그분은 영원히 육체 없이 존재하셨다. 그러므로 그분은 육체와 연합되지 않는 것이 가장 적합했다.[10]

하나님은 언제나 영원히 선하시고, 또한 그 영원한 선 안에서 변함이 없으신 분이라면, 그분은 왜 우리의 몸에서 우리와 하나가 되셨는가? 그것은 무언가 빠지거나 잘못되었다는 것을 의미하지 않는가? 그것은 똑똑한 아이가 차 안에서 부모에게 제기하는 것과 정확히 같은 종류의 문제다. 당신이 의문을 제기할 만큼 그 생각을 진지하게 받아들여 본 적이 없기 때문에 (또는 '감히' 그것을 진지하게 받아들였기 때문에)

---

10 *ST III*.1.obj.1.

당신의 말문을 막히게 하는 그런 종류의 문제다. 아퀴나스는 끊임없이 탐구하며, 미묘한 질문이든 명백한 질문이든, 논리적인 것이든 창의적인 것이든, 대답하기 어려운 질문들을 두려워하지 않고 던진다. 심지어 자신이 다른 주장을 하려는 상황에서도 그렇다. 모든 사람들은 우리가 가장 강력한 반대에 부딪히지 "않고", 우리가 최고를 선별하는 과정에서 태도를 역으로 바꾸어 신중히 고른다면, 그래서 반대 주장의 장점은 버리고 가장 약한 점에 집중한다면, 논쟁에서 가장 잘 이긴다는 것을 알고 있다. 아퀴나스는 우리가 우리 자신과 공동체 안에서 진리를 추구한다면, 약점을 물고 늘어지는 것만으로는 충분하지 않다는 점을 상기시킨다.

3단계: 당신이 생각하기에 가장 최고의 답변으로 그 질문에 답하라. 마침내, 몇 페이지 뒤에, 아퀴나스는 처음 질문에 그가 생각하기에 가장 최고의 답변으로 답한다. 이 논증은 질문에 따라 아주 짧기도 하고, 여러 단락으로 이루어지기도 한다. 이 특정 질문의 경우, 이것은 우리가 앞서 처음 살펴본 대답이다. 그러나 그는 아직 끝나지 않았다.

4단계: 처음 답변에서 제기된 특정 이슈에 대해 당신은 동의하지 않는 것으로 답하라. 이제 자신이 내린 결론에 크게 도전하는 많은 논쟁에 직접 참여할 때다. 누군가는 뒷자석에서 집요한 질문을 보내오고, 당신보다 9세기 전에 존재한 신학적 거물 역시 도전해 온다. 또한 동시대 사람들이 시대정신에 따라 집요하게 이의를 제기하며 도전한다. 이런 최고 자리에서 내놓는 다른 주장들에 대해 당신은 답해야 한다. 그렇지 않으면 당신의 답변은 결코 끝나지 않는다.

본문과의 대화를 통해 과거와 현재에 속한 공동체가 함께 질문과 대답을 주고받는 이런 논쟁 방식을 '변증법'(Dialectic)이라고 부른다.[11] 변증법적 논증은 진리를 공동으로 추구하는 토마스 아퀴나스의 현실 참여에 핵심이 된다. 변증법은 제한이 없다. 당신이 "최고의" 답에 도달하는 동안, 그것은 아마도 또 다른 것일 수 있다. 더 나은 답변이 심지어 몇 년 뒤에도 당신의 상호 합리적 대화를 통해 나타날 수 있다는 것을 의미하기에 그렇다. 말씀에 대한 진리를 말하는 방법을 배우는 과제는 매우 공동체적이며 겸손한 것이다. 아퀴나스는 변증법에 참여한다. 그것은 유연하고, 제한이 없으며, 상호 진리 추구에 대한 초대이자 마음을 변화시키기 위한 전주가 되기 때문이다. 그는 자신의 논쟁 상대가 마음을 바꾸기 원하는 만큼 열심히 진리를 추구하지 않는다면, 논쟁이 자칫 잘못하면 자부심만 드러내는 활동이 될 뿐이라는 점을 결코 잊지 않는다.

아퀴나스와 같은 변증법적 재능은 예수에 대한 이상하고 다양한 질문들을 논의하기 위한 체계적면서도 자유로운 신학이다. 여기에는 성경, 교부들, 이교도들, 그리고 이븐 시나(Ibn Sina; Avicenna, 페르시아 제국의 철학자이자 의학자로, 중세 최대 의학자 중 한 사람 – 편집자 주)와 이븐 루시드(Ibn Rushd; Averroes, 스페인의 아랍계 철학자이자 의학자 – 편집자 주) 같은 무슬림 세계에 속한 동시대 아리스토텔레스 학자들에게서 영향을 받은 질문들이 많다. 그리스도께서 자신을 위해 기도한 것이 적합했는가?[12]

---

11 변증법에 대한 훌륭한 입문 자료로는 다음의 유튜브 영상이 있다. "Argument and Dialectic (Aquinas 101)," The Thomistic Institute, 2019년 9월 30일, 4:36, https://www.youtube.com/watch?v=RY9vokziX3I.

12 *ST III*.21.3.

그리스도 안에 경이로움 혹은 무지가 있었는가?[13] 아퀴나스의 예수는 인간의 말을 통해 전달 가능하며 또한 탐구할 수 있는 말씀이다. 그러나 인간의 말은 그분을 온전히 포함할 수 없다.

우리는 토마스 아퀴나스가 말하는 하나님의 말씀이 갖는 형식과 모양이 얼마나 중요한지 알기 시작한다. 형식은 내용을 온전히 이해하는 수단이기 때문이다.

비유와 스콜라 철학

아퀴나스의 스콜라적 질문들에서, 나는 놀랍게도 그리스도께서 직접 가르치신 방식이 떠오른다. 하지만 예수의 비유와 스콜라 철학은 서로 매우 다르다! 사실 어떤 시대든 대부분의 대학에서 가르치는 신학은 양, 음식, 동전, 아버지와 아들에 대한 그리스도의 그림 이야기와 거의 닮지 않았다. 토마스 아퀴나스의 이해하기 힘든, 전문적인 신학이 예수의 비유를 불러일으킨다면 어떻겠는가? 유진 피터슨은 그리스도께서 가장 좋아하시고, 종종 비스듬히 진리를 전달하는 형태에 대해 이렇게 썼다. "비유는 그것만의 독특한 스타일을 갖고 있는 말의 한 형태다. 비유는 듣는 자로 하여금 창의적인 참여로 이끈다. 눈에 띄지 않게, 심지어는 은밀하게, 비유는 듣는 사람을 참여시킨다. …… 우리는 질문을 하고, 생각하며, 상상한다."[14]

---

13   *ST III*.15.8, III.15.3.
14   Eugene Peterson, *Tell It Slant: A Conversation on the Language of Jesus in*

『신학대전』에서처럼, 우리는 질문과 논쟁, 지속적으로 변화하는 해석, 그리고 공동체의 상상력에 적합할 만큼 예수를 충분히 크게 만난다. 피터슨은 과장하지 않는다. 최근 나는 친구들과 함께 요한복음을 읽었다. 요한복음에서, 예수의 추종자들은 끊임없이 혼란스러워하고, 계속적으로 질문하며, 항상 한두 걸음 뒤에 있었다. 그것은 우리를 모두 웃게 만들었다. 그리스도는 질문을 유도하기 위해 이야기로 대화를 시작하신다. 심지어 그리스도는 가장 어렵고도 신비한 질문으로 그들을 초대하신다. 특히 우리가 알지 못함을 인정하는 데서 겸손하고도 호기심 있게 비롯된 질문이라면 더욱 그렇다. 예수의 이야기는 놀랍고도 이상하게 새로운 의사소통과 진리 탐구라는 통로를 연다. 하나님 말씀, 예수 그리스도를 본보기로 한 신학은 초대적이고, 공동체적이며, 그 형태 덕분에 질문을 불러일으킨다.

아퀴나스가 가르친 대로, 성육신 자체는 가장 적합하다. 그리스도께서 하나님의 선하심과 진리, 사랑을 놀랍고 정확하게 전달하기 때문이다. 성육신은 하나님 말씀의 '내용'과 그것이 도달하는 인간 그릇의 '형태'가 결합된 것이다. 하버드 신학자 마크 조던(Mark Jordan)이 지적한 대로, 아퀴나스는 그리스도의 모든 말씀과 행동이 우리의 배움을 위한 것이라고 확신한다. 아퀴나스는 전통적인 문구를 인용한다. "그리스도의 모든 행동은 우리의 교훈이다."[15] 말씀이 육신을 입을 때, 그

His Stories and Prayers (Grand Rapids: Eerdmans, 2008), p. 19. 『비유로 말하라, 언어의 영성』.

15 Mark D. Jordan, Teaching Bodies: Moral Formation in the Summa of Thomas Aquinas (New York: Fordham University Press, 2017), p. 36.

분은 자신을 "변형시키시고," 우리가 참여하고, 따르며, 예배할 수 있는 방식으로 말씀하신다. 그리고 그렇게 하나님의 사랑과 서로 간의 사랑을 희미하게 이해하기 시작한다. 하나님은 예수 안에 신성을 체현함으로써, 그분이 하시는 방법대로 자신을 계시할 필요가 없으셨다. 하나님은 자동차 소유자가 지닌 두툼한 매뉴얼대로 높은 곳에서 진리를 전하실 수 있었다. 그것이 더 직접적이었을 것이다. 더 명확한 지침과 어쩌면 몇몇 유용한 도식을 포함했을 수 있기 때문이다. 그러나 성육신하신 말씀은 하나님의 사랑이 체현된 형태다.[16]

육신이 되신 하나님의 말씀, 즉 성육신하신 예수 그리스도, 그분은 극도의 명료성에도 불구하고, 우리에게 신성한 자동차 소유자의 매뉴얼이 할 수 있는 것보다 하나님의 사랑을 더 사랑스럽고 완전하게 말한다. 말씀이 육신이 되신 것처럼, 그리스도 자신도 형태와 내용의 완전한 결합이다. 구원의 말씀은 죽어 가는 우리에게 신적인 사랑을 전하기 위해 다가오신다.

말씀의 해석과 나눔

말씀이 성육신 가운데 독특하게 전달될 수 있는 이유는 무엇인가? 하나님은 인간을, 이해할 수 있는 한정된 자원을 지닌, 육체적이고 제한된 존재로 창조하셨다. 이 부분에서 아퀴나스는 "합리적 동물"이

---

16 요 14:9.

라고 부르는 아리스토텔레스를 따른다.[17] 우리는 완전하고도 선한 창조 질서 아래, 제한된 피조물로서 우리의 현재 삶 속에서 펼쳐지는 눈에 보이지 않는 하나님의 영적인 신비를 완전히 이해할 수 없다. 우리 자신 안에 있는 죄와 무지가 우리를 더욱 방해한다. 성육신은 그분의 선함으로 존재하시는 하나님뿐만 아니라 육체를 가진 영혼으로서 우리에게도 "적합하다."[18]

육체를 가진 영혼으로서, 우리는 단절된 채 배우지 않는다. 우리는 현재 장소와 몸을 통해 서로에게서 함께 배운다. 그러므로 역사 전반에 걸쳐 다른 그리스도인들을 끊임없이 인용하는 아퀴나스의 습관을 배운다(이 부분에서는 신학자 위 디오니시우스와 히포의 성 아우구스티누스). 우리는 우리의 눈과 귀를 통해 서로 읽고 경청함으로 진리와 사랑을 받는다. 또한 우리는 손가락과 입술을 통해 진리와 사랑을 전한다.

어린아이들은 좋음과 나쁨을 발견하기 위해 모든 것을 입에 넣는다. 성인이 되면 우리의 방법이 지성을 통해 더 정교해지고, 더 집중되지만, 우리의 감각은 여전히 진리를 받아들이는 데 도움이 된다. 진리가 도달되기까지 말 꾸러미는 대단히 중요하다. 우리는 스승과 성자들을 만나며, 그들의 말을 듣고, 또한 모방한다. 예수의 성육신은 몸을 가진 피조물인 우리를 신적인 사랑으로 초대한다.

---

17 이 책은 인간의 의존적이며, 동물적인 신체성과 아퀴나스가 아리스토텔레스의 사상을 수정하며 형성한 인간 이성 사이의 관계에 대해 상세히 논의한다. Alasdair MacIntyre, *Dependent Rational Animals: Why Human Beings Need the Virtues* (Chicago: Open Court, 1999)를 참조하라.

18 '적합함'(Fittingness)은 아퀴나스가 사용한 중요한 단어인 '콘베니언스'(Conveniens)의 느슨한 번역이다(*ST* III.1.1). Jordan, *Teaching Bodies*, 1-2장에서는 이 용어가 교육과 도덕 형성에 어떻게 관련되는지 매우 유익하게 다루고 있다.

교회가 예수에 대해 함께 읽고 말하고 생각하며, 과거 위대한 인물들 및 현재의 동료들과 함께 우리의 반응을 되돌아보고 수정해 나갈 때, 우리의 지성은 우리의 의지와 협력해 일한다. 아퀴나스의 변증법적 신학 방식은 어휘 작업을 함께하며, 서로 논쟁하면서, 우리보다 더 많이 배우고 연구한 권위자들을 인정함으로써, 우리가 관용과 교감 속에 성장한다는 확신을 반영한다. 우리는 '함께' 예수를 가장 잘 찾는다. 사실 예수께서는 우리가 이런 방식으로 그분을 찾고, 그 안에서 기뻐하도록 우리를 만드셨다. 우리는 제자들과 함께 예수의 비유를 해석하려고 노력하면서 웃고, 울고, 질문한다. 예수께서 제자들을 가르치셨던 것처럼, 말씀은 우리가 해석적 공동체에서 함께 배우는 언어로 우리에게 말씀하신다. 교회의 많은 정체성 가운데 하나는 말씀의 해석적 공동체다. 그리고 이 해석적 공동체에서, 그 말씀은 우리를 형성한다. 그리고 우리의 말로도 사랑 가운데 서로를 형성한다.

말씀이 육신이 되신 것처럼, 하나님에 대한 우리의 담화는 우리가 말하는 단어와 어조, 상황과 결합된다. 그리스도인들은 그들의 메시지가 너무 중요하고, 중심적이어서 전달 방식은 더 이상 중요하지 않다고 잘못 믿어 왔다. 복음 전파의 중요성은 식민주의와 정복 같은 악을 정당화하는 데 사용되어 왔다. 스페인 왕정 선언문인, 1510년 작성된 스페인 요구 사항은 신대륙에서 스페인 정복에 저항하는 원주민들을 죽이는 것을 옹호했다. 이는 그들이 아메리카 대륙에 복음을 전하려는 하나님의 계획에 불순종하고 있다는 이유에서였다.[19] 스페인

---

19 Council of Castile, *Requerimientio 1510*, National Humanities Center Resource Toolbox, 2023년 2월 접속. https://nationalhumanitiescenter.org/pds/amerbegin/

당국은 원주민들을 폭력적으로 정복하기 전, 아무 설명 없이 이 문서 자체를 라틴어로 소리 내어 읽게 했다. 조나단 에드워즈 같은 18-19세기 신학자들은 노예 제도를 "속박되어 있는 자들을 '문명화하고' 또 '전도하는 수단'"으로 여겼다.[20] 우리 역시 아퀴나스 자신이 그랬듯이, 하나님에 대한 우리의 담화를 다른 그리스도인들에게 난폭하게 할 수 있다. 아퀴나스는 『신학대전』에서 이단자들이 교회에 위험을 초래하고, 그들의 방식을 바꾸기를 거부한다는 이유로 그들을 불태우는 것을 옹호한다.[21] 그리고 소셜 미디어 사용자라면 누구나 온라인 군중이 주장하는 하나님에 대한 무참한 이야기를 인식할 수 있다. "목적은 수단을 정당화한다"는 이 말은 말씀의 해석적 공동체에 속해 있는 모두에게 지속적인 위험이 된다. 우리는 아직 교훈을 제대로 배우지 못했다.

오늘날 우리가 소비하는 다양한 매체의 형식에 영향을 받아, 그리스도이든 비그리스도인이든 도발적인 논쟁 방식을 중요하게 여긴다. 사람들의 점점 줄어드는 주의와 관심을 어떻게 붙잡을 것인가? 그들이 큰 반향을 일으키는 한, 당신이 반대자들의 관심사에 말로 답하며 배려해 주어도 누가 신경을 쓰겠는가? 너무 자주 우리는 논쟁에 휘말린 무딘 도끼와 같이 이와 동등한 입장이 되는 것을 칭찬한다. 목표는 당신의 반대자들을 설득하며, 특히 그들의 이야기를 경청하는 것이

---

contact/text7/requirement.pdf.
20 Kenneth Minkema, "Jonathan Edwards," Yale and Slavery Research Project, 2023년 2월 접속, https://yaleandslavery.yale.edu/jonathan-edwards, 강조는 필자.
21 *ST* II.II.11.3.corp. 이후 아퀴나스의 추종자들인 도미니코회 수도회는 그들의 언어 사용과 교육 방식이 악용되어, 악명 높은 스페인 종교 재판소에서 유대인과 이단자들을 겨냥해 행해진 악행에 가담하게 되었다.

아니라, 그들을 "소유하는" 것이다. 하지만 사랑이 없으면 천사의 말을 할지라도 아무 의미가 없으며, 울리는 꽹과리에 불과하다(고전 13:1). 교회는 형식에서 내용을 제거하는 방식으로 예수에 대해 진지하게 말하려 하지만, 이를 직면한 우리는 깊은 아이러니에 빠진다. 교회가 그리스도에 대해 의미 있고, 변화를 가져오는 언어를 사용하고자 하는 시도는 오히려 위선적인 "호쿠스 포쿠스"가 된다. 이런 태도는 상식적으로 이해하기 힘들 뿐더러 의미의 축소를 가져온다. 즉 보여 주기 식의 수행적 행동일 뿐이다.

논리에 기반한 언어의 정확성과 그 도달 범위의 방대함을 자랑하는 『신학대전』은 요크 민스터(York Minster)나 샤르트르 대성당(Chartres Cathedral) 같은 중세 유럽의 고딕 양식 대성당과 종종 비교되었다. 이들 교회 곳곳에는, 수년에 걸쳐 서로 다른 손으로 완성되고, 뛰어난 여러 건축가들이 연합하여 만든 특이한 조각품들, 벽화, 다채로운 스테인드글라스가 자리하고 있다. 이것들을 매개로 한 성경과 교리에 대한 정교하고 때로는 낯선 해석이 교회 곳곳을 덮고 있다. 역설적이게도, 그 효과는 밀실 공포증을 일으키는 과밀한 동굴이 아니라 빛으로 뻗어 나가는 빛이다. 요크 대성당은 건축 과정에서 수백 년이 걸렸고, 시간이 흐르면서 다양한 형태가 나타났다. 교회에서 가장 잘 보이지 않는 구석에도 세심한 주의와 아낌없는 관심을 기울였고, 아름다움과 장인 정신이 깃들어 있었다. 이곳이 바로 육신(The Body)의 고향이었기 때문이다. 또한 빵이 그리스도의 살이 되는 곳이었다.

이와 마찬가지로, 오늘날 교회는 우리의 말을 세심하게 다루는 법을 다시 배워야 한다. 온라인에서 이루어지는 일상의 대화에서부터 대학의 신학에 이르기까지, 우리의 말은 예수가 거하시는 거처 가운데 하나이며, 사람들이 그분을 만나고 질문하며 하나님의 말씀을 해석하는 법을 배울 수 있는 장소다. 예수에 대한 허황된 말장난("호쿠스 포쿠스")을 피하려면, 우리는 전성기의 토마스 아퀴나스를 본받아 하나님에 대한 우리의 신앙 표현을 대성당처럼 엄숙하게 다듬어야 한다. 우리의 언어는, 인간 교회 안에서 다양한 창의적 관점과 다른 사람들과의 상호 수정을 통해 수년에 걸친 경건한 작업의 결실이 된다. 이처럼 말의 느린 작업을 통해, 우리는 아름다움과 진리 안에서 기뻐한다.

물론 말과 대성당은 모두 아직 닿을 수 없는 빛을 향해 항상 시선을 사로잡는다.

언어 너머에 계신 그리스도

중세 스콜라 철학은 종교 개혁 동안 크게 명성을 잃었다. 프로테스탄트와 가톨릭 개혁자들은 모두 그 담론을 싫어했다. 유명한 가톨릭 인문주의자 에라스무스(Desiderius Erasmus)는 "스콜라적 치밀함이 두 번째로 밀려나더라도 그리스도가 명확하고도 단순하게 가르쳐지기를" 원했다.[22] 앞서 언급했듯이, 나는 우리가 결코 답을 알 수 없을지도 모르는 문제를 함께 이야기하면서, 답할 수 없는 질문을 좇고, 특히 복음서나 신조에서조차 잘 등장하지 않는 어려운 기술적 어휘를 해석하

---

22 제임스 앤서니 프라우드가 카피토(Capito)에게 보낸 편지, James Anthony Froude, *Life and Letters of Erasmus* (United States: C. Scribner's Sons, 1894), p. 187.

는 일이 가치가 있는지 씨름했었다.

하지만 에라스무스에게 미안하게도, 그리스도는 결코 명확하고 단순하게 가르쳐지지 않는다. 스콜라 철학에 동의하지 않더라도 이 사실을 인정할 수밖에 없다. 물론 예수를 가르치는 더 단순하고 복잡한 방식이 있지만, 하나님에 대한 담화 이면에는 항상 인간적 의제, 인간 역사, 그리고 '인간'이 있다. 심지어 그리스도 자신도 "단순하고 명료하게" 가르치시지 않는다. 그분의 비유를 읽고, 인간이신 예수의 신비를 풀어 보라. 그분은 더욱 신비롭기만 하다. 고난과 십자가의 메커니즘, 환희에 찬 부활, 그리고 세상의 종말에 이르기까지. 우리는 아퀴나스와 함께 깊은 영적 바다에 들어서게 된다. 이 바다는 파리의 비좁은 대학 강의실에서 가장 뛰어난 학자들조차 감당하기 힘든 영역이며, 우리의 미완성된 갈망이 우리를 이끄는 곳이다.

1273년 아퀴나스는 나폴리(Napoli)에서 미사를 집전하던 가운데 신비한 경험을 했다. 이후 그는 『신학대전』 집필을 중단했고, 다시 그 작업을 할 수 없었다. 그가 친구에게 자신이 지금까지 쓴 모든 글이, 자신이 본 것에 비하면 "지푸라기처럼 느껴진다"고 말한 것은 매우 유명하다.[23] 아퀴나스는 『신학대전』 3부, 예수에 대한 부분에서 그분의 몸이 이 땅에 계시면서 교회에 베푸신 성례 부분은 미완성으로 남겨 두었다. 아퀴나스는 그로부터 불과 몇 달 뒤, 교회 회의에 가는 길에 나뭇가지에 머리를 부딪친 후 얼마 되지 않아 세상을 떠났다.

---

23 더 자세한 설명은 Frederick Bauerschmidt, *The Essential Summa Theologiae: A Reader and Commentary*, 2nd ed. (Grand Rapids: Baker Academic, 2021), xxii-xxiii를 참고하라.

아퀴나스의 삶은 예수에 대한 말씀의 핵심에 있는 '긴장'을 상기시킨다. 우리는 사랑 안에서 함께 그리스도를 이야기할 방법을 찾아야 한다. 동시에 우리는 피조물로서 우리의 언어가 늘 불충분하다는 겸손한 인식 속에 살아야 한다. 우리는 학식 있는 대학 신학자의 말을 칭송하고 따른다. 이를 통해 또한 형성된다. 그러나 천국에서는 구주 예수를 사랑하며 주기도문을 외우는 문맹의 중세 농촌 여성도 신학자만큼이나 신실하고 사랑받는 존재다.[24] 우리가 말을 바꾸고, 형성하며, 나누는 방식은 중요하다. 우리의 모든 말은 우리 자신과 친구들, 심지어 원수에게까지 연한 곡식 위로 내리는 비나 우박처럼 떨어진다. 그러나 동시에 그 말들은 그리스도를 담거나 온전히 전달하기에는 전적으로 불충분하다.

형태와 내용이 완벽하게 결합된 분, 곧 말씀이 육신이 되신 그리스도께서 우리를 형언할 수 없고, 말로 다 할 수 없는 하나님의 얼굴로 이끄실 때, 우리의 입에 남는 것은 부서지는 언어뿐이다.

스콜라적 말씀을 통해 영감을 받은 묵상과 실천

- 고린도전서 13장을 묵상해 보라. 어떤 구절이 눈에 띄는가? 다른 사람과 의사소통할 때, 이 말씀을 따라 어떤 사랑의 태도를

---

24 아퀴나스는 신앙에 대한 논의에서, 종종 "거룩한 노파"(holy old woman)의 믿음을 예로 든다. 예를 들어, 사도신경 주해에서 그렇다. *Expositio in Symbolum Apostolorum*, trans. Joseph B. Collins, ed. Joseph Kenny (New York: 1939)를 보라. 2022년 8월 접속, https://isidore.co/aquinas/Creed.htm.

실천할 수 있는가?

"내가 사람의 방언과 천사의 말을 할지라도 사랑이 없으면 소리 나는 구리와 울리는 꽹과리가 되고 내가 예언하는 능력이 있어 모든 비밀과 모든 지식을 알고 또 산을 옮길 만한 모든 믿음이 있을지라도 사랑이 없으면 내가 아무것도 아니요 내가 내게 있는 모든 것으로 구제하고 또 내 몸을 불사르게 내줄지라도 사랑이 없으면 내게 아무 유익이 없느니라

사랑은 오래 참고 사랑은 온유하며 시기하지 아니하며 사랑은 자랑하지 아니하며 교만하지 아니하며 무례히 행하지 아니하며 자기의 유익을 구하지 아니하며 성내지 아니하며 악한 것을 생각하지 아니하며 불의를 기뻐하지 아니하며 진리와 함께 기뻐하고 모든 것을 참으며 모든 것을 믿으며 모든 것을 바라며 모든 것을 견디느니라

사랑은 언제까지나 떨어지지 아니하되 예언도 폐하고 방언도 그치고 지식도 폐하리라 우리는 부분적으로 알고 부분적으로 예언하니 온전한 것이 올 때에는 부분적으로 하던 것이 폐하리라 내가 어렸을 때에는 말하는 것이 어린아이와 같고 깨닫는 것이 어린아이와 같고 생각하는 것이 어린아이와 같다가 장성한 사람이 되어서는 어린아이의 일을 버렸노라 우리가 지금은 거울로 보는 것같이 희미하나 그때에는 얼굴과 얼굴을 대하여 볼 것이요 지금은 내가 부분적으로 아나 그때에는 주께서 나를 아신 것같이 내가 온전히 알리라 그런즉 믿음, 소망, 사랑, 이

세 가지는 항상 있을 것인데 그중의 제일은 사랑이라."

- 하루 동안, 대화 가운데 즉시 의견이나 경험을 말하기보다, 가능한 한 질문을 해 보라. 가능하다면 일주일로 확대해 볼 수도 있다. 그러면서 자신이나 대화 속에 어떤 변화가 일어나는지 관찰해 보라.

- 당신이 하나님께 묻기 두려웠던 몇 가지 질문을 떠올려 보라. 토마스 아퀴나스의 예수는 이상한 질문들도 품을 만큼 충분히 크시다. 진리를 찾는 일을 어리석게 느끼거나 두려워할 필요가 없다. 편안하다면, 신뢰하는 사람과 그 질문들을 나누고 대화를 통해 어떤 생각이 떠오르는지 경험해 보라.

- 당신이 예수에 대해 자주 이야기한다면, 이렇게 자문해 보라. '나는 예수께서 직접 하셨던 것처럼, 내 청중에게 적절한 방식으로 그분을 전하고 있는가?'

기도

아퀴나스가 공부하기 전 드리던 기도문을 소개한다. 나는 글을 쓰거나 말을 시작하기 전 이 기도를 드리는데, 집중해서 경청해야 할 때도 적합하다.

공부하기 전 드리는 기도

형언할 수 없는 창조주여,
주의 보배로운 지혜로
세 천사를 지으셨고,
불꽃이 타오르는 하늘 위로
그들을 놀랍게 배치하셨으며,
이토록 아름다운 솜씨로
우주의 영역을 배열하셨습니다.

주께서는
참된 빛과 지혜의 근원이시며,
만물 위에 높이 들리신
제일의 원천이심을 선포합니다.

주의 밝은 빛을
어두워진 내 마음에 비추어 주시고,
날 때부터 내 영혼에 드리워져 있던
이중의 어두움,
곧 죄와 무지에서 나를 건져 주소서.

주께서는
어린아이들의 말문을 열어 주시고,

내 말을 정결하게 해 주시며,
내 입술에
하나님의 복, 그 선함을 부어 주소서.

나에게
예리한 마음과
기억하는 능력과
배움의 기술과
해석하는 날카로움과
말의 유창함을 주소서.

주께서
내 일의 시작을 인도하시고,
그 진보를 이끌어 주시고,
완성해 주시기를 원하나이다.

참하나님이자 참인간이신 주여,
영원히 살아 계시며 다스리시는 주여.

아멘.[25]

---

25 Thomas Aquinas, *The Aquinas Prayer Book: The Prayers and Hymns of Thomas Aquinas*, trans. and ed. Robert Anderson and Johann Moser (Manchester, NH: Sophia Institute Press, 2000), pp. 41-43. *The Aquinas Prayer Book*(아퀴나스 기도서)은 다음 사이트에서 구입할 수 있다. http://www.sophiainstitute.com.

6장

어머니

임신 당시, 내 몸은 갑자기 지나치게 주목을 받았다. 철물점이나 식품점에 가면, 낯선 사람들이 친절하지만 지나치게 사적인 질문을 던졌고, 허락도 없이 내 몸을 만졌다. 내성적인 나로서는 좋은 의미에서 그런 것이겠지만 관심을 받는 것이 싫었다. 나는 내가 인지하지 못한 희망을 담은 문화적 수용체가 되었다. 하지만 적어도 눈에 띄게 무시당하는 것보다는 나았다. 내 배가 불러 올수록, 나는 직업상 사람들을 만나야 하는 공간에서 더 당황함을 느꼈다. 내가 참석한 한 학술회의에서, 사람들은 튀어나온 내 배를 특히나 피했다. 그런 회피 자체가 어색했다. 이들은 잘 인식하지 못했겠지만, 나에게는 눈에 띌 만큼 어색한 주의였다. 출산이 임박했다는 사실이 그 학회에서 공개적으로 인정받은 것은 대학원에서 저학년 학생이었던 내가 다과 테이블에 줄 서 있는데, 한 유명 학자가 내 앞에 끼어들었을 때였다. 그 학자는 뒤를 돌아보며, 내 볼품없는 실루엣을 쳐다보았다. 그런 다음 재빨리 내 뒤로 물러서며 이렇게 말했다. "당신은 나보다 이것이 더 필요해요."

임신은 그 특성상 몸의 형상에 사람들의 관심을 끌게 한다. 불편하고 고통스럽기까지 한 현재의 몸과 형성되고 있는 몸의 이상과 같이. 임신은 미래와 새로운 생명에 대한 소망을 불러일으킨다. 임신은 또한 우리의 의존성과 차이점, 그리고 약점을 보여 준다. 인간은 자율적이지 않다. 우리는 우리 자신을 만들지 않았다. 사람들은 반대 의견을 믿으려고 온갖 시도를 하지만 말이다. 우리는 서로에게 뿌리를 두고 있지만, 다른 몸에 속해 있으면서도 우리 자신이 되어 가는 신비 속에 빠져 있다. 하지만 우리의 심오한 기원에도 불구하고, 임신은 언제나 영광스러운 것은 아니다. 임신한 여성은 고통과 새롭게 경험하는 신체상의 제한에 친밀감을 느낀다. 입덧, 허기와 피로 증가, 튼 살, 그리고 변비 같은 더 굴욕적인 특징. 임신한다는 것은 몸의 변화가 가져오는 번거로운 제약과 임신 초기 받게 되는 영광을 역력히 견뎌야 하는 것이다. 임신은 성육신과 같다. 별을 창조하신 하나님이 자신을 아기의 '몸'이라는 빈약한 유한성에 제한시키신 어색한 낯섦, 그리고 그것과 나란히 놓인 영광과 소망. 예수는 그분의 성육신 가운데 우리의 구원을 위해 산고를 겪으셨다.

    우리 가운데 많은 사람은 예수를 어머니로 보는 고대의 성경적 전통에 익숙하지 않으며, 심지어 불편해한다. 이 은유는 새로운 것, 뉴에이지 또는 그리스도의 인간으로서 갖는 생물학적 성에 대한 것이 아니다. 그것은 확고한 신학적·성경적 은유에 근거하고 있다. 실제 산고와 임신, 신체 변화라는 주제는 성경 전체에 걸쳐 신적·권위적·희생적 사랑을 이해하는 전개 방식으로 나타난다. 바울은 자신을 고대 세계 도시에서 새로 등장한 초기 교회들의 아버지로 묘사하는 것보다 더 자주 어머니로 묘사한다.¹ 모든 피조물이 그리스도 안에서 탄식하고, 산고를 겪으며, 생명을 낳고 있다(롬 8:22). 그리고 마태복음과 누가복음에서, 예수는 자신을 날개 아래 새끼를 모으려고 하는, 어미 닭으로 묘사하신다(마 23:37; 눅 13:34). 중세 작가들은 예수를 어머니로 보는 사상에 빗장을 걸어 잠갔다. 그들은 이 이미지를 본격적으로 활발하게 신학으로 발전시켰는데, 그것은 우리로 하여금 예수의 그 자녀에 대한 사랑, 그리스도의 성육신, 그리고 그분의 고난의 높이와 깊이를 이해하는 데 도움을 준다. 임신과 산고는 성육신의 수치스러운 약함, 불편, 그리고 감추어진 영광을 부각시킨다. 아기처럼 작고 무력한 피조물에 대한 어머니의 이해할 수 없는 강력한 사랑을 탐구하는 것은 우리로 하여금 신적 사랑의 신비를 관통할 수 있도록 도움을 준다.

여성 혐오와 신적 여성성

중세 교회가 표준 성경으로 채택한 성경 번역가 히에로니무스(Hieronymus)는 당시 영향력 있는 자로서 여성과 출산을 신성함의 지표인 영적 사닥다리에서 매우 낮게 평가했다. 4세기 문서에서 그는 이렇게 썼다. "여성이 출산과 자녀를 위해 있는 한, 그녀는 육체가 영혼과 다른 것만큼이나 남성과 다르다. …… 그러나 그녀가 세상보다 그리스도를 더 섬기기 원할 때, 그녀는 여성이 되기를 멈추고 남성으로

---

1 Beverley Gaventa, *Our Mother Saint Paul* (Louisville: Westminster John Knox, 2007)은 바울 서신에 나타난 모성 이미지를 유익하게 탐구한다.

불릴 것이다."²

고마워요, 히에로니무스. 하지만 나는 내가 남성이라고 불릴 만큼 영적으로 성숙해질 때까지 기다릴 수 없다. 안타깝게도, 히에로니무스는 특별히 뛰어나지 않았다. 그는 자신이 생각하는 여성 혐오 문화에 대한 견해를 반영했다. 여성의 신체, 영성, 그리고 정신 능력이 남성과 비교해 열등하다는 이 믿음은 다음의 천 년, 그 이상에 걸쳐 일반적이었다. 물론 다양한 형태를 취했지만, 그 정도로 흔한 지배 개념이었다.³ 중세 시대 내내, 전체 사상 체계는 여성의 육체적·영적·도덕적 종속에 기반을 두고 있었다. 남성 신학자들은 창세기와 하와의 타락에 대한 두꺼운 책을 썼다. 그들은 이 내러티브가 남성에 대한 여성의 도덕적·영적 열등성을 보여 준다고 생각했다. 당시의 과학 이론은 이런 신념을 확고히 했다. 아리스토텔레스와 그의 추종자들에 따르면, 여성의 몸은 자궁에서 제대로 발달하지 못한 기형적인 남성의 몸이었다. 그들은 충분한 온기를 받지 못해 성기가 외부가 아닌 몸 내부에서 자라게 되었기 때문이다.⁴

---

2 Saint Jerome, "Commentarius in Epistolam ad Ephesios 3.5," 인용, in Dyan Elliott, "Gender and Christian Traditions," *Oxford Handbook of Women and Gender in Medieval Europe*, ed. Judith M. Bennet and Ruth Mazo Karras (Oxford: Oxford University Press, 2013).

3 베스 앨리슨 바(Beth Allison Barr)는 역사적 교회가 여성의 종속을 지속시키는 문화적·가부장적 전통을 이어 갔음을 최근 기술했다. 이는 예수께서 개척하신 여성을 존중하고 높인 보다 어렵고 논쟁적인 길을 따르기보다 '여성 억압'이라는 기존의 전통을 유지한 것이다. 관련 내용은 Barr, *The Making of Biblical Womanhood: How the Subjugation of Women Became Gospel Truth* (Grand Rapids: Brazos, 2021)를 참고하라. 『처치 걸, '성경적 여성'을 형성한 역사 속 결정적 장면들』(서울: IVP, 2023).

4 아리스토텔레스의 남성과 여성의 차이에 대한 견해는, Aristotle, *On the Generation of Animals* (Electronic Scholarly Publishing Project, 2017)을 참조하라. PDF 2021년

수도사들도 여성의 가치를 냉혹하게 보는 경향이 있었다. 그들은 종종 성적 유혹의 프리즘을 통해 여성들을 보았다(애석하게도 기독교에서 결코 완전히 사라지지 않은 견해). 여성의 몸은 죄의 장소요, 우월한 남성에 대한 위협이었다. 그러나 흥미롭게도, 예수를 어머니로 본 개념이 낳은 중세의 인기는 여성 심지어 평신도들에게서 비롯된 것이 아니다. 역사학자 캐롤라인 워커 바이넘(Caroline Walker Bynum)이 광범위하게 자료로 증명한 바와 같이, 수도원 신학자들에게서 비롯되었다.[5] 클레르보의 베르나르(Bernard of Clairvaux), 리보의 에엘레드(Aelred of Rievaulx), 켄터베리의 안셀무스(Anselm of Canterbury) 같은 수도사들은 '어머니'라는 인물 예수를 통해 자비의 리더십과 권위라는 한 측면을 탐구했다.[6] 여성에 맞선 조직적인 편견을 고려해 볼 때, 수도사들은 왜 예수에 대한 이 여성화된 견해를 열광적으로 받아들였는가? 특히 그런 편견은 여성 몸에 대한 단순한 증오로 드러났다.

여성 혐오적 시각에도 불구하고, 수도사들은 성경을 능숙하게 읽었다. 그들은 오늘날 우리가 종종 보지 못하는 것들을 주목했다. 곧 하나님이 아버지로 묘사되는 것은 성경 전반에 걸쳐 드러나지만, 예수가 어머니라는 생각도 성경에 있다. 중세 수도사이자 신학자들은 이 이미지를 바탕으로 신학적 실험을 하기 시작했다. 그들은 예수께서 고대 중동 사회에서 여성들이 보통 수행하던 겸손한 일들, 이를 테면, 다른

8월 29일 접속, http://www.esp.org/books/aristotle/generation-of-animals/.

5 Caroline Walker Bynum, *Jesus as Mother: Studies in the Spirituality of the High Middle Ages* (Berkeley: University of California Press, 1982), 특히 4장, "Jesus as Mother and Abbot as Mother: Some Themes in Twelfth-Century Cistercian Writing."

6 Bynum, *Jesus as Mother*, pp.154-159.

사람을 섬기고 발을 씻기는 일을 자주 행하셨다는 점에 주목했다. 예수께서는 사람들로 하여금 "다시 태어나게" 하는 그릇으로 자신을 제시하셨다. 이는 요한복음 3장에서 니고데모를 당황하게 했던 바로 그 표현이다. 베르나르, 안셀무스, 그리고 에엘레드는 자신들을 예수처럼 형제들을 돌보는 어머니로 묘사하기 시작했다. 그들은 자기 권위 아래 있는 형제들에 대한 연민으로 고통을 겪으며, 자비와 온유한 사랑의 젖으로 충만해 있는 존재로 자신을 표현했다.[7]

12-14세기 사이, 대개 여성들이었던 관상주의 작가들과 예술가들은 예수가 가진 어머니로서의 이미지를 한 단계 더 발전시켰다. 이들은 이렇게 묻는다. "이 이미지를 문자 그대로 묘사하면 어떤 모습이 될까?" 이들 작품 속에서 "다시 태어남"은 단순한 표현 그 이상이었다. 3장 "연인"에서 언급한 그 이미지를 기억하는가? 그리스도께서 입은 옆구리 상처는, 그분이 교회를 낳으신 것과 같이 외음부를 닮았다. 작가들은 예수를 임신하고, 산고를 겪는, 출산 후 회복하는 어머니로 묘사했다. 젖을 먹이고, 피를 흘리며, 오래 참는 어머니의 모습으로 예수를 묘사한 것이다. 이는 오랜 시간 고난을 견디신 예수 그리스도의 자비와 연민을 예배하고 본받게 하기 위함이었다. 십자가 처형과 출산은 풍성한 생명을 위한 자발적 사랑과 고통이라는 예상 밖의 지점에서 만난다.

예수를 산고를 겪는 어머니로 보는 입장은 예수의 고난을 강력하게 상황화한다. 때때로 묘사된 바와 같이, 십자가 처형은 고난 그

---

[7] 예를 들어, 베르나르가 자신의 편지에서 자신을 묘사한 내용을 보라. Bynum, *Jesus as Mother*, pp. 116-117에 광범위하게 인용되어 있다.

예수는 자신이 몸소 당한 고통의 고뇌 속에서 교회를 낳으신다.
"교회의 탄생", 채색 사본, 약 1225-1249년,
ONB Han. Cod. 2554, fol. 2v면 (디테일),
비엔나, 오스트리아 국립 도서관

자체를 위한 고난이 아니다. 고난은 그 자체로 구속적이지 않다. 그러나 우리는 종종 세상을 이해하려는 과정에서 고난을 구속의 단순한 조건으로 잘못 오해한다. 그리스도의 고난은 출산에 더 가깝지, 암이나 전쟁에서 입은 상처, 우발적인 사고, 한센병(Leprosy), 코비드 19(COVID-19), 혹은 그 밖의 다른 신체적 고통과는 다르다. 그리스도는 고난 속에서 모든 다른 고통을 포괄하고, 나누며, 아신다 할지라도,

그의 고통은 출산처럼 본질적으로 생성을 향한다. 그리스도는 그분이 몸소 당하신 고난과 부활, 그리고 사랑의 삶을 통해 우리를 낳으신다.

    아마도 산고를 고난에 비유하는 것은 병적이거나 지나치다고 여겨질 수 있다. 그러나 중세 사람들에게 이것은 자연스럽고, 심지어 위로가 되는 발상이었을 것이다. 중세 여성들에게, 출산은 위험하고 종종 죽음을 무릎 쓰는 일이었다. 그런 면에서 자연 출산은 여성을 위한 것이라고 지나치게 강조하는 것은, 어머니와 중세 연구가인 나로서도 약간 화가 나는 한 가지 이유다. 중세 피렌체(Florence)에서는 여성 다섯 명 가운데 한 명이 분만 중 사망했다.[8] 제왕 절개는 어머니가 죽었지만, 아기가 아직 살아 있을 경우에만 사용되었다. 왜냐하면 그 절차는 어머니에게 사형 선고였기 때문이다.[9] 그리고 정상 출산의 경우에서조차 생명은 보장되지 않았다. 중세 잉글랜드 마을 워럼 퍼시(Wharram Percy)에서는, 유아의 약 20퍼센트가 두 살이 되기 전에 죽었다.[10] 모든 중세 어머니는 곧 알게 될 것이었다. 그녀는 출산이 가까워질수록 자신의 죽음 가능성을 내려다보고 있었던 것이다. 그리고 그녀는 아기가 잠깐 동안만 숨을 쉴 수도 있다는 사실을 예민하게 인식하고 있었다. 새 생명을 낳는 과정만큼 인체의 연약함이 명백하게 드러나는 곳은 없

---

8 Elma Brenner, "The Medieval Childbirth Guide: 6 Tips for Pregnant Mothers in the Middle Ages," BBC *History Magazine* (February 2021), https://www.historyextra.com/period/medieval/middle-ages-childbirth-dangers-mothers-midwives-how-did-medieval-women-give-birth/.

9 Brenner, "The Medieval Childbirth Guide."

10 Mary E. Lewis and Rebecca Gowland, "Brief and Precarious Lives: Infant Mortality in Contrasting Sites from Medieval and Post-medieval England," *American Journal of Physical Anthropology* 134, no. 1 (September 2007): pp. 117-129, https://doi.org/10.1002/ajpa.20643.

었다. 중세 여성 작가들은 인간의 연약함, 희생, 그리고 출산의 고통을, 그분의 삶과 십자가에서 구원을 베푸신 예수의 수고를 이해하는 탁월한 방법으로 인식했다.

12세기 카르투시오 수도회 소수녀원장이었던, 마르그리트 도잉트(Marguerite d'Oyngt)는 예수를 산고를 겪는 어머니로 묘사했다. 예수는 단지 십자가의 순간에서뿐만 그의 전 삶의 여정 속에서 어머니의 모습이셨다.

> 오, 사랑하는 주 예수 그리스도시여, 어느 누가 그런 해산의 고통을 겪은 적이 있는지요! 그러나 해산의 시간이 다가왔을 때, 당신은 차가운 십자가 위에 놓이셨고, 그곳에서는 고통을 겪는 사람이 마땅히 해야 할 움직임도, 몸을 돌리는 것도, 사지를 뻗는 것도 할 수 없었습니다. 그리고 이것을 본 그들은 당신을 억지로 뻗게 하여 못질을 했습니다. 당신의 몸은 완전히 늘어져 탈골될 뼈조차 남지 않았습니다. 당신의 신경과 온 몸의 혈관이 끊어졌습니다. 그리고 진실로 온 세상을 하루 만에 낳으셨으니, 당신의 혈관이 끊어진 것은 놀랄 일이 아니었습니다.[11]

마르그리트는 그분의 죽음이 가까워질수록, 점점 더 가중되어 오는 고통을 십자가 위에서 겪으셔야 했던 예수를 상상했다. 중세 어머

---

11 *The Writings of Margaret of Oingt: Medieval Prioress and Mystic*, trans. Renate Blumenfeld-Kosinski (Cambridge: D. S. Brewer, 1990), p. 31.

니처럼, 예수는 그분의 자녀들을 낳는 과정에서 점점 더 깊은 고통이 기다리고 있다는 것을 알고 계셨다.

중세 시대에는 여성들이 오늘날처럼 침대에서 출산하는 것이 일반적이지 않았다. 경막외 마취제나 진통제가 없던 당시, 산파들은 여성들로 하여금 진통 중 방 안을 돌아다니게 하고, 결국 분만 마지막 단계에 이르러서는 출산용 의자에 쪼그려 앉게 했다. 이렇게 통증을 줄이고 분만을 빠르게 진행하도록 도왔다. 중력, 움직임, 그리고 자세는 출산의 가장 고통스러운 마지막 순간에 아기와 산모를 도왔다. 이와 대조적으로, 마르그리트가 묘사하는 예수는 십자가에 못 박힌 채, 그의 몸은 견디기 어려울 정도로 늘어져 있다. 그분은 고통을 완화시키는 중세 관습을 따를 수 없다. 마르그리트는 인간 어머니의 몸은 더 많은 자녀를 임신할수록 늘어나서 더 큰 부담을 느낀다는 것을 알고 있었다. 예수는 그분의 고뇌 어린, 죽음에 대한 가장 쓰라린 고통 앞에 그의 몸을 드려 온 인류를 출산하신다. 그의 많은 자녀들 때문에, 그리스도의 몸에는 단 하나의 힘줄, 근육, 관절도 손상되지 않은 것이 없다. 십자가 처형과 출산은 강력한 희생적 모성애라는 하나의 이미지로 합쳐진다.

고뇌하는 예수 안에 나타난 '어머니'라는 이 이미지가 전달하려는 본질은 무엇이었는가? 고집 센 십대 자녀들에게 자신이 15년 전 그들을 낳기 위해 얼마나 고통을 겪었는지 끊임없이 상기시키는 어머니처럼, 죄책감과 복종, 빚진 감정을 고조시키는 그런 이미지인가? 어떤 사람들은 그렇게 이해했을지 모르지만, 그것이 본질은 아니었다. 더욱이 다른 형태의 여성성보다 모성애를 미화하려는 기독교 프로젝트의 일부도 아니었다. 사실 그것은 중세 시대의 어떤 것이라기보다 종교 개혁 이후 기독교의 잘못된, 고통스러운 유산이다.[12] 고통을 겪는 어머니로서 우리가 이해한 이 예수는 중세의 고통받는 어머니들 및 여성들과 함께하는 여행자다. 분만 과정 동안, 중세 여성들은 아픔과 희망 속에 고통스러워하면서 십자가를 바라보았다. 십자가 위에 계신 예수는 인간은 결코 혼자 고통받는 것이 아니라는 것을 의미한다. 그리고 무엇보다 중요한 것은, 그분의 고난 가운데 산고를 겪는 어머니로 그려진 예수의 이미지는 여성의 몸과 수고 또한 구속받았다는 것을 의미한다. 여성의 몸은 더 이상 죄악의 장소가 아니었다. 완전한 그리스도인이 되기 위해 남성 몸에 거주할 필요도 없었다. 여성의 몸은 인류의 공동 창조와 구원에 온전히 적합하게 참여한다.

어머니로 상징되는 예수는 우리 몸 안에서 우리를 사랑하신다

14세기 작가 노리치의 줄리안은 그녀의 훌륭한 책, 『사랑의 계시』(Revelations of Divine Love)에서 예수의 이 여성적이고, 체현된 사랑을 상세히 탐구한다. 줄리안은 서른 살의 나이에 생명을 위협하는 질병 가운데, "계시"(Showings)라고 부르는, 하나님의 광경과 소리를 연속해서 받았다. 그녀는 이 종교적 경험을 이유로 중세 교회 옆에서 벽에 둘

---

12 Barr, *The Making of Biblical Womanhood*, 4장, "복음주의 여성이 치른 종교 개혁의 대가" 참조.

러싸여 살아가는 은둔자가 되었다. 바깥쪽으로 창문 하나가 나 있고, 또 한 창문은 교회 안쪽으로 나 있는 작은 독방에 살면서, 줄리안은 교구의 예전과 생활에 참여할 수 있었다. 또한 그녀는 그곳에서 읽고 묵상하며, 기도하고 글을 썼다. 줄리안은 자신의 남은 생애 동안 하나님이 보여 주신 비전, 그 경험을 떠올리며, 결국 그녀가 보고 들은 것('계시')을 "동료 그리스도인들," 곧 예수 안에 있는 형제자매들을 위해 한 권의 책으로 만들었다.

줄리안에게, 예수의 모성은 단순히 멋진 은유가 아니었다. 출산을 통해 나타난 그분의 사랑과 고통은 우리를 감동시켰다. 그것은 예수에게 극히 중요한 무언가를 표현했다. 줄리안은 어머니의 사랑을 우리가 예수의 사랑이 얼마나 깊고, 넓으며, 강하고, 또한 친밀한지 이해하는 데 가장 유익한 패러다임으로 이해했다. 줄리안은 그리스도 자신이 모든 일 가운데 모성의 "섬김"과 "직무"를 행하신다고 썼다. 오직 그분만이 온전한 사랑 가운데 이 직무를 수행하실 수 있다. "어머니의 섬김은 가장 가깝고, 가장 준비되어 있으며, 가장 확실하다. 다시 말해, 가까운 것은 그것이 가장 자연스러운 것이기 때문이다. 가장 잘 준비된 것은 그것이 가장 사랑스럽기 때문이다. 가장 확실한 것은 그것이 가장 참되기 때문이다. 이 역할을 온전히 수행할 수 있는 분은 단 한 사람, 오직 그분뿐이다."[13] 그러므로 줄리안에게 있어 지상의 모성, 곧 우리의 어머니나 우리가 부모로서 경험하는 모성은 그리스도의 모성을

---

13 *The Writings of Julian of Norwich: A Vision Showed to a Devout Woman and A Revelation of Love*, ed. Nicholas Watson and Jacqueline Jenkins (University Park: Pennsylvania State University Press, 2006), 60.12-14. 『사랑의 계시』(서울: 가톨릭출판사, 2023). 독자가 이해하기 쉽도록 필자가 가볍게 수정함.

이해하는 데 도움이 되는 모델은 아니다. 그리스도의 모성은 유일하게 참되고, 온전한 모성 및 출산, 양육으로서 가장 근원적이다.

아버지들은 자신들이 어머니들의 양육 방식보다 덜 친밀하고, 덜 준비되며, 덜 자비롭다는 줄리안의 이 같은 가정에 약간 발끈할 수 있다. 하지만 양육에는 생물학적 차이는 물론 문화적 규범도 있다. 14세기, 아버지들은 분명 부성애, 훈육 그리고 특히 자녀 보호와 관련이 있었지만, 아이의 신체적·정서적 필요를 친밀하게 돌보는 일상적 과제와는 관련이 없었다. 아버지들은, 어머니들이 집안일을 할 때처럼, 기저귀를 갈거나 아이들에게 옷을 입히고, 밥을 먹이며, 그들을 데리고 다니는 일은 보통 하지 않았다. 어머니들은 모유 수유의 고통을 겪으며, 밤에는 깨어나야 했다. 당시는 일회용 기저귀가 나오기 전이었기 때문에 더럽혀진 포대기를 빨아야 했다. 일부 어머니들은 수확물을 거두어들이기 위해 아기를 등에 단단히 싸매고 들판으로 갔다. 아버지들은 한 번에 며칠씩 들락날락할 수 있었고, 자주 그렇게 했다. 애정 어린 아버지들은 가업에 충실했다. 장날이면 가축 떼 혹은 목재를 옮겼고, 들판, 대장간, 성, 배에서 일을 했다. 전쟁에도 나갔다. 그러나 아이들의 삶은 어머니의 육체적 실재와 부드럽고 세심한 친밀감에 달려 있었다. 모성은 육체적 실재 및 친밀감과 연관된 다양한 사랑을 수반했다.

줄리안은 그녀가 경험한 "계시"와 관련한 긴 본문 60장에서 이렇게 썼다. "우리의 위대한 하나님, 만물의 최고의 지혜이신 그분께서 이 겸손한 장소[마리아의 자궁]에 자신을 차려 입고 준비하시어, 우리의 연약한 육체 안에서 어머니의 섬김과 사명을 수행하시려고 스스로 완전히 준비되셨다."[14] 줄리안은 성육신과 구속의 순간을 "자궁 안의 자궁," 즉 "탄생 위에 또 다른 탄생"으로 보았다. 마리아는 그리스도를 품었고, 그리스도는 세상을 품은 궁극의 어머니시다. 그리스도의 모성은 성육신적이다. 그것은 몸으로 형성된 체현이다. 특히 몸들과 함께 이루어지는 공동체와 사랑에 대한 것이다.

사랑에 기초한 이 같은 체현은 임신, 분만, 수유와 같이 먼 과거에 대한 단순한 기억이 아니다. 그것은 어린아이가 갖는 모든 특수성에 익숙해질 정도로 그 아이의 구체적인 필요를 일상의 순간에서 친밀하고 자비롭게 돌보는 자들에게 속한 것이다. 이는 어머니들이 오랫동안 육아에서 담당해 온 역사적 역할이기도 하다. 나는 내 아이들의 특정한 신체적 세부 사항들을 그렇게 사랑할 줄 몰랐다. 프로필에서 발견한 첫째 아이 코의 완전한 곡선, 애니메이션 캐릭터같이 굉장히 큰 둘째 아이의 눈. 나의 막내, 콘스탄스는 이 글을 쓸 때 한 살 반쯤 되었었다. 막내 아이는 모자, 특히 왕관을 좋아한다(그래서 우리는 '아기 여왕'이라고 부른다). 또한 그 아이는 신발과 양말에 집착하며 온종일 자기 신발을 신겠다고 고집을 부린다. 이 뜨거운 여름의 끝자락, 아이의 다리는 보통 드러나 있다. 그 다리는 다부지고 강하다. 그 다리는 아이가 애착하는 작은 신발에 발목도 식별할 수 없이 직선으로 내려온다. 아이의 통통한 다리는 정말 멋지다. 아기 여왕에 대한 나의 사랑은 아이의 몸과 나의 몸을 떼려고 해도 뗄 수 없는 것과 같다. 그리스도는 어머니처럼 사랑하신다. 내가 콘스탄스를 사랑하는 것처럼, 그분의 사랑은 우

---

14 *Writings of Julian of Norwich*, 60.9-11.

리의 재미있는 독특성과 분리할 수 없다. 예수는 우리의 창조된 몸과 다리, 코, 눈이 어떤 모양을 하고 있는지, 또한 우리가 모자나 글쓰기, 암벽등반을 얼마나 즐겨 하는지 관심 있게 살펴보신다.

그러나 줄리안이 우리에게 상기시켜 주듯이, 우리의 어머니로 상징되는 예수의 이 친밀하고 체현된 사랑은 우리의 장점이나 우리 몸의 아름다움에서 비롯된 것이 아니다. 우리는 자라면서 종종 부모에게서 우리가 사랑을 받으려면 그 가치 조건으로 어떤 특정한 방식이 되어야 한다는 말을 암묵적으로나 명시적으로 들어왔다. 나 역시 때때로 내 아이에게 그런 메시지를 전한다. 그러나 콘스탄스는 자기의 귀엽고 사랑스러운 다리를 통해 내 사랑을 얻지 않았다. 그 아이는 내 고통과 공동의 창조 속에 나를 통해 세상에 태어났다. 나는 그 아이를 사랑했다. 역설적으로, 나의 아이들은 또한 전적으로 그들 자신에게 속한다. 그들 각각은 자신만의 개성과 인격을 안고 태어났다. 그들은 내 남편 혹은 나 자신의 단순한 반영이 아니다. 내 꿈과 소망을 투영할 수 있는 빈 캔버스도 아니다. 때때로 나는 놀라고 피곤하거나 자신에게 몰두할 때, 깜빡하고 아이들을 소유하려고 한다. 나 자신을 더 닮은 존재로 만들려고도 한다. 그렇지만 나는 그들을 있는 그대로 사랑한다.

줄리안이 주장하는 것과 같이, 하나님은 우리가 종종 폄하하거나 간과하는 몸 안에서, 우리의 열정과 행동, 생각을 보시고 우리를 사랑하신다. 지상의 어머니인 나와 달리, 그분은 소유욕, 이기심 또는 두려움의 오점 없이 완전하게 사랑하신다. 아이들에 대한 나의 사랑은 그리스도께서 우리를 위해 어머니로서 보이신 그 완전한 사랑을 노래하는 메아리다. 그분은 어머니들과 매우 어린아이들만이 나누게 되는 신체적이며, 일상적인 친밀감 속에 우리에게 거하신다. 그리고 우리는 우리 몸 안에서 그분께 속한다. 우리는 공동 창조자로서 그분의 역할을 하시는 성자 예수 그리스도를 통해 영적으로, 실제로 태어난다.[15] 역설적이게도, 우리는 우리 자신임과 동시에 그분 안에 있다.

어머니 예수와 고난

우리의 잠재력이나 재능, 외모가 아니라 우리 자신을 사랑하는 진정한 사랑은 우리가 고통과 고난 속에 예수와 서로에게 반응하는 방식을 변화시킨다. 그와 같은 강력한 사랑을 하고 있는가? 우리는 세상 속에서 우리의 존재 방식을 어떻게 상상하며 변화를 이끌어 가야 하는가? 또한 우리 자신은 어떤가? 줄리안은 그렇게 생각했다. 그녀는 예수를 임신부터 어린 시절에 걸쳐 헌신한 어머니로 묘사했다. 그분은 우리의 이해에 불을 붙이고, 길을 준비하며, 상한 양심을 진정시키고, 영혼을 위로하신다. "그분은 자신의 사랑 때문에 그분이 사랑하는 모든 것을 우리로 사랑하게 만드신다. 또한 그분은 우리로 하여금 그분과 그분의 모든 일에 만족하게 하신다. 그리고 우리가 넘어질 때, 그분은 사랑스러운 부르심과 은혜로운 손길로 재빨리 우리를 일으켜 세우신다."[16] 이 아름다운 구절은 어머니가 행하는 깊고 인간적인 돌봄을 신성한 방식으로 보여 준다. 내가 가장 감동하는 순간은 딸이 내가 좋

---

15 아들은 창조에서 유일무이한 역할을 담당하신다. 요 1:3, 10; 골 1:16; 히 1:2 참고.
16 *Writings of Julian of Norwich*, 61.3-8.

아하는 것, 곧 꽃이나 이야기, 사람들을 사랑하게 될 때다. 첫째 딸의 수선화 사랑은 나에게 멈출 수 없는 기쁨을 가져다준다. 그 아이의 마음 밭에서 자라는 연민과 정의의 작고 부드러운 싹은 나를 감동시켜 눈물을 흘리게 한다. 그러나 줄리안의 주된 관심은 그 마지막 문장에 있었다. 하나님의 자녀인 우리가 넘어지면 무슨 일이 일어나는가?

"넘어짐"은 여러 의미를 가질 만큼 모호하다. 그것은 빨리 걷다가 앞으로 넘어지는 것같이 단순히 넘어지는 것일 수도 있고, 육체적인 병에 걸리는 것을 뜻할 수도 있다. 넘어짐은 "타락"을 의미하기도 한다. 즉 인간은 우주의 주인이 되기 위해, 자신이 창조된 존재임과 더불어 육체를 지니게 된 존재임을 반복해서 거부한다. 거기에서 비롯된 엄청난 사건이 바로 타락이다. 이것은 의도적이든 아니든, 평범한 하루 동안 일어나는 우리의 수많은 실패를 포함한다. 굶주린 아이를 모른 체하거나, 무례하게 운전하거나, 배우자를 학대하는 순간들처럼 말이다. 우리는 걸음마를 배우는 아이처럼 계속해서 넘어지고, 또 넘어지지만, 우리는 모두 넘어짐을 싫어한다. 적어도 우리의 넘어짐을 인정하기 싫어한다.

그러나 줄리안은 넘어지는 일이 현재의 삶에서 반드시 필요하다고 주장했다.

> 하나님은 우리 가운데 일부가 우리가 생각하기에 전에 넘어진 것보다 힘껏 더 격렬하게 넘어지는 것을 허락하신다. 그리고 종종 현명하지 못한 우리는 우리가 한 모든 일이 아무것도 아닌 헛수고라고 믿는다. 하지만 그렇지 않다. 우리에게는 넘어

짐이 필요하며, 또 우리는 그 넘어짐을 보아야 한다.

만약 우리가 넘어지지 않았다면, 우리는 스스로 얼마나 연약하고 비참한 존재인지 알지 못할 것이다. 그뿐만 아니라 우리를 만드신 창조주 하나님의 놀라운 사랑을 온전히 알지 못할 것이다. …… 그럼에도 불구하고 우리는 하나님의 사랑 안에서 우리가 손상되지 않았음은 물론, 그분이 보시기에 우리가 하찮은 존재가 아니었음을 진정으로 볼 것이다. …… 그 사랑은 견고하고 놀랍다. 그것은 불법과 죄로 깨질 수 없으며, 또한 깨지지 않을 것이다.[17]

우리는 자신의 실패와 죄, 실수, 그리고 타인에 대한 필요를 인정해야 한다. 그렇지 않으면, 우리 자신을 실제보다 더 자율적이고 강력한 존재로 생각하고 싶은 유혹을 너무 크게 받는다.

이 상황을 다시 양육의 본보기로 전환하여 살펴보면 이해에 도움이 된다. 아이들은 넘어짐을 통해 세상과 자신에 대해 배운다. 그들은 자신들이 살과 뼈로 만들어진, 언젠가 반드시 죽어야 할 존재로 무적이 아니라는 것을 배운다. 그들은 다른 사람들이 필요하다는 것을 발견하게 된다. 그들은 나눔에 실패한 후 다시 나누려 시도하고, 또는 그들의 놀이 친구가 나누어 주지 않을 때 기꺼이 나누어 갖기를 바람으로써 나누는 법을 배운다. 주의 깊은 부모는 아이가 겪는 넘어짐을 중재하기 위해 끊임없이 길을 살핀다. 수영장에 빠져 버린 부적격한 수

---

17 *Writings of Julian of Norwich*, 61.12-22.

영 선수는 나쁜 반면, 호기심에 얼굴을 물속에 담갔다가 먹은 물을 조금 내뱉는 것은 좋다. 어린아이가 인간 폐가 가진 심각한 한계를 깨달을 수 있는 다른 방법은 없다. 작은 넘어짐을 통해, 아이는 부모의 판단을 신뢰하는 법을 배운다. 부모는 아이가 알지 못하는 무언가를 알 수 있다. 넘어짐에 대한 줄리안의 주장도 비슷하다. 심지어 넘어짐은 죄악 속에서도, 우리는 인간으로서 어머니가 필요하고, 또한 서로가 필요하다는 것을 이해하는 데 도움을 준다. 우리의 실패는 공동체와 돌봄, 그리고 우리의 육체적·정신적 한계에 대한 건강한 존중의 필요성을 우리에게 드러낸다.

줄리안은 여전히 죄가 악이며, 그 결과가 심각하다고 믿었다. 그녀는 노리치 세인트 줄리언스 수도원의 작은 독방에서 환상의 세계에 살고 있지 않았다. 우리와 마찬가지로, 그녀는 정치적·종교적 부패가 가득한 시대를 살았다. 끔찍한 펜데믹에 둘러싸인 채, 편견으로 혼란을 겪는 시대였다. 무지와 폭력이 소용돌이치는 시기이기도 했다. 하지만 그녀는 예수께서 그분의 자녀를 사랑하신다고 주장했다. 그 자녀가 끔찍한 짓을 할 때조차도 말이다. 그분의 사랑은 어떤 불법도 깨뜨릴 수 없을 만큼 "견고하고 놀랍다."

넘어짐의 고통과 진실은 사실이다. 그렇지만 줄리안은 더 깊은 문제는 다음과 같은 것이라고 믿었다. 즉 우리가 넘어진 후에 도망치거나, 우리의 어머니와 내가 경험한 넘어짐, 그리고 거기에서 오는 결과를 부정하는 것이 더 심각한 문제라고 여겼다. 숨고, 달아나며, 연기를 하고, 자신을 최고로 보이게 하기 위해 새로운 내러티브를 만들어낸다. 더욱이 잘못에 대한 사죄는 전혀 없이 사과를 한다. 여기에 그치지 않고 자신의 실수나 실패에 대해 다른 사람들을 탓한다. 이런 것들은 모든 넘어짐에 대한 일반적인 반응이다. 나는 이 모든 것에 꽤 능숙하다. 우리 역시 대부분 그렇다. 예수 그리스도의 자녀인 우리는 실패로부터 배울 수 있는 것이나 그 이후에 뒤따라오는 어떤 것도 피할 만큼 종종 우리의 실패를 피한다. 이것이 우리의 행동, 심지어 사회 체계에서도, 죄가 보호되고 소중히 여겨지기까지 하는 방식이다. 이것이야 말로 개인적 관계가 비교적 사소한 문제들로 깨질 수 있는 방법이다. 그것은 또한 복잡한 문제를 지나치게 단순화하기 위한 것이다. 말하자면, 성차별이 교회에 교리적으로 자리 잡거나 인종차별이 법에 명시된 전통처럼 사법 시스템으로 구축되는 방법이다.

줄리안은 독자들이 예수가 진실로 어머니, 곧 매우 자연스럽고, 자비로우며, 사랑스러운 어머니처럼 사랑하신다는 사실을 알기를 절실히 원했다. 그러면 넘어짐 가운데 우리가 그분에게 접근한 방식 대부분이 잘못되었음을 알 것이기에 그런 것이다. 그리스도인들은 종종 거짓말하고 나서 아무렇지 않게 연기를 하는 십대들 혹은 그들의 잘못을 잘 숨길 수 있다고 생각하고 소파 뒤에 똥을 누는 유아들처럼 행동한다. 심지어 한 번의 실수가 이해할 수 없는 분노를 불러일으킬까 봐 두려워 착해지려고 노력하는 아이처럼 행동한다. 줄리안은 그런 것들을 두려워할 필요가 없다고 주장했다. 대신 우리는 악의와 오류, 그리고 육체를 가진 연약함 속에서 우리에게는 어머니와 서로가 필요함을 인정해야 한다.

우리의 자상한 어머니는 우리가 도망치는 것을 원하지 않는다.

그분에게 이것(도망치는 것)보다 더 바람직하지 않은 일은 없을 것이다. 그분은 우리가 어린아이의 상태라는 것을 받아들이기 원하신다. 아이가 불편하거나 병에 걸리고, 두려울 때, 그 아이는 서둘러 엄마에게 달려가기 때문이다. 만약 달려갈 수 없다면, 온 힘을 다해 엄마에게 도움을 청하며 울부짖는다. 따라서 그리스도는 우리가 겸손한 어린아이처럼 행하기를 원하신다. 즉 이렇게 말하기를 원하신다. "나의 자애로운 어머니, 은혜로운 어머니, 가장 사랑하는 어머니여, 저를 불쌍히 여기소서. 나는 당신과 닮지 않은 부정한 삶을 살았고, 스스로는 어찌할 수 없사오니 오직 당신의 도움과 은혜로만 가능합니다. 주여, 간구합니다." 비록 우리가 이렇게 부르짖을 때 쉽게 위안을 받지 못할지라도, 우리는 예수께서 항상 지혜로운 어머니의 상태를 짊어지신다는 것을 믿을 수 있다.[18]

이것은 저항, 방어, 또는 도망치는 것과는 반대되는 고백의 장면이다. 고백은 우리의 실수와 어리석음, 죄와 한계를 고통스럽게 인정하는 동시에, 그런 연약한 순간에 누군가가 사랑으로 기다리며 귀 기울이고 있다는 신뢰를 요구한다.

이 구절은 또한 이해하기 어려울 수 있다. '고난'이라는 큰 주제 아래 고의적인 죄와 우발적인 고통이라는 두 문제와 연관되어 있기 때문이다. 줄리안은 이 두 문제를 같은 "넘어짐"으로 융합하여 바라본다. 인간으로 하여금 우리의 한계를 인정하고, 우리의 어머니를 신뢰하도

---

18 *Writings of Julian of Norwich*, 61.36-43.

록 인도하기 때문이다. 넘어짐이 내포하는 이 모호함 때문에, 줄리안의 이 묘사와 어머니이신 그리스도께서 넘어짐 가운데서도 우리의 넘어짐을 신뢰하라는 조용한 의지는 때로 분노와 불편, 저항을 불러일으킬 수 있다. 일부는 타인이나 자신에게서 받은 끔찍한 고통을 겪었다. 어떤 이는 정말 아무런 이유 없이 설명할 수 없는 가혹한 일을 경험했다. 어린 시절 경험한 트라우마, 말기암 진단, 학대와 같이 끔찍한 경험을 한다. "왜 그런 일이 일어났는가?" 우리는 그 이유를 알기 원한다. 우리는 우리에게 일어난 모든 나쁜 일들이 우리가 보기에 그만한 가치가 있다는 합리적 설명을 원한다. 캐나다 출신으로 미국에서 활동 중인 저널리스트 맬컴 글래드웰(Malcolm Gladwell)은 케이트 보울러(Kate Bowler) 교수와 나눈 인터뷰에서 이렇게 말했다. "우리는 인간으로서 스토리텔링 문제를 가지고 있다. 우리는 사실 설명할 수 없는 일들에 대해 너무 쉽게 설명을 만들어 낸다."[19] 케이트 보울러는 서른다섯 살이라는 젊은 나이에 결장암 4기라는 시한부 암 진단을 받고, 그 후 많은 사람들로부터 자신의 고통에 대해 온갖 이유를 들어야만 했다. 비록 그들은 좋은 의도에서 한 설명이요, 위로였겠지만. 그녀는 이를 가리켜 "우리가 사랑하는 거짓말들"이라고 부른다.[20] 노리치의 줄리안은 우리가 겪는 많은 넘어짐 가운데, 왜 그런 일이 일어나는지 끝내 이해

---

19 케이트 보울러와 맬컴 글래드웰이 나눈 인터뷰, "Malcom Gladwell: Can People Change?," *Everything Happens with Kate Bowler*, podcast, August 17, 2021, https://podcasts.apple.com/us/podcast/malcolm-gladwell-can-people-change/id1341076079?i=1000532230901.

20 Kate Bowler, *Everything Happens for a Reason and Other Lies I've Loved* (New York: Random House, 2018). 『모든 일에는 이유가 있어 그리고 내가 사랑한 거짓말들』(서울: 포이에마, 2019).

하지 못할 수도 있다는 사실을 정면으로, 그리고 용감하게 직시했다.

줄리안은 2백 년 후 존 밀턴(John Milton)이 그의 서사시 『실낙원』(*Paradise Lost*)에서 시도했듯이, "하나님의 방식을 인간에게 정당화하려" 하지 않았다. 대신 그녀는 아이를 사랑하는 어머니라는 익숙한 장면을 이용해 우리가 '불편'과 '진실'이라는 두 실제에 한층 더 깊이 들어가도록 도왔다. 우리는 제한된 존재인 아이들이고, 종종 이해하지 못할 이유로 고통받는다. 반면 예수는 우리 자신 전부를 사랑하시는 세심한 어머니시다. "하나님은 우리를 사랑하시며, 또 우리의 넘어짐은 심한 상처를 입힌다." 이 두 진실은 때로는 악의 얼굴을 한 선의 광채 속에서 공존한다. 그리고 때로는 고통과 고갈, 슬픔 속에서만 공존한다.

큰 딸 마거릿이 두 살 때, 가벼운 감기 중에 천식 발작을 한 적이 있다. 나는 지친 몸으로 아이를 소아과 의사에게 데려갔다. 그 아이는 이미 소아과 의사를 싫어하며 두려워하고 있었다. 혈중 산소 수치가 낮아 산소 호흡 치료를 받아야 했다. 처음 받는 치료였고, 아이는 얼굴에 마스크를 쓰지 않으려고 있는 힘을 다해 몸부림쳤다. 나는 아이가 좋아하는 연분홍색 토끼 인형에 마스크를 씌워 보기도 하고, 휴대폰으로 〈대니얼 타이거(Daniel Tiger) 시리즈〉 병원 편을 틀어주기도 했다. 직접 마스크를 써 보기도 하고, 노래를 불러 주며, 설명도 하고, 달래 보며, 보상도 약속했지만 다 소용없었다. 아이는 산소마스크가 얼굴에 다가올 때마다 몹시 두려워하며 비명을 질렀다. 이는 천식 발작을 더 악화시켰다. 결국 나는 3시간 동안 아이를 억지로 껴안은 채, 마스크를 얼굴에 갖다 댔다. 아이는 뻣뻣하고 완강한 내 팔에 안긴 채 울부짖으며 비명을 질렀다. 〈대니얼 타이거〉의 경쾌한 음악과 내 말은 아이의 절규와 뒤섞였다. 마침내 아이는 힘없이 싸움을 포기하고 나에게 쓰러졌다. 그것은 신뢰가 아니라 기진맥진이고 절망이었다. 아무리 이성적으로 설명해도 아이에게 이 상황은 더 나아질 수 없었다.

나는 아이의 관점에서 이해한다. 내가 정말 큰 아이를 사랑한다면, 왜 아이가 싫어하는 곳으로 데려갔는가? 왜 아이의 작고 겁먹은 얼굴에 차갑게 마스크를 억지로 씌웠는가? 아이는 나를 신뢰했고, 사랑했지만, 나는 아이를 배신한 셈이다. 그 순간, 마스크를 씌우는 일이야말로 가장 잘못된 선택처럼 느껴졌다. 결국 아이는 집으로 돌아갔다. 맥이 빠진 소아과 의사의 진료실에서 일어난 이 끔찍한 시간은 도대체 무슨 의미였는가? 아이는 혈중 산소 포화도나 응급실로 옮겨질 수도 있었던 위기를 전혀 몰랐다. 우리는 집으로 돌아왔고, 마거릿의 혈중 산소 수치는 마침내 정상 상태가 되었다. 나는 차 안에서 흐느껴 울었다.

작은 한 생명에게 일어난 짧은 순간이었다. 세상에는 분명 마거릿과 그 산소마스크보다 더 참혹하고 심한 공포를 겪는 이들이 많다. 그러나 두 살배기 아이에게는 마치 악몽과 같았다. 나는 하나님이 아니다(다행히도)! 지금까지도 그때를 떠올리면, 나는 '그 당시 다른 식으로 대처했었더라면 더 좋았을 텐데' 하고 돌아보게 된다. 그러나 산소와 혈액, 천식에 대해 조금 더 알고, 아이를 향한 돌봄과 연민, 사랑을 가진 부모의 입장에서 나는 그렇게 결정할 수밖에 없었다. 그리고 다행히도 마거릿은 어린 시절과 모성애 덕분에 나를 계속해서 신뢰하기로 결심한 것을 나는 잘 안다. 병원에서 돌아온 며칠 동안 그녀는 나를 곁눈질하며 쳐다보았고, 오히려 아빠를 찾았지만 말이다. 우리의 어머니로 상징되는 그리스도의 사랑은 단단하고도 경이롭다. 아이의 신뢰 또한 마찬가지다.

이 이야기는 그리스도를 어머니로, 우리를 그분의 자녀로 바라보는 전체적인 이미지라는 한 측면에서 가장 적절한 "신정론"(Theodicy, 악과 고통의 문제에 대한 신학적 설명 – 편집자 주)에 가까운 비유다. 그러나 그럼에도 불구하고 충분하지 않다. 이것으로는 팬데믹을 설명할 수 없다. 서른 살이 되기 전 암으로 세상을 떠난 친구의 비극, 이로 인해 어린 가족을 남겨두고 간 그의 삶에 대해 납득할 수 있는 이유를 제공하지 못한다. 아프가니스탄에서 벌어진 참극을 이해하게 해 주지도 못한다. 그것은 내가 말로 다 표현하지 못할 수많은 고통 가운데 단지 빙산의 일각일 뿐이다.

할 수 있는 유일한 일은 어린아이처럼 내가 도저히 이해하지 못한다는 것을 받아들이고, 그분의 본질이신 어머니 같은 그리스도의 사랑으로 달려가는 것이다. 나는 우리의 한계, 서로에 대한 필요성, 그리고 어머니에 대한 우리의 필요에 직면해서 몸을 가진 존재로서 나의 부족함을 어떻게 받아들여야 할지 배우고 있다. 나의 딸이자 선생인 마거릿처럼, 나는 신뢰하는 법을 배운다. 때때로 그 신뢰는 단지 내 두려움과 소진, 통제력의 완전한 결여를 인정하는 것을 의미한다.

어머니(mother)가 자녀들을 잊지 않고 있듯이, 어머니(Mother)인 예수는 우리에게 임재해 계신다. 헌신적인 어머니가 아기를 사랑하듯, 예수는 우리를 사랑한다고 말씀하신다. 예수는 우리 마음과 몸의 기쁨과 불합리함에 특별한 애착을 가지고 계신다. 몸과 마음에 내재된, 이 놀랍고 제한된 곤궁함에 특별한 관심을 기울이고 계신다. 우리의 고통에 특별한 긍휼과 자비를 베푸신다. 줄리안이 말한 어머니로 상징되는 예수는 우리가 여전히 자라고 있는 중임을 우리에게 상기시킨다.

어머니로 상징되는 예수를 통해 영감을 받은 묵상과 실천

- 마태복음 23:37을 묵상해 보라. 무엇이 눈에 띄는가? 당신은 당신을 그분의 날개 아래 모으기를 간절히 바라시는, 어머니 예수로부터 어떤 방식으로 숨거나 달아나려고 했는가?

  "예루살렘아 예루살렘아 선지자들을 죽이고 네게 파송된 자들을 돌로 치는 자여 암탉이 그 새끼를 날개 아래에 모음같이 내가 네 자녀를 모으려 한 일이 몇 번이더냐 그러나 너희가 원하지 아니하였도다."

- 어린 시절, 부모님이나 선생님, 보호자, 조부모, 혹은 친구 가운데 누군가가 당신을 있는 그대로 바라보고, 사랑해 주며, 이해해 주었던 기억이 뚜렷이 떠오르는가? 그 순간을 떠올려 보고, 도움이 된다면, 적어 보거나 가까운 친구에게 이야기해 보라. 당신이 가진 특별함, 그리고 독특하고 창조된 자아 속에서 이해와 사랑, 보호를 받을 때 구체적으로 어떤 감정을 불러일으키는지 상기해 보라. 이 실천을 통해 그리스도께서 당신을 사랑하는 방식을 엿볼 수 있다. 그분은 비인격적인 영혼이 아니

라 몸을 가지고 창조된 하나님의 자녀로서 사랑을 베푸신다.

- 당신이 아이로서 여전히 안고 있는 의존성과 작음을 어떤 영역에서 받아들여야 하는가? 침대 또는 담요가 있는 소파처럼 따뜻하고 아늑한 곳을 찾아보라. 또는 밤하늘의 광활함처럼, 자신이 작게 느껴지는 장소를 찾아보라. 어머니인 예수 앞에서 당신의 한계와 죄 또는 잘못을 확인하고 고백하면서 사랑 속에 창조된, 그러나 제한성을 지닌 아이로서 당신의 정체성에 기대어 보라. 특별히 당신이 통제하려고 노력해 왔지만, 여전히 이해하지 못하는 것들을 고백해 보라.

기도

12세기 시토 수도회 수도원장이자 켄터베리의 대주교인 안셀무스(1033-1109년)는 이번 장을 위한 기도를 제공한다.

> "어린 자녀들을 날개 아래 모으시는, 어머니 그리스도시여, 죽은 병아리가 당신의 날개 아래로 피하나이다. 당신은 온화함으로 상처 입은 자들을 위로해 주십니다. 당신의 향기로 절망한 자들이 마음을 새롭게 합니다. 당신의 따스함이 죽은 자를 소생시킵니다. 당신의 손길이 죄인들을 정당화합니다. 병아리를 위로하소서. 죽은 자를 소생시키소서. 죄인을 옹호하소서. 상

처 입은 자가 당신으로 인해 위로받게 하소서. 절망에 빠져 있는 자가 당신으로 인해 위안을 얻게 하시고, 완전하고 끊임없는 은혜 속에서 당신을 통해 새로워지게 하소서. 가련한 자들의 위로가 영원히 복 되신 당신에게서 흘러나옵니다. 아멘."[21]

---

21 Saint Anselm of Canterbury, "Prayer 10 to Christ and St. Paul," Bynum, *Jesus as Mother*, pp.114-115에서 재인용.

7장

선한 중세
그리스도인

내가 가장 좋아하는 중세 미술 작품 가운데 하나는 성 수태고지(Annunciation)로, 이 작품은 천사 가브리엘이 마리아를 찾아온 순간을 두 페이지 분량으로 펼쳐 묘사했다. 성 수태고지는 15세기 정교하게 지어진 책으로, 수도원의 전례 주기와 평신도들의 성경 읽기 일과에 맞추어 사용할 수 있도록 각색한 기도서에 나온다. 왼쪽에는 천사 가브리엘이 경건하게 고개를 숙이며 외치고 있다. "아베 마리아, 그라치아 플레나"[Ave Maria, gratia plena, 은총이 가득하신 마리아님, 기뻐하소서]! 오른쪽에는 중세풍의 복장을 한 마리아가 기도에 몰두하다 신적 전령을 향해 고개를 돌린다. 천국으로 향하는 작은 창문에서 성부 하나님의 뜻에 따라 비둘기가 내려오고 있다. 그런데 이 장면에서 가장 재미있고 인상 깊은 부분은, 가브리엘이 혼자가 아니라는 점이다. 그는 한 평신도 여성, 즉 이 작품 사본의 주인 뒤에 서 있다. 그녀 역시 중세 최고의 옷을 입고 있는데, 오늘날 할로윈 공주 의상에서 볼 수 있는 끝이 뾰족한 고깔모자를 쓰고 있다. "그녀는" 대천사 가브리엘을 부분적으로 가리고 있는 마리아를 마주보고 있다. 그녀는 무릎을 꿇고 기도하고 있지만, 실제로는 역사의 결정적인 순간, 곧 그리스도의 성

"수태고지 장면에 등장하는, 이 그림의 소유자", 채색 사본,
약 1450-1460년, MS 267, fols. 13v-14쪽, 볼티모어,
월터스 미술관

육신에 처음 참여하고 있는 것이다. 가브리엘은 심지어 이 여성의 어깨 위에 손을 얹고 있다. 마치 그들이 메시아의 임박한 도래를 함께 알리는 것처럼!

나는 이 미술 작품을 감상하면서 감정과 생각의 이상한 조합을 경험한다. 처음에는 다소 청교도적인 생각이 떠올랐다. "그녀는 어떻게 창조의 재탄생이라는 순간에 자신을 그려 놓을 수 있다는 말인가? 얼마나 오만한 일인가!" 하지만 곧 두 번째 생각이 떠올랐다. "나도 그 자리에 있고 싶다!" 그녀의 희망은 기도서 페이지에 대담하게 표시되어 있다. 그 희망은 우리가 공유하는 것이기도 하다. 그녀는 역사의 모든 순간에 부활하신 그리스도에 대한 증인이 되기를 원한다. 독서와 기도를 통해 그리스도의 삶 속으로 깊이 들어간다. 결국 구원 역사에 참여하게 된다.

중세 시대 후원자 혹은 필사본의 소유주는 성경이나 성인들의 서사 속에 자신을 등장시키기 위해 예술가들을 정기적으로 고용했다. 이런 장면들은 숨이 멎을 듯하게 아름다운 시간서 안에 삽입되었는데, 이 책들은 '소시과'(小詩科; little hours, 일시경, 삼시경, 육시경, 구시경과 같이 매일 정해진 교회의 공적이고 공통적인 기도를 가리킴 – 편집자 주), '호래'(Horae), '성모 마리아의 시간서'라고도 불렸다.[1] 이 호화로운 기도서들은 종종 사회적 지위를 과시하는 상징물이었다. 모든 책들이 수작업으로 제작되던 당시, 금박과 희귀하고 반짝이는 잉크로 정성껏 채색된 이 기도서들은 고급 사치품이었다. 14세기 프랑스의 유명한 시인인 외스타슈 데샹(Eustache Deschamps)은 그들을 비꼬며 짧은 풍자시까지 남겼다. 그는 자신의 시에서 부유층이 기도서를 으스대며 자랑하는 풍조를 날카롭게 비판했다.[2] 모든 시대에 걸쳐 기독교가 보여 주는 고전적 역설처럼, 이 기도서들은 한편으로는 과시하기 위해 비싸게 맞추어진 대상'이면서' 동시에 우리와 함께 인성을 나누신 하나님이신, 예수

---

1 이 주제에 대해 더 깊이 알고 싶다면, 이몬 더피(Eamon Duffy)의 아름다운 저서, *Marking the Hours: English People and Their Prayers 1240–1570* (New Haven: Yale University Press, 2006)을 참고하라. '호래'(horae, 시간서)와 관련된 영국인들의 기도 생활을 그림과 함께 살펴볼 수 있다.
2 Duffy, *Marking the Hours*, p. 21에서는 짧고 유쾌한 이 노래의 번역본도 확인할 수 있다.

와 깊은 묵상과 교제에 들어가는 통로이기도 했다.

그들이 보여 주는 인간성 속에는 심오한 신학이 작용하고 있다. 우리의 어리석음과 과시하고 싶은 욕망 속에서도, 가브리엘과 함께 있는 그 여인은 우리 또한 구원 역사에 속해 있다는 점을 상기시킨다. 일요일 교회에서 보내는 금박을 입힌 삶과 주중에 보내는 평범하고 지루한 일상 사이의 간극은 인위적이다. 성 수태고지는 우리가 함께 살아가는 인간 역사의 일부다. 울음을 터뜨리는 아기들, 즐겁지 않은 직장, 좋아하는 식당까지도 포함된 삶 말이다. 나는 인간이다. 예수도 인간이셨다. 이것이 바로 희망의 원천이다.

이 기도서는 우리가 예수를 따르는 제자로 살아가면서 겪는 또 다른 긴장을 담고 있다. 말씀이 육신이 되었을 때, 그분은 우리와 더 같이 되셨으며, 우리는 그분을 더 닮아 감으로 자유를 누리게 되었다. 우리는 종종 은혜를 서서히 체험하고, 오랜 시간에 걸쳐 덕을 발전시키며, 온전한 인간이 되는 법을 뼈아픈 경험 속에서 배우는 과정을 통해 그분을 더 닮아 간다. 하지만 우리는 종종 그분을 '우리의' 이미지로 재해석한다. 우리는 자주 그 차이를 인식조차 하지 못한다. 우리는 진심으로 그분을 예배한다. 우리는 아름답게 장식된 기도서에 그분을 앉힌다. 이 기도서들은 분명 우리에게 도움이 되지만, 우리는 그분을 예배하면서 동시에 우리의 부와 헌신(더 현대적인 용어를 빌리자면 "축복받은 것")을 과시하기도 한다. 우리는 그분을 예배한다. 그런 다음 우리는 우리의 선행을 알리거나 목적을 조장하기 위한 도구로 그분을 이용한다. 이번 장은 우리가 있는 그 자리에서 은혜로 다가와 말씀해 주시는 성 육신하신 하나님과 우리가 우리의 이미지대로 만든 인간 예수에 대한 이야기다.

우리가 살펴볼 책은 카르투시오 수도회의 선대인(수도원의 제1수도사) 니콜라스 러브(Nicholas Love)가 쓴 *The Mirror of the Blessed Life of Jesus Christ*(예수 그리스도의 축복받은 삶의 거울)라는 책이다. 중세 시대 '거울 문학'(라틴어로는 '스페쿨룸'[Speculum])은 독자들에게 주변 세상을 있는 그대로 반영하는 백과사전적 기능을 했다. 이는 마치 거울처럼 비추어 주는 역할을 했다.[3] 그리고 이 기도서들과 인간 예수에 대한 이미지화된 헌신의 전반적 철폐는 거울과 같이 하나님의 형상을 드러냄과 동시에 우리 자신의 얼굴 또한 우리에게 다시 비춘다.

중세 베스트셀러

중세 시대는 오늘날과 같이 거대한 단일 사회가 아니라 종교와 신앙 안에 여러 파벌, 유행, 변화들이 존재했다.[4] 사람들이 개인적으로 독서를 더 많이 하게 되면서, 14세기 유럽에서는 신앙적인 글에 대한 관심이 크게 고조되었다. 잉글랜드에서는 더 많은 책들이 저술되었다. 대표적으로 기도서, 노리치의 줄리안과 월터 힐튼(Walter Hilton) 같은

---

3 Ritamary Bradley, "Backgrounds of the Title *Speculum* in Mediaeval Literature," *Speculum* 29, no. 1 (January 1954): pp. 100-115, https://doi.org/10.2307/2853870.
4 니콜라스 러브가 살던 시대를 간단히 들여다보고 싶다면, 찰스 반 엥겐(John Van Engen)의 "Multiple Options: The World of the Fifteenth-Century Church," *Church History* 77, no. 2 (June 2008): pp. 257-284를 참고하라. https://doi.org/10.1017/S0009640708000541.

작가들이 쓴 관상 신학 작품, 그리고 참회의 글이 있었다. 특히 참회의 글은 중세 독자들로 하여금 그들의 죄를 밝히고 회개하는 마음을 길러 죄를 자백하는 데 유익을 주었다. 이런 책들은 모두 교회와 수도원 안팎에서 신앙 실천을 돕기 위한 것이었다. 이런 장르 안에 많은 것들이 오랫동안 라틴어판으로 존재해 왔지만, 그것들의 영어 번역본은 새로운 전개였다. 특히 활발했던 하나의 전통은 복음서의 사건들을 마음 속으로 구상하여 그려 보는 방식이 두드러졌다. 이들은 이를 바탕으로 예수와의 깊고 개인적인 관계를 맺도록 독려했다. 이런 창의적 상상에 기반해 인도된 영적 활동은 그리스도의 사랑을 드러내고, 그 대가로 그리스도에 대한 사랑을 기르도록 이끌었다. 니콜라스 러브는 이 과정을 "경건한 상상"이라고 불렀다.[5]

니콜라스 러브의 책은 중세 후기 가장 영향력 있고 유명한 책 가운데 하나인 *Meditationes Vitae Christi*(그리스도의 생애에 대한 명상록)을 각색하고 번역한 것이다. 이 명상록은 마리아의 어린 시절의 내러티브 및 클레르보의 베르나르와 히포의 성 아우구스티누스처럼 주요 신학자들의 신학적 성찰 같은 성경 외적 자료도 포함해서 복음서를 재구성한 것이다. 아마도 이 책은 14세기경, 아름다운 탑들이 솟아 있는 이탈리아 중부 소도시 산 지미냐노(San Gimignano)에 살던 프란치스코회 소속 수사나 수녀가 이를 작성했을 것으로 추정된다.[6]

---

5 Nicholas Love, *The Mirror of the Blessed Life of Jesus Christ: A Full Critical Edition*, ed. Michael G. Sargent (New York: Routledge, 2018), p. 10. 이 책에 인용된 모든 중세 영어 문장은 현대 영어로 가볍게 번역했다.

6 *Mirror*(거울)의 서문에서, 서전트(Sargent)는 문화적 배경과 여러 판본들에 대해 철저히 다룬다. 최근 사라 맥너머(Sarah McNamer)는 저자가 수도사가 아니라 수녀였을 가

러브의 명상록은 결코 성경을 대체하려는 의도로 쓰인 것은 아니었다. 수도사나 사제, 수녀가 아닌 일반 중세 사람들도 '개인적' 훈련을 통해 영적 변화를 경험하며, 복음과 성례를 묵상할 수 있도록 돕기 위한 취지로 시작되었다. 이처럼 명상록은 그리스도의 생애와 교회의 성례를 묘사함으로써 사람들로 하여금 하나님에 대한 사랑을 고조시켰다.

명상록은 엄청난 인기를 끌었고, 현지 유럽 언어로 끊임없이 번역되었다. 중세 독일, 프랑스, 스페인의 방언뿐만 아니라 영어, 네덜란드어, 스코틀랜드 게일어, 스웨덴어, 불가리아어 등 다양한 언어로 번역되었다.[7] 특히 유명한 각색 본 가운데 하나는 작센의 루돌프(Ludolphus De Saxonia)가 작성한 것이었다. 그의 작품은 집필된 이후 2세기 동안 7개 언어로 88차례 인쇄되었다.[8] 훗날 병상에 누워 있던 로욜라의 이그나티우스(Ignatius of Loyola)는 그 번역본 가운데 하나를 읽었고, 이를 통해 미래에 있을 성도들의 "영적 운동"에 영향을 미쳤다. 오늘날까지도 수많은 그리스도인들의 삶을 변화시키는 강력한 영성

능성을 제기했지만, 이에 동의하지 않는 학자들도 있다. *Meditations on the Life of Christ: The Short Italian Text*, ed. Sarah McNamer (Notre Dame, IN: University of Notre Dame Press, 2018) 서문을 참조하라.

7 *Devotional Culture in Late Medieval England and Europe: Diverse Imaginations of Christ's Life*, ed. Stephen Kelly and Ryan Perry (Turnhout, Belgium: Brepols, 2014)는 명상록 본문 전승이 영향을 끼친 다양한 지역, 전통, 인물들을 추적하는 광범위한 에세이 모음집을 수록하고 있다.

8 Paul Shore, "The *Vita Christi* of Ludolph of Saxony and its Influence on the Spiritual Exercises of Ignatius of Loyola," *Studies in the Spirituality of Jesuits* 30 no. 1 (January 1998), pp. 5-6, https://ejournals.bc.edu/index.php/jesuit/article/view/3970 참조.

을 불러일으키고 있다.⁹ 니콜라스 러브의 *The Mirror of the Blessed Life of Jesus Christ*(예수 그리스도의 축복받은 삶의 거울)는 이런 전통 안에서 가장 널리 읽힌 영어판이었다.

러브의 *Mirror*(거울)는 성경에 나오는 장면을 영어로 다시 이야기한다. 즉 그는 "단순한 영혼들"을 위한 영적 양식으로 삼았다. 이는 신학 교육을 받지 못한 여성들을 포함한 일반 그리스도인들을 의미했다.¹⁰ 러브의 성직자적 권위로 매개되고, 중세 교회 위계로 승인을 받은, *Mirror*(거울)는 예수의 삶과 죽음을 서술한다. 비록 "단순한 영혼들"을 위한 것이라 했지만, 내용이 약화된 것은 아니다. 러브는 삼위일체 교리 같은 어려운 개념도 주의 깊게 설명한다. 이는 평범한 사람들이 눈에 보이지 않는 영적인 삶을 인식하고 갈망하도록 그 마음을 "자극하고 사로잡기" 위해 의도적으로 그리스도의 육체적·인간적 삶에 초점을 맞춘다.¹¹ 러브는 이런 실천이 세상의 피상적인 것들 너머에 뿌리를 내리게 하고, 삶의 어려운 고난 속에서도 이길 수 있는 힘을 주어 마음을 견고하게 한다고 힘주어 말한다. 또한 독자들이 모든 덕을 완벽하게 지닌 자의 삶을 목격함으로써 그 덕목들을 습득할 수 있는데, 바로 이 같은 실천이 이를 도와준다고 언급한다. 그것이 좋은 방향이든 그렇지 않든, 러브 자신이 속한 문화적 상황과 깊이 연관된 인간적인 것이다.

나는 그가 그리스도의 탄생에 대해 다시 들려주는 방식을 좋아한

---

9 Shore, "The *Vita Christi*."
10 Love, *Mirror*, p. 10.
11 Love, p. 10.

다. 러브는 그의 어머니 발밑에 있는 "건초더미 위에서 갑자기" 태어난 예수를 묘사하면서 어떻게 하와의 저주를 받지 않은 마리아가 고통 없이 아기 예수를 출산했는지 그 과정을 묘사한다.[12] 그녀는 "지극한 기쁨"으로 가득 차 무릎을 꿇고, 아기를 품에 안은 채 계속 입맞춤을 한다.[13] 성령께서 마리아에게 배고픈 아기 하나님께 젖을 먹이는 법을 가르쳐 주신다. 나는 모유 수유에 어려움을 겪었던 당사자로서, 이 장면에서 마리아와 그녀의 아들(Son)이 함께 나눈 깊은 친밀감을 느끼며 눈물이 날 뻔했다. 또한 성령께서는 마리아를 이끌어, 자신의 젖으로 예수를 씻기도록 이끄신다! 그 당시에도 모유가 살균 작용을 한다는 사실이 알려져 있었다. 마리아는 머리를 덮고 있는 수건을 벗어 예수를 그 안에 감싸안는다. 겨울밤, 소와 나귀가 갓 태어난 아기가 따뜻해지도록 번갈아 가며 입김을 불어넣어 준다. 마리아에 대해 말하자면, "그녀가 얼마나 많은 영적 부요함과 내적 위안, 기쁨을 가졌는지 누구도 제대로 말할 수 없다."[14] 말씀은 육신이 되셨고, 마리아는 그분의 소중하고 아름다운 인간 어머니가 되셨다. 독자인 나 역시 이 진리에 가까이 다가가며 그 영적 부요함과 내적 위안을 느끼기 시작한다.

또 하나의 인상적인 장면은 예수께서 광야에서 시험을 받으신 후에 등장한다. 마태복음은 이 장면을 간단히 진술한다. "이에 마귀는 예수를 떠나고 천사들이 나아와서 수종드니라"(마 4:11). 하지만 니콜라스 러브는 이 장면을 이렇게 상상했다.

12　Love, *Mirror*, p. 38.
13　Love, p. 38.
14　Love, p. 39.

그러자 천사들이 말했다. "존귀하신 주여, 주께서는 오랫동안 금식하셨습니다. 이제 음식을 드실 시간입니다. 우리가 당신을 위해 무엇을 가져다드릴까요?" 그러자 예수께서 말씀하셨다. "내 사랑하는 어머니께 가서, 그분이 준비해 두신 음식이 무엇이든 가져오라. 그분이 요리한 음식만큼 내가 좋아하는 육신의 음식이 없느니라." 이에 두 천사는 떠났고, 갑자기 마리아 앞에 나타나 아들의 이름으로 크나큰 경의와 함께 인사를 드렸다. 그리고 천사들은 마리아가 자신과 요셉을 위해 준비해 두었던 소박한 음식을 가져갔다. 그 안에는 빵 한 덩어리와 냅킨, 그리고 몇 가지 필수품들, 작은 생선 몇 마리가 있었다. 그리고 천사들은 돌아와 수건을 땅에 펼치고, 그 위에 빵을 놓았다. 그들은 우리 주 예수 곁에 공손히 서서 주 예수와 함께 식사 전 감사 기도를 드렸고, 그분의 축복을 기다렸다. 그러자 예수께서는 자리에 앉으셨다.

특히 혼자 있는 당신은 이제 여기를 주목하라. 당신이 동료와 아무 교제 없이 혼자 식사를 할 때, 이 장면을 마음에 새기라. 우리 주 예수께서 어떻게 음식을 드시는지, 맨 바닥에 앉으실 만큼 얼마나 낮아지셨는지 염두에 두라. 거기에는 식탁도, 방석도 없었다. 오랜 금식 끝에 배고프셨음에도 불구하고, 그분은 얼마나 공손하고 절제된 태도로 음식을 드셨는지 주의해 보라. 천사들은 주님을 그들의 주로 섬겼다. 한 천사는 빵을 가져오고, 다른 천사는 포도주를 가져오며, 또 다른 천사는 생선을 가져왔다. 또 몇몇 천사들은 그분을 환대하기 위해 천국의 달콤한 노래를 부른다. …… 당신이 당신의 방에서 혼자 식사를 할 때, 비록 눈에 보이지는 않지만, 당신도 이 친교를 나눈다.[15]

이 부분은 나를 미소 짓게 한다. 신적 배달 서비스 같은 세부 묘사나 천사들이 "공손히 서서" 주님과 함께 감사 기도를 드리는 장면은 우리의 사고방식과는 다소 동떨어져 보이며 아기자기하게 느껴진다. 동시에 그리스도의 시험과 함께 예수의 이름으로 먹고 마시는 것에 대해 생각하는 것은 재판 후에 쉼과 잔치를 누리는 기쁨의 신학을 제시한다. 우리가 혼자 먹거나 마실 때, 우리는 예수를 본받는 것이다. 그리고 천사들은 정말 당신과 함께한다. 이 메시지는 러브가 속했던 카르투시오회 수도사들에게 특히 큰 격려가 되었을 것이다. 이들은 공동체 안에 살았지만, 하루 대부분을 혼자 침묵 가운데 지냈다. 그들은 방에서 혼자 식사하고, 혼자 전례를 기도했다. 다른 수도사들을 만나는 것은 오직 자신의 독방 밖에서 허락된 시간뿐이었다. 한편 이 "경건한 상상"은 과부와 빈곤한 자, 삶의 자리에서 밀려난 이들, 식사를 함께 나누다 지금은 죽음이나 이별로 상실된 아픔을 겪는 모든 이들에게 깊은 위로가 된다.

포스트모던 시대를 살아가는 우리에게, 이 글에서 가장 낯설게 느껴지는 부분은 그리스도의 탁월한 식사 예절에 대한 강조일지도 모른다. 러브는 우리를 특정한 문화적 순간으로 연결시킨다. 예수의 공손한 태도는, 식탁도 없고 다른 손님도 없는 상황에서조차, 가장 기사

---

15 Love, *Mirror*, pp. 73-74.

도적인 기사 혹은 깐깐한 귀족과 동일시된다. 그분이 몇 주 동안 아무것도 드시지 않은 것은 말할 것도 없지만, 우리 대부분은 그 순간 굶주림에 허겁지겁 마른 빵을 찢어 먹었을 것이다. 그 시대의 많은 귀족들과는 달리, 예수는 까다로운 미식가가 아니다. 그분은 가장 고결한 맛을 내는 천상의 요리보다 어머니의 소박하지만 맛있는 요리를 더 좋아하셨다. 이 예수가 "선한 중세 그리스도인"이다. 그분은 가정적이고, 겸손하면서도 품위 있는 예절 덕분에 화려한 중세 궁정에도 잘 어울렸을 것이다.

우리는 또한 중세 미술에서 선한 중세 그리스도인 예수의 모습을 엿볼 수 있다. *Holkham Bible Picture Book*(홀컴 성경 그림책)으로 불리는 독특한 필사본이 있다. 이 책은 구약과 신약의 이야기를 230개가 넘는 삽화로 제공하는데, 그 그림에는 14세기 당시 지배 계층의 언어였던 앵글로 노르만 프랑스어로 된 설명이 덧붙여져 있다. 이 그림 성경은 교육 목적으로 제작되었다. 런던에 있는 도미니코회 수도사가 당시 귀족들의 성경 문해력을 높이고자 이를 의뢰한 것으로 보인다.[16] 이 책에 나오는 최후의 만찬 장면은 역사적으로 정확하지는 않지만, 중세 그리스도인들을 위해 강조한 믿음의 중요 교리 가운데 몇 가지 세부 사항을 잘 보여 준다. 한 편에서는, 그리스도가 구석에 있는 베드로의 발을 씻기신다. 베드로는 중세 성직자처럼 삭발한 채로 있다. 그의 정수리에 있는 머리카락은 깎여 있다. 그리스도 시대를 살아갔던 남성이라면 이런 식으로 머리를 깎지 않았을 것이다. 삭발은 7세기나 8세

---

16 Holkham Bible Picture Book, The British Library, https://www.bl.uk/collection-items/holkham-bible-picture-book.

"최후의 만찬", 〈홀컴 성경 그림책〉, 채색 사본,
약 1327-1335년, Add. MS 47682, fol. 28r, 런던,
앨범 / 영국 국립 도서관 / 알라미 스톡(Alamy Stock) 사진 제공

기경에 이르러서야 등장한 것으로 남성들의 발전된 "스타일"이었다. 그럼에도 삭발한 모습은 여전히 유지되고 있었다. 이는 독자들에게 베드로가 모든 미래 성직자들의 모범이 됨을 상기시키기 위함이었다. 또 식탁 위에 놓여 있는 유월절 식사를 자세히 살펴보라. 다른 고대 중동 음식들은 없이, 누룩을 넣지 않은 원 형태의 빵만 놓여 있다. 그것은 실제 빵처럼 보이지도 않는다. 그것은 중세 미사에서 쓰이던 완전히 하얗고, 둥근 성체와 똑같이 생겼다. 이는 그리스도께서 그분의 육체로 임재하셨을 뿐만 아니라 빵처럼 보이는 육체 안에도 임재하신다는 점을 강조하는 장치다. 그리스도와 모든 제자들은 백인 유럽인들처럼 묘사되어 있다.

많은 예술가들은 그리스도를 선택적으로 그들만의 민족 또는 문화 집단의 일부로 묘사한다. 오늘날 미국인들은 이것을 잘 안다. 20세기 미국 백인 문화에서 등장한 표본 작품은 워너 샐먼(Warner Sallman)이 그린 그리스도에 대한 유명한 그림이다. "그리스도의 머리"라는 제목을 붙인 이 그림은 역사상 예수에 대한 가장 인기 있고 재현된 예술적 표현 가운데 하나다. 당신은 그것을 즉시 알아본다. 초등학교 교실에 걸려 있는 초상화 혹은 적당히 성공한 변호사의 얼굴 사진을 비추는 스튜디오 조명은 켜져 있고, 금발에 푸른 눈을 가진 예수는 약간 비스듬한 각도로 앉아 있다. 그 배경조차도 20세기 중엽에서 오늘날까지 이어져 내려오는 전문 직업인과 학교 초상화의 막연하고 흐릿한 배경에 필적한다. 이 그림은 성 베드로의 왕좌 혹은 그리스도의 역사적 몸과 성체 사이의 연속성에 대해 가르쳐 주지 않는다. 그렇지만 그것은 미국 백인 중산층에 대한 그리스도의 관련성을 제시한다. 그분은 이 세상과 분리되어, 보석으로 장식된 천국의 황금 보좌에서 육체를 떠난 존재로 말씀하시지 않는다. 샐먼의 초상화는 예수가 우리와 같은 인간임을 강조한다. 그러나 어떤 "우리"인가?

백인 예수에 대한 묘사는 분명한 문제를 제기한다. 선한 중세 예수 또는 20세기 중반의 선량한 미국 백인 예수는 특정 시간과 장소에 갇혀 교회의 작은 한 분파만의 특성 및 가치에 너무 밀접하게 동일시되다보니 철저히 조정된다. 그분은 더 이상 역사적 메시아로서 삼위일체 제2위와 유사하지 않다.

선한 중세 그리스도인 예수를 이용하기

우리는 종종 우리 자신과 우리의 현재 관심사 및 신념에 깊이 결연되어 그리스도를 믿는다. 러브의 성 수태고지를 면밀히 살펴보면, 가브리엘이 마리아에게 나타났을 때 그녀가 처음 보인 침묵에서 몇 가지 이상한 결론에 이르게 된다.

> 여기서 마리아를 하나의 모범으로 들 수 있다. 먼저 마리아는 천사들의 임재를 누릴 수 있을 만큼 사람들에게서 벗어나 혼자 조용히 기도하는 것을 사랑한다. 게다가 당신은 이것으로부터 지혜에 귀 기울이기를 즐거워하며, 침묵을 지키고, 말을 적게 하는 것을 사랑하는 법을 배울 수 있다. 그것이 유익한 미덕이기 때문이다. 왜냐하면 마리아는 먼저 들었기 때문이다. 마리아는 천사들이 그녀에게 두 번 말을 건넨 후에야 대답했다. 그러므로 미혼 여성이나 처녀가 지나치게 말을 많이 하는 것은 몹시 부끄러운 일이며, 크게 비난받을 행동이다.[17]

러브의 해석은 칭찬할 만한 몇 가지 권고로 시작된다. 혼자 조용히 드리는 기도를 사랑하라. 자신을 둘러싼 강렬한 신적 본성을 인식하기 위해 혼자만의 시간을 가져보라. 우리 가운데 많은 사람들, 특히 소셜 미디어 사용자들은 지혜에 대한 갈망을 계속해서 키우고, 즉각적

---

17 Love, *Mirror*, p. 25.

인 반응은 속으로 삼켜 두라는 러브의 이 조언을 통해 유익을 얻을 수 있을 것이다.

하지만 이 거룩한 순간, 러브가 강조한 해석 가운데 하나는 "여성은 침묵해야 한다"는 것이다. 성 수태고지의 변혁적 힘은 마리아의 여성적 침묵에서 비롯된 것이 아니라는 사실을 고려해 볼 때, 그것은 아이러니한 해석이다. 인류가 구원에 참여하는 것은 마리아가 여성으로서 자신의 자궁에서 메시아를 낳겠다고 한 적극적 동의에서 비롯된다. 니콜라스 러브의 침묵하는 여성성에 대한 문화적 이상은 마리아의 생생한 목소리에 담긴 신성한 의미를 보지 못하게 만들었다.

최후의 만찬으로 시선을 돌려 보면, 러브의 이데올로기적 신념이 더욱 뚜렷하게 드러난다. 예수께서 돌아가시기 전 날 밤을 묘사하면서, 러브는 성만찬이 시작되는 것에 초점을 맞춘다. 그는 이 부분을 아름다움과 열정을 담아 묘사한다. 그리고 사람들이 묵상할 수 있는 결론으로 마무리한다. 하지만 그것은 논란을 불러일으킬 만한 소지가 있다.

러브가 *Mirror*(거울)를 집필하기 직전, 영국에서 옥스퍼드 신학자 존 위클리프(John Wycliffe)로부터 새롭고 급진적인 개혁 신학이 등장했다. 당시 위클리프와 그의 추종자들은 '롤라드파'(Lollards)로 불렸다. 많은 롤라드파 신자들은, 논쟁적이고, 경우에 따라 이단적이라고까지 할 수 있는 주장들을 내세웠다. 예를 들어, "교회의 풍부한 재산을 몰수해서 가난한 자들과 정부에 기부해야 한다." "화체설(Transubstantiation), 즉 성만찬에서 빵과 포도주가 실제로 그리스도의 몸과 피로 변화된다는 이 교리는 거짓이다." "교회의 계급 제도는 포기

되어야 한다. 여성들도 공적으로 설교할 수 있다." 처음에는 소수 유력한 평신도들이 이 비전에 끌렸다. 일부는 진정한 개혁적 열망에서 비롯된 것이었고, 다른 일부는 교회의 막대한 재산을 빼앗음으로써 자신들이 이득을 볼 수 있다는 교활한 깨달음에서 비롯된 것이었다. 15세기 초가 되자, 잉글랜드 교회 지도부는 방어적 태도를 취했다. 잉글랜드는 유럽 대륙과 달리, 당시까지 이단들을 화형에 처하지 않았지만, 1401년 잉글랜드 의회와 헨리 4세 왕의 칙령을 통해 롤라드파를 화형에 처하기 시작했다. 이후 교회는 어떤 책들이 유포되어야 하고, 누가 설교를 할 수 있는지에 대한 자격, 그리고 성경 영어 번역본과 관련해 통제를 강화하기 시작했다. 니콜라스 러브는, 켄터베리의 대주교 아룬델(Arundel)과 함께 롤라드파를 맹렬하게 반대했다.

러브는 최후의 만찬에 대해 숙고하면서, 중세 잉글랜드 교회의 이단과 이교도들이 혼합되어 있는, 롤라드파를 명확히 겨냥한다. 그에 따르면, 참된 제자들은

> 그들의 모든 신체적 이성과 지혜를 내려놓고, 이전에 말씀하신 주님의 말씀대로 오직 참된 믿음만 의지했다. 다만 유다는 거짓과 불신으로 책망을 받았다. 그 결과 유다는 복 된 성례를 받았지만, 오히려 그에게는 저주가 되었다.
> 지금도 유다 편에 서 있는 자들은 마찬가지다. 즉 제단의 거룩한 성찬이 축성 이전처럼 여전히 단순한 빵과 포도주에 불과하다고 잘못 믿고 말하는 자들 …… 그들은 유다보다 더 책망을 받아야 한다. 유다는 성찬 옆에 실제로 계신 예수의 육신을 직

접 보고도 믿지 못했지만, 그들은 눈으로 보지 못하지만 오히려 그래서 더 믿기 쉬운 상황에 있음에도 믿지 않기 때문에 그들의 불신은 더 큰 정죄를 초래한다.[18]

Mirror(거울)의 원고 여백에는 러브 자신이 삽입한 난외주, 즉 짧은 해설이 포함되어 있다. 이 주석들은 중요한 순간들을 강조한다. 러브는 명상록의 내용을 신중하게 읽고, 각색한 자였다. 그는 자신이 본문에서 의미를 추정한 부분과 원래 자료를 그대로 유지한 부분, 이 두 차이를 그의 독자들이 알기 원했다. 그는 이 구절을 의도적으로 추가했고, 난외주에 "콘트라 롤라도스"(Contra Lollardos), 즉 "롤라드파에 반대하여"라고 적었다. 그는 교회를 연합하는 기능으로서 성찬을 강조 묘사하고 있는데, 이 부분에서 러브는 종교적 권위와 협력하여 그것을 무기화한다.

최후의 만찬은 여러 의미를 내포하고 있다. 마지막 식사에 나타난 아련한 아름다움, 친교와 섬김의 신학, 성찬의 가르침, 그리고 십자가 처형이라는 폭풍 전의 불안한 고요까지 담겨 있다. 그러나 러브 작품의 이 장면은, 복음서의 중심이자 강력하고 의미 있는 순간임에도 불구하고, 이단자들을 통제하기 위한 수단으로 약화되어 버렸다. *Mirror*(거울)는 우리가 얼마나 쉽게 예수를 우리 자신과 같은, 문화의 일부로 묘사하려는 경향이 있는지를 보여 준다. 그것은 또한 복음서에서 "올바른" 반응을 이끌어 내기 위해 그 내용을 통제하려는 인간의 절

---

18 Love, *Mirror*, p. 151.

박하고도 파괴적인 욕망을 드러낸다.

우리는 모두 니콜라스 러브다

우리는 니콜라스 러브에게 손가락질하기 쉽다. 하지만 사실 우리가 모두 니콜라스 러브다. 우리는 모두 예수에 대한 우리의 이해를 크든 작든 왜곡하여, 그분을 우리 스스로 인식한 위협에 맞서기 위한 도구로 교묘하게 이용한다. 진정한 도전은 그 일이 언제, 어디서 일어나는지를 식별해 내는 것이다.

우리는 인간적 한계 때문에 자신이 살아가는 시대, 장소, 그리고 육체적 조건을 벗어나 예수를 이해하거나 해석하는 것이 불가능하다. 그럼에도 불구하고 우리 대부분은 때때로 선한 의도로 예수에 대한 자기만의 견해를 세상에 강요하고 싶어 한다. 니콜라스 러브는 개혁가였다. 그는 자신이 위험한 신학으로 이해한 바에 따라 자신의 교회를 구하려고 했다. 그러나 성 수태고지나 최후의 만찬 같은 순간을 다른 사람들을 통제하는 데 이용함으로써, 그는 무심코 그 의미들을 약화시켰고, 인류 자신의 폭력적인 욕망으로 그들을 감쌌다.

우리는 모두 예수를 우리의 문화와 관심사 속에 깔끔하게 끼워 맞추는 죄를 범하고 있다. 예수의 부르심의 그 기이함에 귀 기울이기보다 그분을 길들인다. 우리는 예수를 우리 자신처럼 생각한다. 당신이 어떤 배경을 가지고 있든, 아마도 당신은 예수를 자신만의 방식대로 상상할 것이다. 당신이 미국인이라면, 아마도 예수는 당신이 가장 최선이라 여기는 방식을 좇아 선한 미국 그리스도인이 된다. 예수에 대한 나의 무의식적 상상 – 나는 제거하려고 하지만 끊임없이 실패한다. – 속에서 그분은 열린 사고를 가진 장로교 신자 혹은 약간 보수적인 성공회 신자처럼 보인다. 예수는 술을 과하게 마시지는 않지만, 와인 한 잔 정도는 즐기신다. 그분은 분명 지방 선거에도 꼭 투표하라고 권하신다. 그리고 그분은 니콜라스 러브가 말한 것처럼 훌륭한 식사 예절도 좋으시다. 그분은 곧 나의 거울이다. 그런 식으로 바라보면, 그분은 덜 위협적이고 이해하기 더 쉬워진다. 나는 니콜라스 러브가 그랬던 것처럼, 이런 생각을 의식적으로 하거나 말하지는 않는다. 그러나 솔직히 말하면, 이것이 바로 내가 예수에 대해 느끼는 방식이다.

그러므로 우리는 백인 예수의 문제로 돌아오게 된다. 예수는 평범한 일상 속에서 사람들과 함께하셨다는 기억에서 너무 쉽게 잊히고 백인의 권위의 상징으로 높아진다.[19] 우리는 우리의 문화적 가치와 기대, 그리고 천국의 삶 사이에 존재하는 모순을 인식하지 못한다. 그리고 우리는 하나님을 우리의 목적을 위해 이용하려는 어떤 시도도 허락하지 않으시는 그 불타는 사랑과 의로움을 잊도록 스스로를 속인다.

그리스도를 따르는 삶과는 상충된다고 여기는 행위들이 역사상 그리스도인들에 의해 열렬하게 정당화되었다. 유럽에서 천 년 동안 이루어진 강제 개종. 십자군 전쟁. 유럽의 그리스도인들이 주님의 수난

---

19 Emily McFarlan Miller, "How Jesus Became White—And Why It's Time to Cancel That," *Religion News Service*, June 24, 2020, https://religionnews.com/2020/06/24/how-jesus-became-white-and-why-its-time-to-cancel-that/.

을 구실로 수없이 많은 유대인 이웃들을 학살한 비극.[20] 북아메리카에 정착한 많은 청교도 잉글랜드인들과 남아메리카의 가톨릭 스페인 탐험가들은, 신학적 입장과 신앙 실천은 달랐지만, 예수는 토착민들을 대량 학살함으로써 부와 영토를 얻으려 했던 그들을 지지한 열렬한 식민주의자였다는 그 시대와 유럽 문화의 확고한 신념을 공유하고 있었다. 미국 남부의 남북전쟁 이전 노예 소유주들과 종교 지도자들에 따르면, 예수는 노예제도, 특히 흑인들은 열등하고 노예생활에 적합하다고 보는 가짜 과학에 기반한 노예제를 전적으로 지지했다고 여겼다.[21]

예수는 여전히 문화적 내러티브와 타인을 통제하기 위한 수단으로 부당하게 이용되고 있다. 많은 전임자들처럼, 조 바이든(Joe Biden) 대통령 역시 미국의 아프가니스탄 군사 개입을 정당화하기 위해 이사야 6:8의 성경적 권위에 호소했다.[22] 얼마 전 뉴스에서, 나는 한 주지사 후보의 선거 유세 버스 측면에 도배된 거대한 슬로건을 보았다. "예수, 총, 아기들." 예수의 이름이 특정 정당, 시간과 장소에 속하는 "쟁점 목록"에 맞추어 축소되었다. 더 위험한 것은 우리는 너무 자주 예수를 그렇게 축소 해석하고 있다는 사실조차 인식하지 못한다는 것이다. 대신

---

20 David Nirenberg, *Communities of Violence: Persecution of Minorities in the Middle Ages* (Princeton, NJ: Princeton University Press, 1996); Anthony Bale, *Feeling Persecuted: Christians, Jews, and Images of Violence in the Middle Ages* (London: Reaktion, 2010)를 참고하라.

21 노예 소유주들의 기독교적 추론을 소름 끼치게 묘사한 것으로 Eugene McCarraher, *The Enchantments of Mammon: How Capitalism Became the Religion of Modernity* (Cambridge, MA: Belknap, 2019), 5장을 보라.

22 Ed Stetzer, "Don't Confuse Military Action with the Mission of God," *Religion News Service*, August 27, 2021, https://religionnews.com/2021/08/27/biden-isaiah-dont-confuse-a-military-action-with-the-mission-of-god/.

우리는 예수를 축소시키고 있음에도, 성경을 "원래 의도된 방식대로" 읽고 있다고 믿는다.

거울 응시하기

『실낙원』(*Paradise Lost*)의 저자, 시인 존 밀턴은 천사들이 오직 그들의 마음을 통해서만 소통한다고 묘사한다. 그들은 감각 기관이나 육체, 심지어 공간과 시간의 개입 없이도 상황과 서로를 완벽하게 이해할 수 있다. 곧 그들은 별개의 개체로 있으면서도 즉각적이고 완전한 교감을 한다.[23] 그러나 우리는 그런 존재가 아니다. 몸은 없이, 모든 것을 아우르는 마음이 아니라(스마트폰이 때로로 우리를 속이지만) 육체를 지닌 필멸의 학습자들이다. 다시 말해, 우리는 인간이다. '인간'이라는 이 양날의 선물은 우리가 "해석하는 존재"라는 사실에 있다. 즉 우리는 성경, 성령, 음식과 소리, 그리고 환상, 서로, 그리고 우리 자신의 불투명한 욕망까지도 해석하며 살아간다. 몇몇 위대한 신비주의자들은 밀턴의 천사들과 같이 현실과 관계를 완전히 이해하는 것에 거의 가까운 무언가를 경험했을지 모르지만, 우리 대부분은 그렇지 않다. 우리는 겸손함, 지속적으로 주어지는 해석 과제에 대한 인식, 그리고 죽을 수밖에 없는 유한한 몸을 지닌 우리의 지위, 그 속에서 조금씩 성장해 나간다.

---

23 John Milton, "Paradise Lost," pages 283-630 in *The Complete Poetry and Essential Prose of John Milton*, ed. William Kerrigan, John Rumrich, and Stephen M. Fallon (New York: Random House, 2007).

우리가 주의를 기울이지 않는다면, 인간의 한계를 저주로 이해하게 될 것이다. 그러나 우리는 그것이 저주가 아니라는 것을 안다. 하나님께서 완전한 인간성 안에서 우리와 함께하셨기 때문이다. 예수는 시간의 제약 속에 있는 우리의 현재 몸을 통해 우리를 영원한 생명과 사랑, 겸손으로 부르신다. 더 역설적인 것은, 우리가 예수를 닮아 갈수록, 우리는 더욱 인간다워진다. 우리의 연약함과 실수, 그리고 아름다움을 더 즐겁게, 더 깊이 지각하게 된다. 우리의 증가하는 인간다움은 이런 한계를 뛰어넘어 마치 우주의 주인이 되려는 헛된 시도보다 우리를 진리로 더 가까이 이끈다.

『켄터베리 이야기』(*Canterbury Tales*)의 "사제 이야기"에서, 제프리 초서(Geoffrey Chaucer)는 클레르보의 성 베르나르가 라틴어 문장으로 쓴 겸손에 대한 유명한 정의를 영어로 번역했다. "겸손 혹은 온유함은 사람이 자신에 대한 진정한 앎을 가지게 하며, 자기가 마땅히 받아야 할 것 이상으로 자신을 높이 평가하지 않게 하고, 자신의 약함을 항상 기억하게 하는 미덕이다."[24] 자신에 대한 진정한 앎이란 인간의 한계를 항상 마음에 간직하고 있다는 것을 의미한다. 자기혐오는 겸손이 아니다. 겸손은 당신이 인간이라는 사실, 다른 사람이나 세상을 완전히 이해하지 못하는 당신의 제한된 능력, 음식, 음료, 휴식이 꼭 필요한 당신의 몸, 그리고 공동체에 자연스럽게 의존하도록 지어진 복 된 존재라는 사실을 인정하고 기억하는 실천이다. 그것이 없었다면 우리는 인간적인

---

24 Geoffrey Chaucer, "The Parson's Tale," in *The Riverside Chaucer*, ed. Larry D. Benson, 3rd ed. (Boston: Houghton Mifflin, 1987), II. 287-327. 『켄터베리 이야기 2』 (서울: 민음사, 2023).

우정이나 가족이라는 선물을 받을 수 없었을 것이다. 겸손한 사람은 자신이 얼마나 이해하지 못하는지 반복해서 고백하고, 귀를 기울인다. "경건한 상상력"이 문제는 아니다. 사실 우리는 예수의 인성과 우리의 인간성에 대해 경건한 상상력이 너무 부족하다! 우리가 기독교의 '과거'라는 거울을 응시할 때, 그 안에서 우리 자신의 모습을 인식할 수 있다면, 죽은 이들의 목소리가 오늘날의 권력과 현실에 진실을 말해 줄 수 있다. 러브의 *Mirror*(거울)는 우리에게 '명료함'이라는 선물, 곧 우리가 그분을 너무 우리처럼 만들려고 할 때 드러나는 폭력대신 그리스도의 인성을 받아들일 때 느끼는 안정감과 위로의 아름다움을 준다. 이 거울은 우리에게 쉽게 통제하려는 '욕망'이라는 저주와 '취약함' 속에 담긴 선물을 반영한다. 그리고 그 취약함은 겸손을 통해 인식되고 기꺼이 받아들여질 때, 통제욕을 부추기는 연료가 아니라 그에 대한 해독제가 된다.

토마스 아퀴나스는 아우구스티누스와 초대 교부들 및 교회의 어머니들을 따라 겸손은 변화를 가져오는 '카리타스'(Caritas), 곧 자선 그리고 하나님의 사랑과 함께 덕스러운 삶의 기초가 된다고 가르쳤다.[25] 우리가 부족함이나 한계를 인정하지 않고서는, 재즈를 연주하든 정의를 실천하든, 그 어떤 배움도 가능하지 않다. 겸손은 기쁨이 될 수도 있고, 고통이 될 수도 있다. 서문에 다시 귀를 기울여 보라. 노리치의 줄리안 같은 작가들에게, 아이들은 어른들이 본받아야 할 겸손의 본보기

---

25 Thomas Aquinas, *Summa Theologiae*, trans. Laurence Shapcote, ed. John Mortensen and Enrique Alarcon (Lander, WY: Aquinas Institute for the Study of Sacred Doctrine, 2012), II.II.161.5.ad.3.

다. 어린아이들은 기꺼이 (그리고 종종 큰 소리로) 자신에게 필요한 것을 부끄러움 없이 요청한다. 그들은 자신들이 알지 못하는 것을 기꺼이 배우려는 기쁨과 결단으로 가득 차 있는, 타고난 학습자들이다.

겸손은 또한 참회의 미덕이다. 그것은 나로 하여금 어디에서 잘 못되었는지, 무지했는지, 이기적으로 행동했는지를 성찰하게 도와주는 미덕이다. 내가 그리스도 안에 있는 생명의 풍성함이 아니라 결핍에서 출발해 행동했음을 깨닫게 해 준다. 그런 의미에서 자기 성찰의 미덕이다. 겸손함 속에서 우리는 더 인간다워진다. 우리는 우리가 본받아야 할 원형, 곧 우리의 육체적 한계를 함께 지니신 겸손하신 하나님을 더욱 닮아 가기 때문이다. 겸손은 통제와는 정반대에 있는 미덕이다. 그것은 독재자나 학대자가 아닌 선한 목자, 좋은 어머니와 아버지, 참된 사랑의 미덕이다.

우리가 그리스도의 이름으로 폭력이나 허영심을 행할 때, 예수 및 우리 이웃들과 나누는 공통된 인간다움을 외면하거나 완전히 거부하게 된다. 우리는 강력한 제도나 무력, 권력과 영향력, 부가 자리한 위치를 모색함으로써 인종이나 젠더 같은 사회 영역에서 "정당함"을 과시하며 문화적 영향력을 미치려고 한다. 지난 장에서 '어머니'로 상징되는 예수가 상기시켜 준대로, 우리가 우리의 한계와 부족함을 인정할 때, 마찬가지로 우리가 여전히 자라고 있음을 기억할 때, 우리는 오히려 더 자유로워진다. 나는 저명한 신학자이자 윤리학자인 스탠리 하우어워스(Stanley Hauerwas)가 최근 계간지 「플라우」(*Plough Quarterly*)에서 나눈 인터뷰가 계속 떠오른다. 인터뷰 진행자는 많은 그리스도인들이 오늘날 미국 사회에서 기독교의 영향력과 힘이 상실되고 있는 것에 대해 우려하고 있다고 지적했다. 그러자 하우어워스는 다음과 같이 대답했다.

> 나는 실제로 오늘 일어나고 있는 좋은 일들 가운데 하나가, 그리스도인으로서 우리가 사회 전반에서 누리던 지위와 권력을 상실하고 있다는 점이라고 생각한다. 그런 상실은 우리를 자유롭게 한다. 우리는 그리스도의 제자로서 더 이상 상실할 아무것도 가지고 있지 않다. 상실할 것이 아무것도 없는 자로서, 우리는 예수께서 원하시는 방식대로 계속해서 살아갈 수 있기 때문에 그것은 오히려 커다란 이점이다. 우리는 더 이상 통제하려 들 필요도 없고, 통제 수단에 유혹받을 이유도 없다. 우리는, 초대 그리스도인들처럼, 세상을 거짓말로 속이지 않는 그런 사람으로 다시 한번 알려질 수 있다.[26]

이 점은 중요하다. 기독교가 사회적 지위와 문화적 영향력을 지키고 방어하기 위해 맹렬하게 매달렸던 권력을 상실한 것은 사실 자유의 비밀스러운 선물이다. 마침내 우리는 사람의 마음을 움직이는 이는 우리가 아니라 성령이라는 것을 인식할 수 있다. 그리고 때때로 우리는 이 움직임에 참여하게 되는 은혜를 받을 뿐이라는 것을 깨닫게 된다. 나는 '신조'와 '성경'이라는 안전한 울타리 안에서 우리의 믿음에도

---

26 Stanley Hauerwas, "Peacemaking Is Political: An Interview with Stanley Hauerwas by Charles E. Moore," *Plough Quarterly*, March 16, 2021, https://www.plough.com/en/topics/justice/nonviolence/peacemaking-is-political.

불구하고 우리 안에 얼마나 많은 것이 여전히 신비로 남아 있는지 정직하게 말할 수 있다. 고난, 죽음, 전쟁, 그리고 노리치의 줄리안의 말을 빌리자면, "모든 일이 잘 될 것이다"는 약속.[27] 우리가 겸손을 실천할 때, 통제력은 줄어들고, 회개가 늘어날 것이다. 두려움도 줄어들 것이다. 우리가 지킬 수 없는 약속도 줄어들고, 우리에게 정당하게 속하지 않은 권력도 줄어들 것이다. 하우어워스의 말을 빌리자면, 거짓말로 속이는 일도 훨씬 줄어들게 될 것이다.

그래서 니콜라스 러브는 이렇게 나를 가르친다. 그리스도인들은 예수의 추종자로서 이런 긴장 가운데 살아왔으며, 앞으로도 계속 그렇게 살아갈 것이다. 그리스도는 우리와 같은 분이지만, 우리는 그 닮음을 결코 우리의 목적을 위해 이용해서는 안 된다. 우리는 경건한 상상 속에서 진리를 끄집어내며 기억한다. '예수님은 나와 같으시다, 그분은 나처럼 피를 흘리셨고, 나처럼 우셨다, 그리고 슬픔에 잠긴 어머니와 좋은 친구들을 두셨다.' 예수는 나에게 그분의 창조 세계에 있는 유형의 선물, 책과 새, 그리고 내 아이들의 기쁨을 통해 말씀하신다. 예수는 그의 어머니의 요리를 즐겨하셨다. 아마도 그분은 흠잡을 데 없는 식사 예절을 지니고 계셨을 것이다. 예수는 제우스(Zeus)처럼 누군가를 유혹하기 위해 인간으로 변장한 신이 아니다. 그럼에도 불구하고 여전히 그의 신성의 모든 힘을 가지고 계신다. 러브의 이야기 속에서 그리스도는 천사들과 함께 식사하셨지만, 음식은 그의 어머니가 손수

---

27 *The Writings of Julian of Norwich: A Vision Showed to a Devout Woman and A Revelation of Love*, ed. Nicholas Watson and Jacqueline Jenkins (University Park: Pennsylvania State University Press, 2006), 27.10.

만든 것이었다. 예수의 가난한 어머니는 우스꽝스러운 모양을 한 갓난아기를 자기 머리를 감싸던 수건으로 감싸 주었다. 예수는 배가 고프고 목이 마르며, 약하고 피곤하셨다.

주께서 종종 은혜롭게 역사하시는 방식대로, 우리의 약함은 결국 진리를 드러낸다. 그 여성은 성 수태고지 장면 속에 자기를 그려 넣음으로써 자신을 과시하려 했지만, 뜻밖에도 더 깊은 무언가를 드러내게 되었다. 곧 성육신하신 하나님과 함께 친밀함을 나누는 소속감을 통해 자신도 구원 역사에 참여하고 있다는 더 깊은 의미의 막을 걷어 낸 것이다. 나는 성 수태고지에 나오는 그 여성이다. 내재된 신성과 함께 인간의 취약성을 공유하신 그분의 은혜를 통해 기적적으로 구원 역사에 참여하게 된 존재다. 당신도 그렇다.

선한 중세 그리스도인을 통해 영감을 받은 묵상과 실천

- 빌립보서에서 하나님이 인간이 되신 신비와 그것이 우리가 자신을 이해하는 방식과 세상에서 행동하는 방법에 미치는 영향에 대해 언급한 바울의 유명한 말씀과 찬송가를 묵상하라. 무엇이 눈에 띄는가?

"아무 일에든지 다툼이나 허영으로 하지 말고 오직 겸손한 마음으로 각각 자기보다 남을 낫게 여기고 각각 자기 일을 돌볼 뿐더러 또한 각각 다른 사람들의 일을 돌보아 나의 기쁨을 충만하게 하라 너희 안에 이 마음을 품으라 곧 그리스도 예수의 마음이니 그는 근본 하나님의 본체시나 하나님과 동등 됨을 취할 것으로 여기지 아니하시고 오히려 자기를 비워 종의 형체를 가지사 사람들과 같이 되셨고 사람의 모양으로 나타나사 자기를 낮추시고 죽기까지 복종하셨으니 곧 십자가에 죽으심이라

이러므로 하나님이 그를 지극히 높여 모든 이름 위에 뛰어난 이름을 주사 하늘에 있는 자들과 땅에 있는 자들과 땅 아래에 있는 자들로 모든 무릎을 예수의 이름에 꿇게 하시고 모든 입으로 예수 그리스도를 주라 시인하여 하나님 아버지께 영광을 돌리게 하셨느니라

그러므로 나의 사랑하는 자들아 너희가 나 있을 때뿐 아니라 더욱 지금 나 없을 때에도 항상 복종하여 두렵고 떨림으로 너희 구원을 이루라 너희 안에서 행하시는 이는 하나님이시니 자기의 기쁘신 뜻을 위하여 너희에게 소원을 두고 행하게 하시나니"(빌 2:3-13).

- 당신은 예수를 당신만의 깔끔한 문화적 박스에 어떻게 맞추어 넣었는가? 당신은 '정치'와 '관계'라는 영역에서 다른 사람들을 통제하기 위해 예수를 어떻게 이용했는가? 이런 생각과 행동을 식별하고 당신이 사랑하고 신뢰하는 누군가에게 이 사실을 고백하라.

- 자신과 다른 시대에 만들어진 기독교 저작 및 예술 작품과 함께 시간을 보내라. 19세기는 5세기만큼 유익하고 도전이 될 수 있다. 소설은 신학만큼이나 유용함으로 관심사가 무엇이든 상관없다. 아우구스티누스(Augustine) 또는 오스틴(Austen), 더글라스(Douglass) 또는 이그나티우스(Ignatius)(또는 앞에 언급된 모든 사람들). 과거 신실하고 불완전한 자들이 자신의 목적을 위해 예수를 어떻게 길들이거나 도구화하는가? 예수에 대한 그들의 통찰은 당신에게 어떻게 도전하는가?

기도

"완전한 인간이시고 완전한 하나님이신 예수여, 제가 어디에 있든지, 제가 주목할 수 있는 방법을 통해 말씀해 주소서. 제가 당신에게 집중하도록 도와주소서. 과거의 거울, 그리스도 안에 있는 나의 형제자매들의 거울을 들여다볼 수 있도록 도와주소서. 그래서 지금 당장 제 기대와 욕구에 더 잘 맞추기 위해 당신의 복음과 인성을 왜곡한 방식을 발견하게 하소서. 제가 당신을 간절히 바란다는 이유로 다른 사람들을 통제하려 했던 곳을 분별하도록 나를 이끄소서. 저에게 겸손과 회개의 은사를 주시고, 또한 그 통제를 포기할 수 있는 힘과 능력을 주옵소서.

참된 하나님이시고 참된 인간이신 예수여, 저의 인간적 한계에 온전히 함께해 주셔서 감사드립니다. 울고, 추위를 겪으시며,

또한 기꺼이 돌봄을 받는 아기로 이 땅에 오신 것을 감사드립니다. 제가 먹고, 자고, 생각하고, 일할 때 혼자가 아니라는 점을 감사드립니다. 제 몸과 마음, 그리고 그 모든 아름답고 도전적인 한계를 선물로 주신 것을 감사드립니다. 이 좋은 선물들을 기억하며 기뻐하게 하소서. 아멘."

8장

상처 입은 하나님

중세의 가장 이상한 은유 가운데 하나로, 그리스도의 십자가에 못 박힌 몸은 하나의 문서, 때로는 책이나 헌장으로 비유되었다. 양피지, 즉 글을 쓸 때 사용되던 동물 가죽에서 영감을 받은 중세 사상가들은, 그리스도의 찢긴 몸을 자비로 작성된 헌장으로 보았고, 그분의 흘리는 피가 새긴 이상한 상형 문자를 인간이 그분과 연합되는 계약으로 보았다. 14세기 잉글랜드의 은둔자 리처드 롤(Richard Rolle)은 다음과 같이 썼다.

> 사랑하는 예수여, 당신의 몸은 붉은 잉크로 쓴 책과 같습니다. 주님의 몸은 온통 붉은 상처로 쓰여 있습니다. 사랑하는 예수여, 이제 저에게 그 책을 읽고, 그 글 속의 달콤함을 조금이라도 이해할 수 있도록 허락해 주옵소서. 또한 그 독서 안에 거하는 열심을 누리게 하여 주옵소서. 그리고 저에게 은혜를 베푸셔서 예수 그리스도의 비할 데 없는 사랑을 보게 하시고, 제가 마땅히 하나님을 사랑할 수 있도록 그분의 본을 따라 하나님을 사랑하는 법을 배우게 하소서. 매일 이 공부가 제 하루하루의 모

든 순간이 되게 하시고 …… 늘 저의 묵상과 말, 기쁨이 되게 하소서.[1]

이 고통의 책은 중세 사람들에게 무엇을 말해 주고 있는가? 예술 작품 속 그리스도의 상처나, 자신의 상상 속에서 그 상처를 응시하는 일은 십자가 처형 속에서 치유와 위로를 찾는 길의 일부였다. 그분의 몸을 읽는다는 것은, 그리스도의 고난을 직면하고, 그분의 고통, 그리고 우리의 고통 또한 연합의 자리로 이해하는 것을 의미했다.

우리는 이미 앞서 여러 장에서 다양한 모습으로 고난당하는 예수를 만나 보았다. 해산의 고통 속에 교회를 낳는 어머니, 방패도 창도 없이 싸우러 오신 기사, 자신의 상처를 혼인의 거처로 내주는 연인, 자비와 정의를 상기시키기 위해 못 박힌 손과 발을 보여 주시는 심판자. 그러나 이제, 우리 스스로 붉은 잉크를 읽어 낼 차례다.

불편함을 마주하기

수난의 순간, 우리가 진정으로 예수의 얼굴을 바라본다면, 우리는 피할 수 없는 인간의 고통과 마주하게 된다. 중세 사람들은 우리보다 이런 고통을 덜 두려워했다. 그들은 담대하게 물었다. "십자가의 고

---

1 Richard Rolle, *Meditations on the Passion,* in *English Writings of Richard Rolle Hermit of Hampole,* ed. Hope Emily Allen (Oxford: Clarendon, 1931), p. 36. 필자가 약간 수정함.

난이 필요했는가?" "고난은 우리에게 무슨 의미를 주는가?" 그리고 가장 논쟁적인 질문으로 이렇게 물었다. "나는 그리스도의 고난에 어떻게 동참해야 하는가?"

교회가 고난과 관련해 항상 이런 방식으로 특별한 질문을 던졌던 것은 아니다. 당신이 "심판자"를 다룬 장에서 기억하는 것처럼, 초기 십자가상은 십자가에 달리신 하나님이 여전히 우주의 주권자시며, 수치 가운데서도 완전한 신성을 지니신 분이라는 인식을 반영하고 있었다. 그분은 비하 상태 가운데서도 온전히 신이셨다. 중세 후반에 이르러, 문화와 신학은, 항상 그런 것처럼, 서로 영향을 주고받으며 변화하기 시작했다. '루드'(Rood)라고 불리는 십자가상은 당시 교회에서 가장 널리 사용된 예수의 형상이었다. 보통 제대 위나 옆에 전시되었다. 속죄에 대한 가장 영향력 있는 이론 가운데 하나는, 켄터베리의 안셀무스(Anselm of Canterbury)가 가르친 것으로, 그리스도의 인성에 집중하고 있다. 예술가들도 그분의 인성과 그로 인한 고통과 고난에 주목하기 시작했다.[2] 아마도 왕위 계승을 둘러싼 끔찍한 전쟁, 흑사병의 지속

---

[2] 많은 신학자들과 역사가들은 이 변화에 대해 여러 가지 추측을 해 왔다. 한 가지 이론은 속죄에 대한 설명이 변하고 있었다는 것이다. 켄터베리의 안셀무스와 피에르 아벨라르(Peter Abelard) 같은 신학자들은 그리스도가 왜 십자가에서 죽었으며, 그 죽음이 어떻게 구원을 이루는지에 대해 서로 다른 이론들을 제시했다. 안셀무스의 '만족 이론'과 아벨라르의 '사랑의 표시' 이론은 11-12세기의 수도원과 새롭게 발전하는 대학들에서 치열하게 논의되었다. 동시에 큰 목회적 변화도 일어나고 있었다. 고해성사와 평신도에게 교리를 가르치는 일이 더 중요해졌다. 더 자세히 알고 싶다면 다음을 참고하라. Denise N. Baker, *Julian of Norwich's Showings: From Vision to Book* (Princeton, NJ: Princeton University Press, 1994), 1장; Rachel Fulton Brown, *From Judgment to Passion: Devotion to Christ and the Virgin Mary, 800–1200* (New York: Columbia University Press, 2002); Ellen Ross, *The Grief of God: Images of the Suffering Jesus in Late Medieval England* (Oxford: Oxford University Press, 1997); Richard Vilaseau, *The Beauty of the Cross: The Passion of Christ in The-*

적인 창궐, 거의 한 세기 동안 아비뇽과 로마에서 서로 대립하던 두 교황, 여기서 유발된 현상으로 중세 사람들은 고통 속에서도 그리스도와 자신을 동일시하거나 그분의 고난을 본받는 것을 통해 구원적 가치가 있을 수 있다고 믿게 되었다. 때때로 그리스도를 본받으려는 이런 열망은 극심한 정죄나 고행의 형태로 나타나기도 했다. 이 시대는 '헤어 셔츠'(Hair Shirt, 종교적 고행을 하던 사람들이 입던 털이 섞인 거친 천으로 만든 셔츠 – 역자 주), '스티그마타'(Stigmata, 아시시의 성 프란치스코[Saint Francis of Assisi] 같은 중세 성인들에게 하나님이 주신 손과 발의 상처인 성흔[聖痕], 이것은 예수의 상처를 상기시켰다), 그리고 '자기 채찍질'의 시대였다. 이런 자비로운 고통은 십자가에 못 박혀 달리신 그리스도에 대한 감정적인 반응과 더 관련이 있었다. 마저리 켐프(Margery Kempe)의 표현을 빌리자면, "울부짖음"이나 눈물의 은혜와 같은 것들이 그것이다. 또한 성유물의 형태로 거룩함이 현존하는 장소를 찾아가는 순례, 오늘날 학자들이 "감정적 경건"(Affective Piety)이라고 부르는 사랑에 대한 강렬한 감정적 반응 등이 그것이다. 이런 다양한 실천과 태도는 종종 서로 겹쳐졌다.

　　나는 고통에 집중하여 십자가와 예수의 연합을 사유하려는 이 강렬한 접근 방식에 즉각적으로 몇 가지 이의를 제기하게 된다. 첫 번째는 실제적인 문제다. 고난이 어떻게 하나 됨, 곧 연합의 장소가 될 수 있는가? 고통은 이상할 정도로 개인적인 것이다. 정신적으로든 육체적으로든 몸부림치는 고통은 당신의 경험 안에서 분명하고 실제적이

---

ology and the Arts, from the Catacombs to the Eve of the Renaissance (Oxford: Oxford University Press, 2006).

지만, 우리는 결코 다른 사람의 고통을 느껴 본 적이 없고, 그들도 우리의 고통을 느껴 본 적이 없다. 누구도 당신의 상처를 완전히 이해할 수 없기 때문에 고통은 깊은 고립감을 준다. 나는 아이를 출산할 당시, 의사와 간호사가 통증 수치를 '1'에서 '10' 가운데 어느 정도 되는지 물어 볼 때마다 몹시 싫었다. 한 번은, 아마도 약에 취한 상태였던 것 같은데, 간호사에게 정중히 물어보았다. "통증 수치 '10'이라는 것이 공개처형 시 내장이 끊겨 나가는 느낌 정도인가요?" (한 번 중세학자는 영원히 중세학자다). 우리는 어떻게 자신의 고통을 숫자로 평가할 수 있는가? 다른 누군가가 느끼는 고통이 어떤지 전혀 알 수 없는데 말이다. 외로움과 고통은 종종 함께 찾아온다.

두 번째 반감은 본능적인 것이다. 즉 불쾌함. 나는 불필요한 고통을 미화하고 싶은 생각이 전혀 없다. 고통에 많은 가치를 두는 태도는 과거 억압당한 자들을 계속 학대하거나, 폭력적인 관계에 머무는 것을 정당화하는 데 사용되기도 한다. 가부장적 사회 속에서, '사랑'이라는 이름 아래 가해지는 고난은 어떤 집단에게 지나치게 강조되었고, 그 결과 인내, 순종, 겸손은 기독교의 미덕이라기보다 특별히 여성만의 미덕으로 간주되었다. 이는 선택된 것이 아니라 강요된 것이었다.[3] 중세 시대에는, 순교와 수난 내러티브에 대한 감정적 반응이 마치 비료처럼 작용하면서, 반유대주의 폭력이 잡초처럼 솟구치기 시작했다.[4]

---

[3] 예를 들어, Beth Allison Barr, *The Making of Biblical Womanhood: How the Subjugation of Women Became Gospel Truth* (Grand Rapids: Brazos, 2021)를 참조하라. 이 책은 여성(및 이 책의 중심 주제는 아니지만 유색인종)의 억압과 고난 자체가 경건한 것으로 여겨지게 된 기독교 전통 안에서의 혼란과 갈등을 다루고 있다.

[4] 제프리 초서의 『켄터베리 이야기』에 수록된 "수녀원장의 이야기"는 '피의 중상'(blood

중세 유럽의 일부 지역에서는, 유대인에 대한 폭력이 특별히 성 주간(Holy Week)과 특별히 연결되었고, 이는 그리스도의 죽음에 대한 복수를 표현하는 불경한 "전례"의 일부가 되었다.[5]

하지만 나는 중세 사람들과 나 자신 사이에 있는 가장 큰 차이점 하나를 깊이 인식하고 있다. 그들은 고통을 지나치게 미화했을지 모르지만, 나는 그 안에서 오직 두려움과 회피의 이유만을 본다. 어떤 문화도 고통을 피하기 위해 미국 백인 중산층 문화만큼 많은 시간과 노력을 들인 적은 없다. 아마도 미국 전체가 그럴지도 모른다. 우리는 집단적으로 고통을 몹시 두려워하고 있다. 더욱이 우리는 고통을 어떻게 다루어야 할지 모른다. 우리가 고통을 회피하는 범위는 가장 평범한 일상에서부터 가장 보편적인 삶의 순간에까지 이른다. 예를 들어, 미국 주정부의 차량 관리국(DMV)에서 기다리는 극히 사소한 고통에서부터 스타일 혹은 성형수술로 감추거나 요양원과 장례식장에 격리시켜 버리는 '노화'와 '죽음'이라는 보편적인 고통에 이르기까지 다양하

---

libels, 특정인이나 집단에 대한 부당한 비방 - 역자 주)이라 불리는 반유대주의적 기적담 장르의 전형적인 사례다. 이 장르는 유대인이 어린아이들을 살해하고, 성모 마리아나 성체, 혹은 그리스도의 수난과 관련된 기적을 통해 그 범죄가 드러난 후, 기독교 공동체가 유대인 이웃을 보복적으로 학살하는 구조를 따른다. 이런 이야기들은 당시 널리 유포되며 큰 인기를 끌었다.

5 프랑스, 이탈리아, 스페인에서 성 주간 동안 유대인들을 의례적으로 살해한 사건에 대해서는 David Nirenberg, *Communities of Violence: Persecution of Minorities in the Middle Ages* (Princeton, NJ: Princeton University Press, 1996), 7장을 참조하라. 이런 폭력은 종종 종교 당국에게서 명백한 부추김을 받았다. 스페인의 성 목요일 예배 때 일어났던 한 사례에서는 아이들이 딸랑이 장난감을 흔들며 노래를 불렀다고 한다. "마라노(Marrano, 중세 스페인·포르투갈에서 그리스도교로 개종당한 유대인 - 편집자 주) 유대인들아, 너희가 하나님을 죽였으니 이제 우리가 너희를 죽인다." 이런 노래는 자주 폭력, 폭동, 심지어 살인으로 이어졌다(p. 202).

다.[6] 고통 없는 사람들은 종종 만성 통증을 겪는 사람들이나 깊은 슬픔에 빠진 사람들을 마치 역병 환자처럼 대할 때가 있다. "너무 가까이 다가가면 안 된다. 자칫하면 우리도 그 고통이나 상실을 '옮을' 수 있으니까!" 죽음을 '해결'하려는 일에 전념하는 억만장자 계층도 존재한다.[7]

이런 두려움과 부담을 염두에 두고 볼 때, 그리스도의 고난의 책을 중세 사람들과 함께 읽는 가운데 우리 포스트모던 시대 사람들을 위한 낯설고, 숨겨진 지혜가 기다리고 있는 것은 아닌가?

십자가를 바라보기

노리치의 줄리안은 그녀가 경험한 "계시"를 시작하면서, 젊은 시절 하나님께 기도하며 드린 세 가지 인상적인 탄원을 묘사한다. 첫 번째로, 줄리안은 그리스도의 고난에 대해 더 깊은 '느낌'을 갖게 해 달라고 간청한다. 막달라 마리아와 그리스도를 사랑했던 다른 사람들과 함께 그분의 고통을 '육안으로' 보게 해 주시고, 그들처럼 함께 고난을 받게 해 달라고 간청한다.[8] 다시 말해, 그녀는 그리스도의 고통을 어떤 신

---

6 고통을 회피하는 우리 사회에서 고통의 의미를 사려 깊게 성찰한 책으로, K. J. Ramsey, *This Too Shall Last: Finding Grace When Suffering Lingers* (Grand Rapids: Zondervan, 2020)를 참조하라.

7 Ariana Eunjung Cha, "Tech Titans' Latest Project: Defy Death," *Washington Post*, April 4, 2015, https://www.washingtonpost.com/sf/national/2015/04/04/tech-titans-latest-project-defy-death/ 참고.

8 *The Writings of Julian of Norwich: A Vision Showed to a Devout Woman and*

비롭고 황홀한 쾌락으로 체험하기를 원한 것이 아니다. 그녀는 십자가 아래에서 여성들이 느꼈던 두려움과 황폐함, 자비, 공포를 온전히 보고 느끼기를 원했다. 그리고 예수, 눈물을 흘리며 우는 그분의 어머니, 그분의 가장 친한 친구 가운데 한 사람과 동일시되기를 원했다. 두 번째는 거의 죽음에 이르게 할 정도의 '육체적 질병'에 걸리게 해 달라는 간청으로, 이는 그리스도가 아닌 것들에 대한 집착을 정화하는 데 도움이 되기를 바라는 마음에서였다.[9] 처음 두 간청은 그녀가 하나님의 뜻인지 확신하지 못한 채 조건적으로 구한 것이었다. 마지막 간청은 무조건적인 것이었는데, 여기에서 그녀는 삶에서 마주한 세 가지 "상처"를 다룬다. "참된 회개의 상처, 자비로운 연민의 상처, 그리고 하나님을 향한 자발적인 갈망의 상처."[10] 줄리안은 영혼과 몸, 마음이 모두의 고통을 자신에게 허락해 달라고 기도하고 있다.

만약 한 친구가 이런 내용을 기도하고 있다고 고백한다면, 나는 아마 좋은 치료사를 찾아가 보라고 권했을 것이다. 줄리안의 간청은 현대를 사는 우리에게 당혹스럽고 충격적이다. 왜 줄리안은 상상 속에서 장면을 떠올리는 대신 동시대인들처럼 '육안으로 보기'를 원했는가? 십자가를 응시한다는 것은 무엇을 의미하는가? 사람들은 무엇을 느끼고, 그것은 왜 중요한가?

중세 시대 많은 서정시들은 예수가 십자가 아래를 지나가는 행인

A Revelation of Love, ed. Nicholas Watson and Jacqueline Jenkins (University Park: Pennsylvania State University Press, 2006), 2.5-8.

9   *Writings of Julian of Norwich*, 2.18.
10 *Writings of Julian of Norwich*, 2.34-36.

들에게 말씀하시는 장면을 형상화한다. 이런 시에서 그리스도는 그들에게 도전이나 초청의 형식으로 말을 건네신다. 그분의 상처를 바라본 그들은 과연 어떻게 응답할 것인가? 당시 부활절 설교는 이런 서정시들 가운데 하나를 인용했다. 강론을 전하는 사제를 상상해 보자. 그 뒤에는 십자가상이 뚜렷하게 보인다. 이 십자가상은 암묵적으로 그 시를 떠올리게 한다. 예수께서 매일같이 "외치고" 또 "말씀하시는" 십자가의 메시지 말이다. 신자들에게는 익숙하고 늘 보는 모습이다.

> 인간이여, 들으라. 내 말에 귀를 기울이라.
> 내가 너를 위해 어떤 고난을 겪는지 보아라.
> 인간이여, 너를 향해 내가 소리 높여 외치노라.
> 너를 사랑하기에, 네가 보다시피 내가 죽노라.
> 내 몸이 어떻게 매달려 있는지 보라.
> 못이 나를 어떻게 찔렀는지 보라.
> 겉으로 드러난 내 몸은 심히 맞았지만,
> 내면의 고통은 훨씬 크다.
> 이 모든 것을 나는 너희를 위해 당했다.
> 최후 심판 날, 너는 그것을 보게 되리라.[11]

당시 사람들은 십자가상을 응시하면서, 동시에 그리스도께서 자

---

11 *Speculum Sacerdotale: Edited from British Museum MS. Additional 36791*, ed. Edward H. Weatherly (London: Published for the Early English Text Society, Oxford University Press, 1936), p. 112.

신들에게 이렇게 말씀하신다고 상상하면서, 자신의 죄가 예수의 고난에 어떤 책임이 있는지를 묵상하도록 권유받았다. 또한 예수의 고통 속에서 그분의 인간성과 자신을 동일시하며, 자비로운 마음으로 반응하기를 요청받았다. 하지만 설교 형태의 시를 따로 보면, 마치 누군가가 내 감정 상태에 대해 유도 질문을 던지는 것처럼 다소 느껴진다. 당신은 "매우 슬프지 않나요?" 같은 식이다. 가끔은 중세의 감정적 경건이, 내가 그렇게 슬퍼하지 않는다는 사실에 죄책감을 느끼게 하기도 한다.

1420-1423년경, 르네상스 시대 거장인 프라 안젤리코(Fra Angelico)가 그린 초기 "십자가 처형" 그림은 이 주제의 중요성을 분명히 보여 준다. 그리스도의 극심한 고통에 대한 우리의 반응은 단순히 감정 문제가 아니다. 프라 안젤리코의 이 십자가 처형 그림은 설교 속 그 시와 마찬가지로, 더 정교한 방식으로 같은 질문을 던진다. "그리스도의 고통 앞에서 당신은 어떻게 반응할 것인가?" 이 그림은 독특한 구성을 가지고 있다.[12] 그리스도는 그림의 정중앙에서 십자가에 못 박혀 죽어가고 있으며, 그 주변에는 반원 형태로 구경꾼들이 바라보고 있다. 그리스도의 상처 입은 발에서 흘러내린 피는 십자가 나무 아래로 흘러 맨 땅 위에 고인다. 그리스도는 그림의 중심에 있지만, 보는 이에게서 약간 비껴 선 채, 거의 실험적인 각도로 고개를 돌리고 있다.

---

12 이 회화의 영향과 기원에 대한 뛰어난 설명은 메트로폴리탄 미술관 웹사이트에서 확인할 수 있다. 2022년 6월 28일 접속, https://www.metmuseum.org/art/collection/search/437007.

프라 안젤리코, "십자가 처형", 금빛 바탕 목판에 그린 템페라,
약 1420-1423년, 뉴욕,
메트로폴리탄 미술관

우리의 시선은 구경꾼들이 둥글게 배열하여 선 모습으로 간다. 군인들은 화려한 전마(戰馬) 위에 앉아 서로 대화를 나누며, 고통과 피비린내 나는 장면 앞에서도 태연하다. 몇몇 사람들은 아무런 감정 없이 냉담한 호기심으로 구세주를 쳐다본다. 어떤 이들은 지루해 보이고, 다른 이들은 경멸하는 듯한 표정을 짓는다. 종교 지도자들은 그들

8장 _ 상처 입은 하나님

의 뒤쪽에서 각자의 말 위에 올라 대화를 나누고 있다. 일부 병사들과 구경꾼들은 경악스러운 혼란과 놀라움에 그저 위를 올려다볼 뿐이다.

그리고 그림 앞쪽에는 후광이 그려진, 다섯 명의 인물이 무리를 짓고 있다. 고통 속에 기절할 듯 쓰러진 성모 마리아는 예언된 그 검이 자신의 영혼을 찌르는 것을 느낀다.[13] 다른 여성들은 고통스러운 얼굴로, 눈은 울음으로 붉어진 채, 저마다 다른 자세로 마리아를 돌본다. 십자가 오른편에 있는 성 요한은 예수를 바라보지 못한다. 그는 믿기지 않는 듯, 두 손을 꼭 움켜잡은 채, 깊은 슬픔의 표정으로 땅에 떨어진 피를 향해 고개를 숙이고 있다. 다른 제자들은 겁에 질려 아예 나타나지 않았다는 사실을 우리는 기억한다. 프라 안젤리코가 그린 군중을 바라보며, 우리 역시 함께 서 있는 구경꾼임을 깨닫게 된다. 마리아, 막달라 마리아, 요한, 그리고 태평하고 무심한 군인들과 지도자들 옆에 말이다. 다양한 표정과 태도가 내게 질문을 던진다. 나는 그 다양한 사건과 감정, 반응 사이에서 어디에 위치하고 있는가?

프라 안젤리코는 우리에게 이 목격자들이, 곧 증인이라는 사실을 일깨워 준다. 다른 사람의 굴욕과 괴로움을 지켜보는 일은 우리에게 어떤 반응을 요구한다. 우리는 슬픔을 느끼고, 그 슬픔은 두 가지 중요한 반응으로 이어질 수 있다. 바로 '회개'와 '연민'이다. 학자 엘렌 로스(Ellen Ross)는 그리스도의 고난이 불러일으키는 슬픔은 "치유하는 힘이 있다"고 말했다.[14] 내가 누군가에게 상처를 준 것에 대해 후회할 때, 내가 나 자신과 타인에게 상처를 준 방식에 대해 눈물을 흘릴 수 있게

---

13 눅 2:35.
14 Ross, *Grief of God*, p. 10.

되었을 때, 그것은 나 자신과 타인을 모두 치유하는 데 도움이 된다. 이런 슬픔은 중세 후기에 매우 중요했던 폭넓은 회개의 전통에 속한다. 우리의 죄가 초래한 고통 앞에 무방비하게 노출되고, 우리가 서로에게 어떤 상처를 주었는지, 또한 하나님께서 우리의 죄로 인해 어떻게 고통당하셨는지를 진실하게 깨닫고자 하는 것, 이처럼 깊은 후회와 슬픔의 감정을 '통회'라고 한다.

군인들과 지도자들의 냉담한 모습을 바라보며, 나 역시 고통을 외면하거나 무시하고, 정당화하거나 더 즐거운 생각과 대화로 자신을 분산시키려 했던 수많은 순간들이 떠오른다. 나는 연민이 부족했다. 줄리안이 막달라 마리아와 예수의 어머니 마리아 곁에서 함께 울 수 있도록 육안으로 보는 것을 간청한 이유는 하나님을 사랑한다는 것이 무엇을 의미하는지에 대한 자신의 상상력을 넓히고자 하는 열망 때문이다. 그리스도와 함께 고통을 겪는 것은, 놀랍게도, 연민을 통해 그 상상력을 확장하는 하나의 길이 된다. 잘 알려진 것처럼, '연민'(Compassion)이라는 단어의 어원은 그 의미를 분명히 보여 준다. 여기서 '콤-파티'(Com-Pati)는 "함께 고난받다"라는 뜻이다. 십자가는 바로 이 "위대한 하나 됨"이 이루어지는 장소가 된다. 우리가 누군가를 사랑할 때, 그 사람이 아프면 함께 고통을 느끼기 때문이다.[15] 그리스도의 친구들이 고통을 받거나 예수가 고통받으실 때 함께 아파하며 그분께 더 가까이 이끌리는 것은 예수와의 우정 때문이다.

이런 형태의 인간 우정은 자연스럽다. 그것은 창조된 인간 본성

---

15 *Writings of Julian of Norwich*, 18.10-14.

안에 내재된 일부다. 중세 사람들은 이를 가리켜 '킨데'(Kinde)라고 불렀다. 이 단어는 줄리안에게 매우 중요한 의미를 가진다. 그녀는 인간이 현재의 삶 속에서 십자가를 바라볼 때, "인간은 그분과 함께 고통당하고 수고한다. 이는 인간의 본성[킨데]이 그렇게 하도록 요청하기 때문이다"라고 쓴다.[16] 줄리안이 그녀의 마지막 기도 제목을 세 가지 "상처"라고 부른 것은 당연하다. "참된 회개의 상처, 진실하고 자비로운 [킨데] 연민의 상처, 그리고 하나님을 향한 자발적인 갈망의 상처"라고 표현했다.[17]

줄리안에게, 사랑을 위한 고난은 "굉장히 본래적이고 자연스러운"('킨데') 행위다. '킨데'는 다양한 의미를 지닌 중세 영어 단어다. 이 단어는 오늘날 우리가 사용하는 영어 단어 '카인드'(Kind, 친절한)의 원형으로, 그 의미를 포함하면서도 그 이상을 담고 있다. 여기서 '킨데'는 우리의 자연스럽고 본래적인 창조된 존재로서의 본성을 의미하기도 한다. 우리가 고통을 외면하고, 서로의 시련을 함께 나누지 않으며, 우는 자와 함께 울지 않는다면, 우리는 우리 존재 자체를 부정하는 것이다. 연민은 인간적이고, 본래적인('킨데') 것이다. 타인의 고통을 무심하게 외면하는 태도는 '언킨데'(Unkinde), 즉 인간답지 않고 부자연스러운 일이다. 우리는 "함께 울고, 함께 즐거워하는" 자로 부르심을 받았기 때문이다. 죄는 바로 '언킨데'인 것이다.

우리가 십자가에서 시선을 돌리지 않고, 우리 행동이 가져온 황폐함, 세상의 폭력, 상실의 깊은 슬픔과 마주할 때, 우리는 더 인간다워

---

16 *Writings of Julian of Norwich*, 21,21.
17 *Writings of Julian of Norwich*, 2,34-36.

지고, 더 친절해지며, 더 온전한 자기 자신이 되어 간다. 구약 이사야 선지자는 "그가 찔림은 우리의 허물 때문이요 그가 상함은 우리의 죄악 때문이라"(사 53:5)고 말씀한다. 우리가 그분을 바라보며 느끼는 회개와 연민의 상처 또한 역설적으로 그 치유에 참여하게 된다.

그러나 '회개'와 '연민'이라는 감정을 기르는 것이 중세 십자가 신앙의 궁극적인 교훈은 아니다. 줄리안은 십자가에 달리신 인자를 바라보는 가운데 그보다 더 깊은 영적 보화를 발견해 낸다.

사랑의 위대한 표징

중세 시대 후반, 마티아스 그뤼네발트(Matthias Grünewald: 약 1470-1528년)는 오늘날 프랑스에 위치한 이젠하임(Isenheim)에 제단화를 제작했다. 이 작품은 그 명성에 걸맞게 압도적인 시선을 사로잡는 제단화로, 십자가에 못 박힌 그리스도는 실물 크기에 가까운 규모로 그려져 있다. 만약 프라 안젤리코의 그림이 아주 생생하고 사실적이게 느껴졌다면, 그뤼네발트의 작품은 압도적으로 고통스럽다. 이 그리스도는 몹시 번민하고 있다. 그분의 손가락은 손바닥을 꿰뚫은 못 주위로 고통스럽게 비틀리고, 경련하듯 구부러져 있다. 성모 마리아는 요한의 품에 안겨 기절한 듯 쓰러져 있다. 입고 있는 흰옷보다 더 창백해진 얼굴은, 그녀가 당한 슬픔이 죽음과도 같이 파괴적임을 보여 준다. 기도하기 위해 양손을 모은 막달라 마리아의 손가락마저 예수의 그것과 같은 고통을 띠고 있다. 끔찍한 육체적 고통으로 예수의 손가락은 몹시

마티아스 그뤼네발트, "십자가 처형", 이젠하임 제단화,
석회목 패널에 제작, 혼합 기법(유화와 템페라),
약 1512-1516년, 프랑스 콜마르,
운터린덴 미술관

구부러져 있다. 그녀의 손도 몸으로 느끼는 참담한 고통 속에 굽어 있던 것이다. 예수의 얼굴은 외면하는 듯, 약간 옆으로 돌려져 있고, 머리는 아래로 축 처져 있다. 죽음 직전의 순간이다. 가시 면류관은 그분의 목에 거칠게 상처를 낸다. 그분의 입술은 메마르게 갈라져 있다. 그분은 목이 마르다.

자세히 들여다보면, 그리스도의 몸 전체가 현실적으로 묘사된 피부 병변으로 덮여 있는 것을 알 수 있다. 이 상처는 채찍질로 인한 흔적으로 보일 수도 있지만, 피부병처럼 보이는 독특한 특징을 지닌다. (이 그림에는 포함되지 않았지만) 수난 장면 아래쪽에 있는 무덤에는 그것이 더 분명하게 드러난다. 끔찍하게 찢어진 상처가 허벅지와 팔을 뒤덮고 있다. 하지만 그뤼네발트의 소름 끼칠 정도로 사실적인 십자가 처형 장면은 고난을 적절하지 못하게 미화하거나 '가학적'(Sadism, 사디즘)으로 즐기기 위한 것이 아니다.

이 제단화는 이젠하임의 성 안토니오 수도회를 위해 그려졌다. 이 수도회의 수도사들은 전염병 피해자와 한센병같이 피부로 고통당하는 자들을 돌보는 병원을 운영했다. 중세 시대에도, 예수의 시대와 마찬가지로, 한센병 환자들은 사회적으로 버림받은 자들이었다. 그들은 때때로 유대인들처럼 다른 사람들을 독살했다는 고발을 당하며, 핍박 심지어 살해까지 당했다.[18] 그들의 상태는 고통스러울 뿐만 아니라 굴욕적이기도 했다. 예수의 몸에 남은 자국들은 자주 악취가 나고, 사회적으로 혐오되던 질병들과 놀랍도록 닮아 있었다. 당시 사회적 관습에 따르면, 그는 혐오와 두려움의 대상이었다. 그러나 이 육체적 고통과 수치의 자리에서, 병든 자들은 하나님의 얼굴을 보았다. 그들 가운데 거하시며, 그들이 각기 겪고 있는 끔찍한 고통을 떠맡으신 하나님을 본 것이다. 그뤼네발트의 그리스도는 성 안토니오 병원에서 고통 속에 아픔을 겪는 자들에게 말하고 있었다. "나는 너처럼 고통받는다. 너와 함께 고통받는다. 너를 위해 고통받는다." 그분은 스올의 가장 깊은 곳에도 함께 계셨다(시 139:8). 썩어 가는 팔다리와 흑사병의 상처로

---

18 Nirenberg, *Communities of Violence*, 4장.

괴로워하던 이들은, 그 대가로 그리스도와 깊이 동일시되었다. 그들은 자신 안에서 그리스도를 보았고, 그리스도 안에서 자신을 보았다. 그러므로 살아 계신 하나님께 우리가 연민을 느끼는 것뿐만 아니라, 그분의 죽음을 통해 하나님께서도 우리에게 연민을 느끼신다. 고통받는 모든 이들과 함께 고통을 받으시며, 그 어떤 고통 속에서도 우리와 함께하신다.

예수께서 줄리안의 마음속에 이렇게 말씀하셨다. "내가 더 고통받을 수 있다면, 더 고통받았을 것이다."[19] 줄리안은 이것을 예수의 사랑에 대한 최고의 확신으로 이해했고, 여기에서 깊은 위로를 받았다. 내가 한때 이끌었던 독서 모임에서, 참가자들은 이 부분이 이해되지 않는다며 어려움을 토로했다. 그리스도께서 "더" 고통받으시는 것이 무슨 의미가 있는가? 줄리안은 왜 그리스도의 이 말씀에서 그렇게 큰 위로를 받았는가?

예수께서 모든 고통을 자신 안에 받아들이셨다는 이 놀라운 가정을 잠시 숨을 고르고, 진지하게 생각해 보라. 나는 큰 딸을 임신했을 때, 산전 우울증을 겪었고, 막내를 출산하고 난 후에는 한바탕 또 우울과 불안을 겪었다. 두 번 모두 나는 자책했고, 마음속 혼란스러운 감정이 부끄러웠다. 이런 생각이 줄곧 들었다. '어린 딸들이라는 사랑의 순전한 선물을 받았고, 사랑하는 남편과 아늑한 집, 그리고 나를 지지해 주는 가족과 친구들이 있는데, 어떻게 슬퍼할 수 있지?' 그러면서도 나는 이 부끄러움과 수치가 잘못된 것임을 알고 있었다. 이 감정들은 내

---

19 *Writings of Julian of Norwich*, 22.4-5.

가 조절할 수 있는 문제가 아니라, 호르몬 변화에 민감한 내 몸의 반응이었기 때문이다. 여전히 나는 이성적으로 생각한다고 해서 건강을 되찾을 수는 없었다. 나는 남편에게 "두 사람이 내 머릿속에 함께 사는 것처럼 느껴진다"고 말했다. 하나는 현실을 인식하는 평소의 그레이스이고, 다른 하나는 임신하거나 수유 중일 때, 이해하기 힘든 혼란스러운 슬픔 가운데 사는 그레이스다. 그 슬픔은 창문 하나 없이 끝없이 이어지는 계단 같았고, 계속해서 어두운 깊은 곳으로 내려가는 느낌이었다. 남편은 나를 진심으로 지지해 주었지만, 내가 느끼는 감정과 생각을 완전히 이해할 수 없었다.

그러나 줄리안의 예수가 말씀하신 "내가 너를 위해 더 고통받을 수 있다면, 나는 너를 위해 더 고통받을 것이다"라는 말을 이해하게 되었을 때, 그리고 그뤼네발트가 그린 한센병에 걸린 그리스도의 모습을 보았을 때, 나는 예수께서 내가 겪었던 산전 우울증이 어떤 느낌인지 정확히 아셨으며, 휘어져 내려가는 어두운 계단에서 나와 함께 계셨다는 것을 깨닫게 되었다. 돌이켜 생각해 보면, 이런 관점은 하나님이 주신 도움들, 곧 항우울제인 졸로푸트(Zoloft)와 수면, 그리고 시간 덕분이었다. 그러나 이제 나는 십자가를 바라볼 때, 그 관점을 멈출 수 없다. 나는 거기서 영적 교감을 느낀다. 피부 질환이나 산전 우울증과 함께, 그리스도는 가난, 학대, 차별, 거부, 폭력, 모든 병을 함께 겪으신다. 줄리안이 말했듯이, 사랑은 그분으로 하여금 우리의 고통을 짊어지는 것을 멈추게 하지 않았다.

이것이 십자가에서 예수와 "하나"가 되는 기적이다. 그분은 모든 고통을 자신 안에 받아들이신 분이다. 그뤼네발트는 이 사실을 깊이 이해하고 있었다. 그의 그림은 다음과 같은 사실을 전달한다. 즉 우리만 연민을 느끼는 유일한 자들이 아니라는 것이다. "예수"도 우리가 삶의 가장 어려운 순간을 보낼 때, 우리와 함께 고통당시며, 연민과 깊은 사랑을 느끼신다.

십자가의 더없는 기쁨

"십자가의 더없는 기쁨"이라는 제목은 흥미롭다. 처음 보면 '오타가 아닐까?' 하고 생각이 들지만 이상하지 않다. 당연히 '부활'이 '십자가'를 대신해야 하는 것처럼 보인다. 그러나 놀랍게도 줄리안의 환상에서 우리가 도달하게 되는 곳은 "더없는 기쁨"(Bliss)이다.

줄리안은 오랜 시간 동안 예수의 죽음을 지켜본다. 그녀가 목격한 그분의 고통 가운데 가장 괴로웠던 것은, 예수가 죽어 가시면서 말라 가셨다는 것이다. 그분의 상처는 점점 더 고통스러워졌고, 벌어진 상처는 못 견디는 아픔을 주었다. 줄리안은 예수의 죽음을 목격하게 해 달라고 했던 자신의 간청을 후회한다. 그녀는 예수의 죽음이 언제라도 임할 것이라고 생각한다. 그러나 그 순간, 예수의 얼굴이 갑자기 변한다. 상처 입고, 말라 버린 얼굴이 "행복에 찬 얼굴"로 변한 것이다. 놀란 줄리안 역시 갑자기 "기쁘고 즐거운" 감정에 휩싸인다.[20] 예수께서 줄리안에게 이렇게 말씀하신다. "내가 너를 위해 고난을 당한 것은

---

20 *Writings of Julian of Norwich*, 21.9-10.

나에게 기쁨이며, 복 된 일이며, 끝없는 즐거움이다."²¹ 줄리안은 마치 지상에서 피의 고난과 그 공포를 직접 목격하는 동시에, 예기치 않게 그 사건을 우주적으로 바라보게 되는 경험을 한 것과 같았다.

고난에 나타난 자기희생은 하나님의 본성상 기쁨을 의미한다. 줄리안은 삼위일체의 각 위격에 어울리는 단어를 하나씩 연결한다. 줄리안은 이렇게 말한다. "성부는 기뻐하시고, 성자는 찬양을 받으시며, 성령은 즐거워하신다." 고난을 포함한 십자가의 끔찍한 사역은 하나님께서 기뻐하시는 사랑의 수고다. 가톨릭 신학자 프레데릭 바우에른슈미트(Frederick C. Bauerschmidt)는 이렇게 말한다. "삼위일체는 십자가처럼 사랑 안에서 자신을 순전히 내준다. 그러나 십자가와 달리 삼위일체는 인간의 죄가 불러오는 고통과 폭력에 의해 훼손되지 않는다. 그 안에 담긴 유일한 수고는 즐거움에서 나오는 기쁨의 수고다."²²

중세 미술에는 '은혜의 보좌'(Throne of Grace) 또는 '시은소'(Seat of Mercy)라고 불리는 대중적이며 몽환적인 모티브가 자주 등장한다. 이 장면은 삼위일체가 고난에 함께 참여하는 모습을 은유적으로 그려 낸다. 크신 성부 하나님께서 십자가에 달린 작고 연약한 그리스도를 손에 부드럽게 안고 계시며, 성령께서는 비둘기의 모습으로 고뇌에 찬 아들의 머리 위를 날고 있다. 그것은 예수의 고통을 축소하지 않으면서도, 구원의 거룩한 일치, 일시적인 육체적 고통 너머에 나란히 존재하는 영원한 기쁨을 강조한다. 나에게 이 말은 단순한 설명만으로는

---

21 *Writings of Julian of Norwich*, 22.3-5.
22 Frederick C. Bauerschmidt, *The Love That Is God: An Invitation to Christian Faith* (Grand Rapids: Eerdmans, 2020), p. 41.

로랑 지라르댕, "삼위일체", 목판 유화, 약 1460년,
클리블랜드,
클리블랜드 미술관

이 희생의 심오한 신비를 다 알 수 없다는 나의 인간적 한계를 떠올리게 했다. 그러나 은혜의 보좌 앞에 결국 분명하게 드러나는 것은, 사랑의 완전한 성취다.

    클레르보의 성 베르나르는 이렇게 썼다. "자신이 사랑받고 있다는 사실을 더 확실히 알수록, 그 사랑에 응답하여 사랑하는 것이 더 쉬워질 것이다."²³ 중세의 십자가 위에서 그리스도는 말씀하신다. "너는 사랑받고 있다. 너는 사랑받고 있다. 너는 사랑받고 있다." 내가 너를 사랑한다는 것을 네가 받아들일 수 있는 모든 방식으로 표현하는 것은 내게 기쁨이며, 행복이고, 끝없는 즐거움이다. 네가 그 사랑을 피하려 하거나, 심지어 그것을 죽이려 할 때조차도 말이다.

상처 속의 세상

줄리안이 세 번째로 드린 간청, 곧 참된 회개, 자비로운('킨데') 연민, 그리고 하나님을 향한 자발적 갈망이라는 이 특이한 상처들에 대한 기도는, 내가 그리스도의 고난을 묵상한 후에 새롭게 다가왔다. 이것들을 "상처"라고 부르는 것이 여전히 어색하게 느껴지지만, 분명 그것들은 상처다. 사랑한다는 것은 자신의 상처뿐만 아니라, 타인의 상처도 짊어지는 것이다. 상처 입기 쉬운 취약한 상태로 마음을 열고 있는 것이다. 자기를 정당화하려는 본능적 욕구 속에서도 자신의 양심을 의식하고 행동하는 것('회개'), 깨어진 세상 속에서 타인을 사랑하면서 겪는 고통에 마음을 열어 두는 것('연민'), 이 세상 것들에 완전히 만족하지 못함에도 감사함을 잃지 않고, 하나님의 충만한 은혜와 선하심을 성취하고자 하는 갈망을 키우는 것('자발적인 갈망'), 이것들은 이 세상에

---

23 Bernard of Clairvaux, *Song of Songs I*, 154 in *Opera* vols. 1 and 2, *Sermones super Cantica Canticorum*, ed. Jean Leclercq, C. H. Talbot, and H. M. Rochais (Rome: Editiones Cistercienses, 1975-1958); Baker, *Julian of Norwich's Showings*, p. 59에서 재인용됨.

서 결코 완전히 치유되지 않는 상처들이다.

우리가 더 자비로운('킨데') 존재가 되기 위해 우리의 창조된 모습을 받아들이고, 예수를 더 닮아 가고자 나아가는 순례의 여정 속에서, 줄리안은 우리가 이 상처들을 통해 십자가 위의 그리스도를 닮아 간다고 말한다. 우리는 중세의 신앙 선배들처럼 예수께 더 가까이 가기 위해 자신을 채찍질하거나 굶을 필요는 없다. 우리는 죄와 연약함 때문에, 스스로를 벌하거나 멸시할 필요도 없다. 이런 상처를 하나님께 구하고, 그것을 계속 드러내 놓고 살아가는 것 자체가 이미 충분히 어려운 일이기 때문이다. 이런 은혜를 위해 기도하는 것은, 연약함을 공격하고 고통받는 자들을 외면하는 사회 속에서, 스스로를 안전한 고립의 요새로 굳혀 버리고 싶은 끊임없는 유혹에 맞서 저항하는 것을 의미한다. 이 모습은 사람마다 다르게 보일 것이다.

나 자신을 열린 자세와 연약하고 자비로운('킨데') 상태로 유지한다는 것은 나를 두렵게 한다. 하지만 상처를 드러내는 것은 또 다른 무언가를 상기시킨다. 나는 미국 애리조나 주 피닉스에서 자랐다. 소노라 사막(Sonoran Desert, 북아메리카에 있는 사막으로 미국과 멕시코의 국경 지대에 위치한다 - 편집자 주)은 세상에서 가장 거칠면서도 아름다운 장소 가운데 하나다. 그렇지만 당신은 그 아름다움을 배워야만 그 진가를 알 수 있다. 사막은 당신을 위협한다. 옷에 달라붙기 좋아하는 뾰족한 선인장, 다가오지 말라고 경고하는 방울뱀, 심지어 겨울에도 생명을 앗아갈 수 있는 쨍쨍 내리쬐는 태양. 소노라 사막을 걷다 보면, 약간 장화처럼 생긴 이상한 물체를 발견할 수도 있다. 사실 그것은 오래전 죽은 사구와로(Saguaro, 나이가 들면서 가지가 자라나는 소노라 사막의 토종 선인장 -

편집자 주) 선인장의 잔해물이다.

사구와로 선인장이 살아 있을 때, 힐라 딱따구리(Gila woodpecker)와 금빛 딱따구리(Gilded flickers) 같은 새들은 거대한 선인장 몸통에 구멍을 뚫었다. 가시로 뒤덮인 껍질 외에는 안쪽이 물컹하지만, 선인장은 1년 정도에 걸쳐, 각 구멍 주위 조직을 말리고, 특수한 수액을 분비하여 그것을 감싸 반흔 조직을 만들어 내면서 그 구멍을 방수가 되는 내부 공간으로 바꾼다. 그 결과 엘프 올빼미(Elf owls)와 암청색 큰제비(Purple martins) 같은 이름도 신비로운 다양한 새들이 이 사막의 왕들 안에 안전하고, 방수가 잘 되며, 어느 정도 온도까지 조절되는 둥지를 틀 수 있게 된다.[24] 거대한 사구와로 선인장의 상처들은 사막의 작고 연약한 생명체들을 위한 집이 된다. 사구와로 선인장이 죽으면, 그 "장화"처럼 단단한 반흔 조직으로 이루어진 둥지는 마지막까지 남아 있게 된다. 이제 그것은 선인장 안의 빈 구멍이 아니라, 사막 위에 남겨진 한 형체가 된다. 이것은 높이 70피트(20미터 이상)까지 자라고, 수백 년을 살며, 무게가 1톤이 넘기도 하는 거대한 생명체의 유일한 전부가 된다. 다른 생명에게 생명을 나누어 주는 공간으로 바뀐 상처, 그것은 상처가 자비로운 것('킨데')으로 바뀔 수 있다는 확실한 증거다.[25]

---

24 사구와로 선인장 속 혹은 그 주변에 서식하는 새들과 동물들의 사진은 "Wildlife Interactions with Saguaros," 미국 국립 공원 관리청(National Parks Service) 웹사이트에서 확인할 수 있다(2022년 7월 1일 접속). https://www.nps.gov/sagu/learn/nature/saguaros_animals.htm.

25 사구와로 선인장에 대한 정보는 "Plant Fact Sheet: Saguaro Cactus," 애리조나-소노라 사막 박물관(ArizonaSonora Desert Museum) 웹사이트에서 확인할 수 있다(2023년 3월 10일 접속). https://www.desertmuseum.org/kids/oz/long-fact-sheets/Saguaro%20Cactus.php.

상처들 안에는 하나의 세상이 존재한다. 연인 그리스도의 이미지를 다시 떠올려 보라. 그리스도의 옆구리에 난 상처는 굶주리고, 갈망하며, 사랑받지 못한 영혼을 위한 '둥지', 곧 피난처가 된다. 나는 중세 신앙인들을 따라 그리스도의 상처를 묵상하고 회개, 연민, 갈망의 상처를 달라고 기도할 때, 사구와로 선인장을 떠올리게 되었다. 그리고 그 안에서 희망을 보게 되었다. 우리는 소노라 사막의 새들과 사구와로 선인장처럼 만들어졌다. 상처 입은 하나님을 닮는다는 것은, 우리 자신이 드러낸 상처, 곧 우리의 연약함과 겸손, 자비, 기꺼이 하는 회개, 그리고 예수를 향한 숨김없는 갈망을 광야를 함께 걷는 순례자들에게 피난처로 내주는 것을 의미한다. 그리고 엘프 올빼미처럼, 우리는 사막 한복판에서 그분의 상처로 피신해 위로를 찾는다. 예수는 바로 그 사구와로 선인장이시다.

상처 입은 하나님을 통해 영감을 받은 묵상과 실천

- 이사야 53:3-7을 묵상하라.

> "그는 멸시를 받아 사람들에게 버림 받았으며
> 간고를 많이 겪었으며 질고를 아는 자라
> 마치 사람들이 그에게서 얼굴을 가리는 것같이
> 멸시를 당하였고 우리도 그를 귀히 여기지 아니하였도다

그는 실로 우리의 질고를 지고
우리의 슬픔을 당하였거늘
우리는 생각하기를 그는 징벌을 받아
하나님께 맞으며 고난을 당한다 하였노라
그가 찔림은 우리의 허물 때문이요
그가 상함은 우리의 죄악 때문이라
그가 징계를 받으므로 우리는 평화를 누리고
그가 채찍에 맞으므로 우리는 나음을 받았도다
우리는 다 양 같아서 그릇 행하여
각기 제 길로 갔거늘
여호와께서는 우리 모두의 죄악을
그에게 담당시키셨도다

그가 곤욕을 당하여 괴로울 때에도
그의 입을 열지 아니하였음이여
마치 도수장으로 끌려가는 어린양과
털 깎는 자 앞에서 잠잠한 양같이
그의 입을 열지 아니하였도다."

- 복음서 가운데 하나의 말씀을 골라 예수의 십자가 처형 장면을 읽어 보라.

마태복음 26:36-27:65

마가복음 14:32-15:47

누가복음 22:39-23:56

요한복음 18:1-19:42

앉아서 그 말씀과 함께 머물러 보라. 고난당하시는 예수께 주의를 기울여 보라.

- 조용히 명상하는 시간에 십자가 처형과 그리스도의 상처를 그린 이미지를 바라보며 묵상해 보라. 5분이든, 30분이든 당신이 할 수 있는 시간만큼이면 충분하다. 무엇이 눈에 띄는가? 십자가 아래 서 있는 프라 안젤리코의 인물들처럼, 무엇이 당신의 마음에 와닿는가?

기도

15세기, 체스터의 수녀 마저리 버켄헤드(Margery Byrkenhed)가 그녀의 수녀 공동체를 위해 모은 이 겸손하고, 진심 어린 기도는 오늘날에도 깊은 울림을 준다. 옥스퍼드 학자 엘리너 파커(Eleanor Parker)는 중세 기도문 가운데 일부에서 "예수"가 반복되는 것은 호흡기도(Breath Prayer) 역할을 한다고 말한다. 당신도 그 이름을 반복하면서 깊게 숨을 들이쉬고 내쉬는 기도를 시도해 볼 수 있다.[26] 예를 들어 이런 기도다.

---

26 엘리너 파커의 블로그를 통해 처음으로 마저리 버켄헤드에 대해 관심을 갖게 되었

"오, 예수여, 당신의 복 된 고난을 결코 잊지 않게 하소서.
이 고난은 바로 저의 허물 때문에 겪으신 것이기에
당신의 거룩한 상처 안에는 참된 학교가 있습니다.
그것은 저에게 세상이 '바보'라고 부르는 것을 가르쳐 줍니다.
오, 예수여, 예수여, 예수여, 제가 당신을 더욱 사랑하게 하소서.
세상의 지혜가 제 안에서 깨끗이 사라지게 하시고,
당신의 얼굴을 보고자 하는 갈망으로 불타오르게 하소서.
당신 안에 저의 모든 위로와 기쁨, 위안이 있나이다.
아멘."[27]

다: "Two Medieval Prayers to Christ," *A Clerk of Oxford* (blog), August 16, 2013, https://aclerkofoxford.blogspot.com/2013/08/two-medieval-prayers-to-christ.html.

27 *Religious Lyrics of the XVth Century*, ed. Carleton Brown (Oxford: Clarendon Press, 1939), p. 28에서 인용, 필자가 약간 수정함.

결론

우리 자신이 되신
예수

누군가 나에게 중세 축일 가운데 가장 좋아하는 날이 있느냐고 묻는다면, 물론 그런 질문을 받을 일은 거의 없겠지만, 내 대답은 "예"다. 내가 가장 좋아하는 축일인 크리스마스를 제외하고, 가장 좋아하는 축일은 '성체 축일'(Corpus Christi)이다. 이 축일은 "그리스도의 몸"(라틴어로 '코르푸스 크리스티'[Corpus Christi])을 기념하는 날로 한여름에 열린다. 특히 성찬례를 깊이 기리는 전통이 있다. 일부 기독교 교파에서는 이름이 다를 수 있지만, 여전히 그날을 기념한다.[1]

중세 시대, 성찬례는 공동 예배의 중심이었고, 동시에 종종 논란의 중심이 되기도 했다.[2] 성체 축일은 사제가 미사를 드리는 가운데 빵

---

1 현대 로마 가톨릭 교회에서, 이 축일은 공식적으로 "지극히 거룩하신 그리스도의 성체 성혈 대축일"로 경축된다. 일부 성공회와 루터교 교회들도 이를 기념하는데, 때로는 '성찬 감사일'이라는 명칭을 사용하기도 한다.
2 중세 시대 성찬과 '그리스도의 몸'을 둘러싼 언어와 신학에 대해 살펴보려면, Henri Cardinal de Lubac, SJ, *Corpus Mysticum: The Eucharist and the Church in the Middle Ages*, trans. Gemma Simmonds, CJ, with Richard Price and Christopher Stephens (Notre Dame, IN: University of Notre Dame Press, 2006)를 참조하라. 이 축일의 교리사와 발전 과정을 알고자 한다면, Miri Rubin, *Corpus Christi: The Eucharist in Late Medieval Culture* (Cambridge: Cambridge University Press, 1991)을 참고하라.

"성체 축일 행렬", 스코틀랜드 제임스 4세 화가,
채색 사본, 약 1510-1520년, MS Ludwig IX 18 (83.ML.114),
fol. 48v쪽, 게티 미술관, 로스앤젤레스
Gibon Art / 알라미 스톡(Alamy Stock) 사진 제공

과 포도주를 축성할 때, 그것은 단지 겉모습만 빵과 포도주일 뿐, 실제로는 더 이상 빵과 포도주가 아니라는 교리를 기념하는 날이다. 빵과 포도주처럼 보이는 것은 실제로 예수 그리스도의 피와 힘줄, 근육, 살 그 자체였다. 이는 단번에 드려진 영원한 희생으로, 언젠가는 반드시

죽을 몸을 입고서도 하나가 되게 하고 구원을 이루는 제사였다. 대부분의 중세 그리스도인들에게(그리고 오늘날 많은 그리스도인들에게도) 성찬은 단지 상징이나 기념 행위가 아니라, 실제 예수의 몸을 적극적으로 받아먹는 참여 행위였다.

처음에는, 축성된 성체, 즉 그리스도의 몸의 행렬이 진행되었다. 이 성체는 종종 화려한 성광에 담겨 작고 흰 과자처럼 보였고, 행렬이 지나가는 곳마다 보는 이들과 참여자들에게 축복을 내렸다. 그렇게 이 행사를 기념했다. 아마도 이런 행렬의 화려함과 기쁨에 영감을 받아, 도시와 마을들은 축제에 야외 연극을 더했다. 앞서 2장에서 언급했듯이, 요크(York), 코번트리(Coventry), 체스터(Chester), 그리고 다른 도시들에서는 다양한 상인, 곧 장인들의 '조합'(Guilds, 길드)이 성경 창세기부터 요한계시록까지의 사건을 연극으로 재현했다. 공연 내용은 담당 조합의 특성상 때로는 유쾌하게, 때로는 무겁게 결정되었다. 예를 들어, 요크에서는 어부와 선원 조합이 "노아의 홍수"를 공연했다. 더 엄숙하게는, 천을 재단하는 직공들이 "예수의 갈보리 언덕으로 가는 길"을 공연했다. 이는 도살 전 털이 깎이는 양을 연상시키는 장면이기도 했다. 핀과 못을 만드는 장인들과 도장공들은 십자가를 세우는 장면을 맡아 묘사했다. 도살업자들은 피를 많이 다루는 직업의 특성을 살려 그리스도의 고난과 장사를 재현했다.[3] 핵심은, 평범한 노동자들이 성경의 사건들을 직접 연기하며 눈앞에서 생생하게 구현했다는 점이다.

---

3   이 연극들이 어떻게 공연되었는지에 대한 자세한 내용은 다음의 서문을 참조하라. Clifford Davidson, *The York Corpus Christi Plays* (Kalamazoo, MI: Medieval Institute, 2011), pp. 1-13.

성체 축일('코르푸스 크리스티')을 담은 신비로운 연극은, 한 가지 대담한 생각을 구체적인 현실로 만들어 냈다. 그것은 바로 인간이, 지금 이곳에서, 서로 다른 몸과 직업을 가진 상태 그대로 지상 위의 그리스도의 몸을 구현한 것이다. 그리스도는 성체가 담긴 아름다운 유리 성광 안에만 계신 것이 아니다. 당신이 만약 연극 배우였다면, 당신의 친구가 십자가에 못 박힌 예수였을 수 있고, 당신의 원수가 성전에서 가르치시는 예수, 당신의 삼촌이 지옥을 정벌하는 예수였을 수도 있다. 동시에 당신 자신은 예수께 못을 박은 자이기도 하고, 세례 요한처럼 예수께 세례를 베푼 자일 수도 있다. 15세기 요크, 그곳 하나님의 깨어진 지상 나라 안에서 그리스도의 몸을 가진 사람들은, 1세기 팔레스타인에서 있었던 그리스도와 그분의 몸에 대한 이야기를 다시 연기했다. 이 연극들은 독특할 만큼 문자 그대로 복음서를 재현함으로써, 당시 관객들에게는 과거를 상기시켰고, 오늘날의 독자들에게는 다음과 같은 메시지를 전했다. "당신이 바로 '그리스도의 몸'(코르푸스 크리스티)이며, 나도 그렇다." 우리 각자의 직업과 삶, 그리고 몸은 그리스도의 구속 사역 안에 담긴 다양한 순간과 의미, 진리를 저마다의 방식으로 드러낸다.

이 사실을 마음에 깊이 새겨 보자. '우리'는 이 책에서 예수의 마지막 얼굴이다.

이 생각 속에 담긴 소박하면서도 깊은 의미는 아름답지만 동시에 우리에게 경종을 울린다. 이 개념은 우리 삶의 모든 영역에 스며든다. 예를 들어, 이런 생각이 떠오른다. 만약 나와 다른 그리스도인들이 예수의 얼굴을 사람들 안에서 있는 그대로, 누추하고 알아보기 어려운 모습 속에서도 볼 수 있게 된다면, 얼마나 다른 세상이 되겠는가? 만약 우리가 병든 이들, 지친 이들, 억눌린 이들 속에서 그리스도를 더 잘 알아볼 수 있다면 어떻게 되겠는가? 지혜롭고 선한 자들뿐만 아니라, 성가시고 어리석게 느껴지는 자들 가운데서도 말이다. 그리고 그 모든 부류 속에는 나 자신도 포함되어 있다. 내가 실제로 예수의 일부라는 사실을 믿는 것은 쉽지 않다. 바울이 로마서, 에베소서, 골로새서, 고린도전서에서 전한 말씀을 나는 머리로는 잘 알고 있다. 하지만 이상하게도 나는 그 말씀들을 영적으로만 해석하거나 나중 일처럼 유보하려는 경향이 있다.[4]

중세 그리스도인들은 성체 성사에 담긴 그리스도의 실재 임재 개념을 매우 중요하게 여겼다. 그리스도의 성체 축일('코르푸스 크리스티')을 기념하든 그렇지 않든 마찬가지였다. 반면 롤라드파는 성찬 안에 그리스도께서 실제로 임재하신다고 믿지 않았다. 따라서 "코르푸스 크리스티" 같은 거룩한 성일을 지키지 않았다. 15세기 롤라드파 여성인 마저리 벡스터(Margery Baxter)가 왜 십자가나 성체를 경배하지 않는지 이웃에게 설명하는 장면을 보자. 그녀는 중세 작은 오두막의 희미한 불빛이 비치는 어두운 방 안에서, 두 팔을 크게 벌려 십자가에 달리신 예수를 흉내 냈다. 그녀는 팔을 단단히 올리고는, 황홀해하며 이렇게 외쳤다. "이것이야말로 그리스도의 참된 십자가다. 당신도 이 십자가를 당신의 집 안에서 매일 보고 경배할 수 있다. 또 그렇게 해야 한다."[5] 벡스터는 흔히 볼 수 있는 자칭 비극적인 선지자들처럼, 자기 자

---

4 롬 12:4-5; 엡 4:16; 골 1:18; 고전 12:12-31.
5 *Heresy Trials in the Diocese of Norwich, 1428–31*, ed. Norman P. Tanner

신을 가리킨 것은 아니었다. 그녀는 우리가 "그리스도의 몸"이라는 신분, 곧 정체성을 "코르푸스 크리스티" 축일에 예배하고 연극을 하던 이들만큼이나 진지하게 받아들였다. 비록 그들은 성찬에서 어떤 일이 일어나는지를 두고는 서로 의견이 달랐지만, 기적적으로 우리의 몸과 이웃 그리스도인의 몸이 바로 그리스도의 몸이라는 믿음 안에서는 하나가 되었다. 우리 눈앞에 존재하는 그 '몸'이라는 점에서 말이다.

요크의 무명의 연극 작가들이나 마저리 벡스터, 또는 사도 바울이 정말 이렇게 말하려 했는가? "지금 이 모습 그대로의 나, 그레이스 해먼, 그리고 당신이 바로 그리스도의 몸이다." 하지만 그들은 실제로 그렇게 믿었다. 이 생각은 새로운 것이 아니다. 하나님을 사랑한 수많은 자들이 오랫동안 거듭해서 말해 왔다. 초대 교부 시대, 오리겐(Origen)은 영적으로 병든 이들을 돌보는 사역에 대해 묵상하면서 이렇게 말했다. "믿음이나 선한 삶에 있어 병든 형제를 교훈하거나 책망, 위로하러 찾아가는 것은 곧 그리스도를 찾아가는 것이다."[6] 17세기 성 빈센트 드 폴(Saint Vincent de Paul)은 애덕 수도회(1634년 프랑스에 성 빈센트 드 폴이 창설한 여자 수도회 - 편집자 주)를 세우며, 만약 누군가가 절박한 상황에 처했다는 소식을 듣게 된다면, 수녀들은 개인 기도를 멈추고 먼저 그들을 영적·물질적으로 돕는 일을 해야 한다고 권고했다. 그는 이 행동을 "하나님을 위해 하나님을 떠나는 것"이라고 표현했다.[7] 20

(London: Royal Historical Society, 1977), p. 44.
6 Origen in St. Thomas Aquinas, *Catena Aurea: Commentary on the Four Gospels, vol. 1, St. Matthew*, trans. John Henry Newman (London: John Henry Parker, J. G. F., and J. Rivington, 1841), p. 872.
7 St. Vincent de Paul, *Correspondence, Conferences, Documents*, vol. 13b, ed.

세기 나치즘에 저항했던 디트리히 본회퍼는 이렇게 말했다. "교회는 단순한 종교적 예배 공동체가 아니라, 사람들 가운데 형체를 입고 존재하시는 그리스도 자신이다."[8] 잘 알려진 바와 같이, 캘커타의 마더 테레사(Mother Teresa)는 템플턴상 수상 연설에서 다음과 같이 말했다.

> 우리는 그분의 몸을 만지고 있다. 우리가 먹이고 있는 이는 굶주린 그리스도시다. 우리가 입히고 있는 이는 벌거벗은 그리스도시다. 우리가 거처를 내주는 이는 집 없는 그리스도시다. 이들은 단지 빵의 굶주림, 옷의 부족, 벽돌집의 부재만을 의미하는 것이 아니다. 오늘날 그리스도는 우리의 가난한 이들 안에서, 심지어 부유한 이들 안에서도, 사랑받고 싶고, 돌봄을 받고 싶으며, 누군가에게 소속되고 싶은 마음으로 굶주려 계신다.[9]

우리의 얼굴 안에도, 내가 여전히 사랑하는 법을 배우고 있는 예수의 얼굴이 있다.

이 책은 나에게 사랑을 배우는 학교였다. 예수에 대한 어떤 은유와 이미지, 개념들은 내가 이미 알고 사랑한 것이었다. 어떤 것들은 연

Sr. John Marie Poole, trans. Sr. Helen Marie Law, DC, Sr. John Marie Poole, DC, Rev. James R. King, CM, Rev. Francis Germovnik, CM, from the 1920 edition of Pierre Coste, CM, and annotated by Rev. John W. Carven, CM (New York: New City Press, 1985), p. 138.

8 Dietrich Bonhoeffer, *Ethics*, ed. Eberhard Bethge (London, United Kingdom: Touchstone, 1995), p. 84. 『윤리학』(서울: 복 있는 사람, 2022).

9 Mother Teresa of Calcutta, "Acceptance Address for the Templeton Prize," 1973년 4월 24일, https://www.templetonprize.org/laureate-sub/address-of-mother-teresa-of-calcutta/.

결하기 어려울 만큼 솔직히 잘 공감되지 않았고, 단지 중세 사람들이 중요하게 여겼기 때문에 다루어야 한다고 느껴 선택한 주제들이었다. 거의 모든 장을 쓸 때마다, 나는 먼저 내가 가지고 있던 솔직하고도 종종 타당한 의심과 걱정, 불신들을 털어놓는 것으로 시작했다. 그것은 중세 신앙 선배들이 묘사한 예수의 여러 얼굴, 곧 어떤 것은 아름답게, 또 어떤 것은 무례하게 그려진 모습이었다. 하지만 처음에는 가장 두려웠던 이미지('심판자')나 가장 회의적이었던 이미지('연인')조차도, 결국에는 그리스도의 성품에 대해 깊은 울림을 주었다. 내가 소개한 것은 중세 교회가 사용했던 예수에 대한 은유 가운데 일부에 불과하다.[10] 마치 깨진 거울 조각에 비친 한 조각의 반영처럼, 각각의 이미지들은 그리스도의 더 크고, 더 아름다우며, 더 영광스러운 모습을 각기 한 부분씩 포착하여 드러낸다.

내가 이 사랑의 학교에서 배우고 있는 것이 바로 이것이다.

    심판자의 다시 오심을 갈망하며,
    지금 이 순간 정의롭고 자비로운 이웃이 되기를.
    연인과의 사랑스럽고 불타는 연합을 열망하며,
    사랑이 내 안에서 일으킬 변화를 기꺼이 맞이하기를.
    용감한 기사의 희망과 기쁨을 누리며,
    삶의 크고 작은 싸움 속에서 그의 인내로 빚어지기를.
    말씀에 대해 질문하고 담대히 말하며,

---

10 나는 목자, 포도나무, 아기 등에 대해서도 쓸 수 있었다. 게다가 이 책에 수록된 각 장은 내면의 예수가 묘사된 다양한 방식 가운데 일부에 불과하다.

결국 내 말이 부족함을 깨닫고 받아들이기를.
모든 상처와 필요 속에서 어머니께 달려가며,
내가 그의 사랑받는 자녀임을 깊이 인식하기를.
그리스도의 복 된 인성을 기뻐하며, 그를 어떻게 내 방식대로
이용하고 다시 만들어 왔는지 고백하기를.
그리스도께서 나와 함께, 나를 위해 겪으신 고난을 목격하며,
나 또한 나만의 십자가,
곧 자비로운('킨데') 상처들을 지고 가기를.

  예수께서 사랑하는 이들, 싸우는 이들, 정의를 추구하는 이들, 고통받는 이들, 어머니들, 교사들, 아이들, 어리석은 자들, 그리고 하나님의 형상대로 창조된 모든 육체, 곧 인간 안에 살아 계신다는 것을 보는 법을 배우는 것. 19세기 예수회 시인 제라드 맨리 홉킨스(Gerald Manley Hopkins)의 말을 빌리자면, "그리스도는 수많은 사람들 속에 살아 계신다. 자신의 것이 아닌 팔다리와 눈에도 아름답게 나타나며, 사람들의 얼굴을 통해 하나님 아버지께 드러나신다."[11]

---

11 Gerard Manley Hopkins, "As Kingfishers Catch Fire," in *Poems by Gerald Manley Hopkins*, ed. Robert Bridges (London: Humphrey Milford, 1918), p. 54.

JESUS THROUGH MEDIEVAL EYES